KB165735

관계의 교육학,

비고츠키

관계의 교육학, 비고츠키

초판 1쇄 발행 2015년 4월 28일
초판 6쇄 발행 2021년 10월 10일

지은이 진보교육연구소 비고츠키교육학실천연구모임
펴낸이 김승희
펴낸곳 도서출판 살림터

기획 정광일
편집 조현주·송승호
북디자인 꼬리별
일러스트 이태수

인쇄·제본 (주)신화프린팅
종이 (주)명동지류

주소 서울시 양천구 목동동로 293, 22층 2215-1호
전화 02-3141-6553
팩스 02-3141-6555
출판등록 2008년 3월 18일 제313-1990-12호
이메일 gwang80@hanmail.net
블로그 http://blog.naver.com/dkffk1020

ISBN 978-89-94445-86-1 03370

*가격은 뒤표지에 있습니다.
*잘못된 책은 바꾸어 드립니다.
*이 책은 저작권법에 따라 보호를 받는 저작물이므로 무단 전재와 복제를 금합니다.

관계의 교육학, 비고츠키

진보교육연구소 비고츠키교육학실천연구모임 지음

살림터

비고츠키와 비고츠키 교육학

비고츠키를 공부하지 않고서는 가르칠 준비가 충분히 되었다고 할 수 없다. _파울로 프레이리

비고츠키의 생각은 심리학에 영감을 주었고, 오늘날 본성과 양육 간의 관계에 대한 단순한 생각을 바로잡아준다. _르네 반 데 비어

비고츠키 이론은 생물적 유전과 사회적 환경이 인간의 발달에서 수행하는 역할에 대한 문제에 대해 새롭고 혁명적인 관점을 제시하였으며 문화가 발달과정에서 어떻게 인간의 정신을 형성하였는지 보여주었다. _니콜라이 베레소프

1. '핫'하지만 '어려운'

요즘 가장 뜨거운 관심을 받는 교육학은 아마도 비고츠키일 것입니다. 유행을 타고 있는 핀란드 교육에서도 비고츠키가 나오고, 배움의

공동체에서도 비고츠키가 나오고, 혁신학교 운동에서도 등장합니다. 여기저기서 비고츠키 강좌, 강연도 열리고 원전을 완역한 책들과 그 밖의 비고츠키 관련 서적들도 많이 출간되고 있습니다.

국내에서 비고츠키가 널리 알려지기 시작한 것은 비교적 최근의 일이지만 세계적 차원에서 본다면 비고츠키 교육학은 이미 강력한 영향력을 미쳐왔습니다. 특히 선진적인 교육을 실현하고 있는 나라들이 그러합니다. 핀란드만이 아니라 세계적으로 좋은 교육 모델로 꼽히는 노르웨이, 스웨덴 등 북유럽 교육 전반에 큰 영향을 주며 유럽 전체에도 상당한 영향을 미치고 있습니다. 또한 경제적으로는 풍족하지 않지만 의료와 교육만큼은 선진적이라 일컫는 쿠바도 비고츠키 교육학을 기반으로 하고 있습니다. 경제적으로 잘살든 못살든 선진적 교육을 실현하는 데 비고츠키 교육학이 공통적인 영향력을 발휘하고 있는 것입니다.

국내에서는 1990년대부터 비고츠키 교육학이 소개되기 시작했습니다. 비고츠키가 유아 시기 '놀이'의 의의를 특별히 강조한 점, 본인이 장애아 교육에 종사한 점 등의 연유로 유아교육과 특수교육에서는 이미 이론적으로 큰 영향을 발휘했습니다. 초중등 교육에서도 본격적인 학습과 연구가 진행되기 시작했습니다.

이렇게 관심이 높아지면서 비고츠키를 공부하고 연구하려는 사람들도 많아졌습니다. 그런데, 많은 사람들이 비고츠키를 공부하려다가 난관에 부딪치고 이내 포기하곤 합니다. 한마디로 너무 어렵다는 것입니다. 불세출의 명저『생각과 말』번역본을 보면서 "처음에는 번역자를 욕하다가, 나중에는 비고츠키를 원망하면서 책을 덮는다"라는 하소연이 나옵니다. 비고츠키가 어려운 이유는 여러 가지입니다. 먼저 원래 좀 쉽지 않은 내용입니다. 요즘으로 치면 주로 발달심리학에 해당하는

데, 보통 사람들에게는 생소한 분야입니다. 그리고 대부분이 당시 연구자들을 대상으로 쓴 글이라 본래부터 쉬운 내용은 아닙니다. 그리고 시공의 차이 때문인데, 80여 년 전 러시아 상황에서 쓰인 내용이니 등장하는 사람, 이론, 개념들이 당시에는 널리 알려졌더라도 지금의 한국 사람들이 보기엔 전혀 그렇지 않을 수 있습니다. 여기에 러시아로 쓰인 원전이 영어-한국어를 거치면서 '번역으로 인한' 어려움이 덧붙여집니다. 이러한 상황에서 조금이라도 쉽게 비고츠키 교육학을 소개하는 입문서가 필요하다는 생각에 이 책을 발간하게 되었고 그것이 이 책의 첫 번째 목적입니다.

2. 비고츠키 그리고 비고츠키 교육학

비고츠키는 러시아 혁명기에 열정적으로 활동했던 러시아의 심리학자, 교육학자로서 '문화역사적 이론'이라는 세계적인 교육학 조류의 원조가 되는 학자입니다. 비고츠키가 왕성하게 활동한 시기가 1930년대 초반이므로 80여 년 전 학자로 볼 수 있겠습니다.

후대의 학자들은 그를 가리켜 '심리학의 모차르트' 또는 '미래로부터 온 사람'이라는 별명을 붙입니다. 비고츠키는 청소년기부터 철학과 문학, 역사와 예술 등에 심취하고 8개 언어를 구사하는 등 천재적인 면모를 나타내었고 또한 비약적인 학문적 업적을 이루었습니다. 그리고 38살이라는 젊은 나이에 폐결핵으로 열정적인 생을 마감했습니다. 그런 점에서 실제로 그는 '천재'와 '요절'이라는 모차르트의 이미지를 연상시킵니다. 그러나 비운의 천재라는 점만이 아니라 그의 위대한 교육학적 관점과 개념이 음악에서의 모차르트처럼 현재에도 큰 의미를 차지한다는 것을 비유한다고 하겠습니다.

비고츠키가 세계적으로 널리 알려지기 시작한 것은 활발하게 활동하던 1930년대에서 한참이 지난 1980년대부터입니다. 비고츠키 교육학이 나중에야 빛을 보게 된 이유는 러시아의 정치적 상황과 관련이 깊습니다. 비고츠키 교육학의 관점과 내용은 당시 러시아를 지배하기 시작했던 스탈린주의와 맞지 않았습니다. 인간을 자율적이고 능동적인 존재로 보는 비고츠키의 관점은 스탈린주의의 전체주의적 시각과는 매우 달랐습니다. 비고츠키가 요절한 것이 1934년이었는데, 이때 스탈린주의가 확고하게 권력을 장악하기 시작했습니다. 그래서 사망할 무렵부터 격렬한 비판의 대상에 올랐고 죽자마자 소비에트 학계에서는 학문적 파문을 당하고 맙니다. 이후 비고츠키의 모든 저작은 금서가 되었으며, 입에 오르내릴 수도 없었다고 합니다. 일종의 '분서갱유'를 당한 셈입니다.

그러다 1950년대 말 스탈린이 죽고 나서 비고츠키는 복권이 됩니다. 그 이후로 제자들과 지인들에 의해 비고츠키 저작들이 조금씩 다시 세상에 나오기 시작했고 1970년대부터 점차 유럽과 미국 등지로 알려졌습니다. 비고츠키 저작이 체계적으로 영문으로 출판되기 시작한 것은 1980년대입니다. 이때부터 세계적 확산이 빠르게 이루어지고 1990년대부터 한국에도 소개되기 시작합니다.

이러한 역사적 여정으로 인해 비고츠키 교육학은 여러 스펙트럼으로 소개됩니다. 크게 두 흐름이 있습니다. 하나의 흐름은 비고츠키를 '사회적 구성주의'의 원조로 소개하는 부분입니다. 스탈린이 죽고 비고츠키가 복권된 이후 1960년대부터 비고츠키 저서의 내용들이 부분적으로 유럽과 미국에 소개되기 시작합니다. 그런데 1970~1980년대 이후 세계 교육학계는 이른바 '구성주의 논쟁'이 진행 중이었습니다. 구성주의란 지식을 '상대적, 주관적, 사회문화적으로 구성'되는 것으로 보는 인식론적 입장인데, 인간의 인지 발달이 '개인적'인 요소에 의해 주로 이루어진다는 '개인적 구성주의'와 사회문화적 영향을 받아 구성된다는 '사회적 구성주의' 간에 논쟁이 전개된 것입니다. 이에 대해 '사회적' 요소의 영향력을 체계적으로 설명하고자 하는 비고츠키의 논의는 '사회적 구성주의'의 입장에 서 있던 학자들에게 강력한 영감을 주었고, 세계 교육학계에서 비고츠키는 '사회적 구성주의의 원조'로 분류됩니다. 1990년대부터 국내에 소개된 비고츠키는 이 흐름입니다. 그래서 많은 경우 비고츠키를 사회적 구성주의로 알고 있습니다.

그러나 철학적, 이론적으로 비고츠키를 구성주의로 보기는 어렵습니다. 무엇보다 기본적으로 인식론이 다르기 때문입니다. 구성주의는 '구성'이라는 말에서 보이듯 인간의 지식, 인식이 각 개인에 의해 주관적으로 구성된다고 보는 데 반해, 유물론적 변증법을 기반으로 하는 비고츠키는 지식, 인식이 객관적 실재에서 유래한다고 보는 '실재론'입니다. 그래서 비고츠키 본래의 관점에 터하고자 하는 부분이 형성되었고, 이 흐름에서는 '문화역사주의' 또는 '문화-역사적 이론'으로 규정합니다. 이는 비고츠키가 자신의 이론을 '문화-역사적 이론'으로 지칭한 데서 유래합니다. 1980년대에야 비고츠키의 주요 저작들을 모은 전집이 영문으로 출간되는데, 그를 통해 비고츠키의 철학적, 이론적 관점이 더욱 명료하게 드러났고 이후 비고츠키를 구성주의가 아니라 '문화역사주의', '문화-역사적 이론'으로 규정하는 흐름이 본격적으로 확산되었습니다. 국내에서도 최근에는 비고츠키 원서들이 본격 출판되면서 이러한 흐름이 확산되고 있습니다.

지금까지 비고츠키가 소개되면서 널리 알려진 개념에는 '근접발달영역', '비계', '사회적 원천' 등이 있습니다. 그러나 임용고시 문제풀

이용 등 매우 표면적으로 소개되면서 더 근본적으로 핵심적인 관점과 원리들이 제대로 소개되지 못했으며, '비계'처럼 일부는 비고츠키의 개념이 아닌 것이 비고츠키 교육학의 핵심 개념인 것처럼 잘못 알려지기도 했습니다. 이 책의 두 번째 목적은 '문화역사주의'라는 본래의 관점에서 비고츠키 교육학의 핵심적 개념과 원리를 전반적으로 소개하는 것입니다. 이 책을 통해 비고츠키 교육학의 핵심 개념과 원리, 관점을 공유하고 실천적으로 적용해나갈 수 있는 토대를 얻는 계기가 되길 기대합니다.

3. 비고츠키 교육학의 강점

비고츠키는 한참 전의 학자이고, 더군다나 사회주의 사회였던 러시아 혁명기를 배경으로 관점과 내용을 구성하였습니다. 그럼에도 비고츠키 교육학은 시대와 사회적 배경을 넘어 현대의 선진 교육학과 미래 교육 담론을 이끌고 있습니다. 한참 전의 저작들을 '고전'으로 대하는 것이 아니라 현재의 교육 현상을 설명하고 새로운 교육 방향을 설정하는 근거로 비고츠키 교육학이 적용되고 있습니다. 그래서 비고츠키 교육학에 '오래된 미래'라는 은유가 붙기도 합니다.

이렇게 예전에 쓰인 내용들이 강력한 현재적 의미를 갖는 이유는 무엇일까요. 우선 '교육적 본질'에 충실한 교육학이기 때문입니다. 비고츠키 교육학은 '인간 발달' 자체에 목적을 두고 논의를 집중합니다. 교육학이 '인간 발달'에 집중하는 것은 당연한 것 같지만 당연하지 않으며 기존 교육관을 뒤집는 힘을 줍니다. 왜냐하면 기존의 교육관들에 실제로는 교육을 개인적 출세와 경제의 수단으로 보는 도구적 교육관이 만연해 있기 때문입니다. 비고츠키 교육학은 분명한 교육적 명분으로 전복의 힘을 발휘합니다. 특히 경쟁 만능의 비인간적 교육 현실이 심화되면서 이를 극복하고자 하는 사람들에게 '발달과 협력'을 강조하는 비고츠키 교육학은 많은 공감을 불러일으키고 있습니다.

그런데 하나의 학문적 조류와 이론으로서 비고츠키 교육학의 진정한 강점은 무엇보다 교육 현상에 대한 과학적인 설명력에 있습니다. 이 점이 비고츠키 교육학의 확산적 힘의 근원입니다. 비고츠키 교육학은 '인간 발달의 문화역사적 원천', '고등정신기능의 형성과 발달', '생각과 말의 관계', '교수와 학습의 관계', '근접발달영역의 창출', '발달을 이끄는 선도 활동' 등의 주제들에 대해 과학적이고 체계적인 설명을 전개하고 있으며, 현대 심리학과 뇌과학, 교수-학습 이론에서 검증되어왔습니다. 비고츠키 교육학의 과학적 설명력은 하나의 이론으로서 그 자체로 큰 강점이며 또한 보다 올바른 교육 실천을 위한 노력에 실질적으로 많은 도움이 되고 있습니다. 예컨대 비고츠키 교육학에서는 '협력'을 단지 도덕적으로 좋은 것이 아니라 '교육에서 필수적이며 가장 효과적인 과정'으로 설명하는데, 이는 최근 교육계에서 협력 교육이 주된 흐름으로 자리 잡는 데 큰 힘이 되었습니다. 비고츠키 교육학은 휴머니즘과 과학성이 결합된 교육학, 교육철학인 것입니다.

이 책은 입문서입니다. 수년간 비고츠키 교육학을 같이 공부한 사람들이 함께 구성했습니다. 같이 공부하고 토론하면서 소화한 내용들로 구성했기 때문에 기존의 여타 비고츠키 관련 서적보다는 접근하기 쉬울 것입니다. 또한 비고츠키 본래의 관점에 최대한 충실하고자 했으며, 중요한 핵심 주제들을 전반적으로 다루었습니다. 따라서 비고츠키 교육학을 공부하고자 하는 분들에게 입문서로서 제법 도움이 될 수 있으리라 생각합니다.

그러나 입문서라는 제한 속에서 더 풍부하고 심화된 내용을 담아 내기에는 분명한 한계가 있었으며 많은 부분이 개략적으로 다루어지고 있음을 밝힙니다. 또한 중요한 주제이지만 '철학적 원리', '학문적 방법론'과 같은 영역 자체가 어려운 부분은 생략되기도 했습니다. 그래서 본격적인 공부와 연구를 원하는 분들은 이 책 이후로 비고츠키 원전을 체계적으로 보시기를 권합니다. 비고츠키 교육학은 함께 학습하고 토론하는 것이 좋습니다. 함께하면 어려운 내용도 훨씬 쉽게 풀립니다. 또한 비고츠키 교육학의 많은 주제들은 토론하기에 좋습니다. 비고츠키 교육학 자체가 협력 교육의 영역이기 때문입니다.

차례

1장
비고츠키 교육학의
기본 지향과 관점

1절 협력은 경쟁을 넘어선다

비고츠키 교육학은 협력 교육을 지향합니다. 보통 협력과 경쟁에 대해 말할 때 '경쟁은 인간이 타고난 본능'이고 '협력은 학습된 도덕'이라고 생각합니다. 그래서 협력이 좋은 것이기는 하지만 능력의 발현과 발달에는 경쟁이 더 효과적이라고 믿습니다. 따라서 가치로서 협력을 받아들이면서도 많은 사람들은 경쟁 교육에 매진하게 됩니다. 그러나 비고츠키 교육학에서는 '협력' 역시 인간의 타고난 본성으로 오히려 협력은 경쟁을 넘어선다고 바라봅니다. 협력에 대한 지향은 비고츠키 교육학의 가장 우선적인 기본 지향이자 관점입니다.

1. 협력은 인간적일 뿐 아니라 발달에 더 효과적

오늘 협력을 통해 할 줄 아는 것을 내일은 혼자서 할 줄 알게 될 것이다. ……발달을 앞서서 발달의 전진을 이끄는 학습만이 학교에서의 효과적 학습이다. 교수는 모방이 가능할 때만 가능하다.

어린이에게 있어, 협력과 모방을 통한 발달, 교수-학습을 통한 발달은 근본적 사실이다. 그러므로 교수-학습을 심리학적으로 연구할 때 중심에 놓여야만 하는 요소는, 협력을 통해 발달의 상위 지적 수준으로 자신을 고양시킬 수 있으며, 모방을 통해 그가 가지고 있는 것에서 그가 가지지 못한 것으로 나아가게 하는 아동의 가능성이다. 『생각과 말』, p. 481

비고츠키는 저작의 곳곳에서 협력의 필요성을 강조합니다. 비고츠키는 발달이 혼자 이루는 것이 아니라 누군가의 도움을 받아 이루어지는 과정이라고 말합니다.

그런데 사실 비고츠키 말고도 교육 분야에서 협력을 강조하는 흐름은 많습니다. 왜냐하면 협력은 그 자체로 중요한 인간적, 교육적 가치이기 때문입니다. 또한 그동안 지나친 경쟁 위주의 교육에 대한 반발 때문에 협력이 강조되기도 했습니다. 그러나 비고츠키 교육학에서는 협력이 단지 도덕적 차원에서 좋은 것만이 아니라 인간 발달에 필수적이고 가장 효과적인 과정임을 밝히고 있습니다.

첫째, 무엇인가 새로운 것을 배우고 익힐 때 혼자 하는 것보다는 누군가의 도움을 받는 것이 효과적이라는 아주 당연한 이유 때문입니다. 사실 아직 잘 모르거나 못하는 것을 혼자 깨우친다는 것은 매우 어렵고 상당 부분은 어쩌면 불가능하기도 합니다. 이러한 사실에 대해 비고츠키는 다른 사람의 도움을 통해 '근접발달영역'이 창출됨으로써 효과적인 발달이 가능하다고 강조합니다.

둘째, 발달과정에서 배우고 익혀야 할 모든 지식과 개념, 기능들이 사회적 협력 속에서 태어나고 성장한 것이기에 협력적 상황에서야 제대로 느끼고, 이해할 수 있기 때문입니다. 예컨대 '친구와 우정', '민주주의' 등과 같은 개념은 사회적 관계와 협력이 없다면 결코 제대로 익힐 수 없을 것입니다. '주의집중', '자기 규제', '창조성' 등과 같은 온갖 정신기능들도 마찬가지입니다. 인간이 만들어온 모든 개념과 정신기능들이 고립적 상황에서는 익힐 수 없는 것입니다. 이를 두고 비고츠키는 인간 발달의 원천이 '사회'에 있음을 강조합니다.

셋째, 협력 자체가 인지 발달의 토대가 되는 매우 중요한 고등정신기능이기도 합니다. 도움을 잘 주고 도움을 잘 받는 것은 공동체 사회에 필요한 태도일 뿐 아니라 개개인의 발달에도 도움이 됩니다. 최근 뇌과학에서는 '사회적 지능', '공감 기능'과 같이 협력과 연관된 정신기능들이 인지 발달의 기초가 됨을 밝히고 있습니다.[1]

이처럼 비고츠키 교육학은 협력이 공동체적 삶을 위해 필요한 가치로서 중요할 뿐만 아니라 인간 발달에서 필수적이며 가장 효과적인 방법이라고 말합니다.

최근 많은 사람들이 협력 교육을 이야기합니다. 교육단체나 진보 교육감 같은 사람들만이 아니라 보수적 교육학자들도 부쩍 언급이 늘었습니다. 이는 OECD나 유럽교육위원회에서 미래 사회를 준비하는 핵심역량으로 '협력'을 특별히 강조하는 세계적 흐름과도 무관하지 않습니다. 협력 교육은 세계적인 대세이고 한국에도 그 물결이 들어오기 시작한 것입니다. 아직 우리의 교육 현실은 경쟁으로 뒤덮여 있지만 교육 담론만큼은 협력 교육의 흐름으로 바뀌고 있는 것입니다. '1등만이 살길이다!' 하면서 경쟁을 강조하던 얼마 전 상황과 비교하면 격세지감이 들기도 합니다.

---

1. 비고츠키는 뇌와 인간 발달의 관계에 주목한 뇌과학의 선구자이기도 하다. 비고츠키는 뇌와 인간 심리 발달의 관계를 분석하기 위해 심리학을 연구하면서 의학을 재전공하였다. 비고츠키의 제자인 루리야는 이 분야에 대한 관심과 연구를 확대하여 뇌와 심리 발달 관계를 분석 영역으로 하는 신경심리학의 원조가 되었다.

▶ 사회적 지능/공감 기능

다니엘 골먼은 '사회적 지능'이라는 개념을 체계화했다. 그는 인간의 뇌는 사람을 만날 때마다 '뇌와 뇌의 연결'이 활성화되도록 구성되어 있다고 강조한다. 인간은 타자와 정서적으로 강하게 연결될수록 상호적 힘이 강화된다. 사회적 관계는 인간의 경험을 주조할 뿐만 아니라 놀랍게도 T-세포 및 면역 시스템을 활성화한다. 뇌의 기능은 사회적 상호작용과 연동되어 있는데 방추세포와 거울뉴런이 이에 해당된다.

한편 톰슨은 인간이 본질적으로 타자와의 '감정이입' 속에서 경험과 마음의 상태를 표현하는 지향적 존재라고 보았다. 톰슨은 감각운동적 감정이입/상상적 감정이입/함께 주목하기/반복적 감정이입/도덕적 감정이입의 네 가지 유형으로 나누었는데, 인간이 정신적 행위자로서 다른 사람과 감정이입을 통해 사고와 행위가 형성됨을 강조하고 있다.

결국 개인의 지성과 감성은 타자와 연결되어 있음이 생물학적으로 밝혀지고 있는 바, 오직 협력 교육을 통해서만 제대로 이루어질 수 있는 것이다.

심광현, 「사회적 지능과 감정이입: 협력 교육의 생물학적 기초」에서 부분 발췌. 『창의적 문화교육』, 살림터, 2012.

협력 교육이 이렇게 부상한 이유에는 사회적 배경이 작용했습니다. 우리의 사회 현실이 공동체적 협력의 가치와 역량을 필요로 하는 상황이기 때문이지요. 생태 위기나 평화의 문제는 인류 공동의 협력을 필요로 합니다. 세계경제 위기는 경제 문제조차 사회적 협력이 필요하다는 인식을 가져왔습니다. 그래서 협력에 대한 강조가 세계적 흐름으로 대두했습니다. 최근에는 일부 기업들도 생산성 향상에서 협력의 가치를 말합니다. 협력은 새로운 시대가 요청하는 인간상의 핵심적 요소입니다.

또 하나의 이유는 발달심리학과 뇌과학의 성과를 바탕으로 인간 발달에서 협력이 매우 중요하고 관건적이라는 인식이 확대되었기 때문입니다. 이 점에 있어 협력의 효과와 불가피성을 강조하는 비고츠키 교육학은 많은 영향을 미쳤다고 할 수 있습니다. 비고츠키와 현대 뇌과학을 통해 협력의 발달적 의의가 밝혀지면서 협력은 가장 중요한 교육 방향으로 설정되었던 것입니다.

2. 인간은 협력 지향적, 발달 지향적 존재

협력의 가치는 동물에게서도 나타납니다. 예컨대 포식동물 중에서 홀로 사냥하는 호랑이보다는 집단사냥을 하는 사자의 경우가 훨씬 성공률이 높습니다. '동물의 왕국'의 무대가 되는 아프리카 사바나에서 가장 사냥 성공률이 높은 동물은 '리카온'이라는 아프리카 들개입니다. 사자가 사냥 성공률이 30% 정도인 데 비해 리카온은 80~90%에 이른다고 합니다. 사자는 암사자들 몇 마리가 사냥 집단을 이루는 반면 리카온은 수십 마리가 한 집단을 이루어 사냥을 하는데 작전 범위가 훨씬 크고 협력도 조직적입니다. 당연히 사냥 성공률이 높습니다. 리카온은 사냥할 때만 협력을 발휘하는 것이 아니라 라이프 스타일이 동물 중에서 가장 협력적입니다. 리카온은 다친 동료를 먹여주고 돌봐줍니다. 육아도 공동으로 합니다. 사냥할 때는 리더가 있지만 먹을 때는 서열이 없습니다. 이렇게 리카온에게 협력적 체계가 더 발달한 것은 사바나 포식동물 중 가장 체격이 작아서 생존을 위해 협력이 필수적이었기 때문입니다. 협력해야만 리카온은 생존할 수 있었고 협력을 통해 개별 개체의 불리함을 극복했습니다.

리카온은 생존을 위해 협력적 성향이 본능에 박힌 것입니다. 그런데 협력적 성향과 관련하여 인간 역시 본질적으로 협력 지향적 존재로 보아야 합니다. 왜냐하면 인간이야말로 협력이 아니고서는 생존할수 없었기 때문입니다. 수백만 년의 진화과정에서 몸에 기억된 것입니다. 실제로 사람은 경쟁적 상황보다 협력적 상황을 훨씬 좋아하고 행복해합니다. 태어나면서부터 누군가를 찾게 되고, 공감하고 싶어 하고, 누군가가 어려우면 도움을 주고 싶어 하고 협력과 공감의 상황에서 기쁨을 느낍니다. 최근 이러한 인간의 협력 지향성에 대해서 많은 연구 결과들이 나오고 있습니다. 아동심리학에서는 아기들이 자연스럽게는 소유욕보다 누군가에게 도움을 주고 싶어 하는 성향이 더 강하다는 것을 확인하고 있으며, 뇌과학에서는 공감 상황에서 사람을 즐겁게 하는 신경전달물질이 분비됨을 밝혀내었습니다.

지금까지 많은 사람들이 경쟁은 본능이고 협력은 사회적으로 형성된다는 통념을 가지고 있습니다. 그러나 이러한 잘못된 상식은 교정되어야 합니다. 협력도 본능이며 협력은 경쟁을 넘어섭니다. 그런데 잘못된 사회구조와 경쟁 이데올로기가 인간의 협력적 천성을 가로막고 왜곡하는 것입니다. 그런 점에서 경쟁에서 협력으로의 전환은 교육적 본질을 되찾는 것일 뿐 아니라 인간의 협력적 본질을 실현하는 것이기도 합니다.

비고츠키의 인간관은 "동료 인간이 있었기 때문에 우리는 주체적 인간으로 발전할 수 있다"라는 한마디로 요약됩니다. 이러한 인간 발달관을 토대로 펼쳐지는 비고츠키의 발달 이론은 '협력'을 명확한 교육적 가치로 상승시키는 근거가 되고 있습니다.

▶「협력의 비밀: 30kg 리카온이 200kg 사자를 공격하는 이유」
아프리카 들개 리카온은 사냥 전 반드시 작전회의를 한다. 10여 마리가 서로 빙글빙글 돌면서 눈빛을 교환한다. 지휘자를 포함해 각자 역할이 주어지고 컨디션이 좋지 않은 리카온은 배제된다. 회의가 끝나면 찍어놓은 먹잇감을 향해 주저 없이 돌진한다. 주로 영양이 타깃이다. 리카온 떼는 전격적으로 200kg이 넘는 사자를 공격하는 경우도 있다. 어렵사리 포획한 영양을 사자가 뺏으려고 할 때다. 아무리 수가 많다고 해도 30kg 정도에 불과한 리카온이 사자를 당해낼 수는 없다. 하지만 리카온 떼는 결코 주눅이 드는 법이 없다. 사냥이 불가능할 정도의 큰 상처를 입어도 끝까지 돌봐주는 동료들이 있기 때문이다.
리카온 떼의 조직력은 거친 생존본능이 지배하는 사바나 초원에서 이례적일 정도로 탄탄하다. 하이에나보다 훨씬 작은 몸집을 갖고도 당당한 포식자의 일원으로 살아남은 비결이다.
『한국경제』 기사 「협력의 비밀, 30kg 리카온이 200kg 사자를 공격하는 이유」에서. 2008. 10.

또한 '협력 지향성'만이 아니라 인간은 본질적으로 발달 지향적 존재입니다. 창조적인 문화, 기술 창달을 통해 인류가 생존, 번영해왔기 때문입니다. 발달 지향성 역시 인간의 몸에 박혀 있습니다. 예를 들면 어떤 새로운 것을 깨닫거나 발견할 때 사람들은 큰 기쁨을 느낍니다. 자신도 모르게 '아하~!' 하는 탄성이 나옵니다. 이런 현상을 비고츠키 교육학에서는 '아하 현상'이라고 합니다. 마찬가지로 깨달음의 순간에도 우리 몸에서는 기쁨의 신경전달물질이 나온다고 합니다. 마음과 몸은 이렇게 긴밀하게 연관되어 있습니다. 인간은 새로운 깨달음, 나아가 자신의 발달에 기쁨을 느끼고 그것을 지향하는 존재입니다. 그럼에도 잘못된 교육으로 인해 대부분의 아이들이 학습을 고통으로 각인하게 되는 것이 우리의 교육 현실입니다. 인간의 본성을 실현하기는커녕 오히려 정반대의 극단적 모습으로 치닫고 있는 것입니다.

3. 협력의 여러 차원

발달에서의 협력은 크게 두 차원에서 이루어집니다. 아이들보다 성숙한 어른, 즉 교사나 양육자, 주변 사람들과의 협력이 한 차원이고 또 하나는 동료와의 협력이라는 차원입니다.

보통 협력 교육이라고 할 때 동료와의 협력에만 초점을 두기 쉽지만 더 선차적이고 규정적인 것은 어른과의 협력입니다. 학교교육으로 따진다면 교사-학생의 협력이 매우 중요하고 나아가 부모와의 협력도 중요하다는 것을 의미합니다. 따라서 교사와 학생 관계를 어떻게 협력적 관계로 맺어나갈 것인가라는 문제가 협력 교육의 가장 기본적인 출발점이 됩니다.

또한 동료 간 협력에서 조금 뒤처진 동료가 효과적인 도움을 받는다는 것은 매우 당연한데, 더 뛰어난 동료 역시 발달의 도움을 받는다는 것이 강조될 필요가 있습니다. 더 뛰어난 동료도 가르쳐주면서 많은 것을 배우고 익히게 됩니다. 누군가에게 설명하려 하면서 어렴풋하던 것을 분명히 정리하고 체계화하는 과정을 거칩니다. 그를 통해 이제 막 습득해서 설익은 것들을 체화하고 내면화합니다. '선생님께 잘 듣는 것이 60점이라면 친구에게 설명하는 것은 90점'이라는 말은 바로 그런 의미입니다.

　　협력은 발달에 효과적이고 불가피하다는 점 외에도 '사고 형태'와 방식에도 영향을 미친다는 사실을 바라보아야 합니다. 협력은 관계 속에서 서로에게 긍정적인 상호작용을 하는 것입니다. 이러한 과정은 어떤 문제와 상황을 관계적으로 이해하는 것을 익히게 합니다. 다시 말해 협력은 '관계적 사고'를 발달시킵니다. 어떤 문제를 폐쇄적인 것으로 보는 것이 아니라 다른 것과의 관련 속에서 바라보게 하며 고정적인 것이 아니라 상호작용 속에서 역동적으로 변화하는 것으로 이해하게 합니다. 관계적 사고는 총체적, 역동적 그리고 유연한 사고를 가능하게 합니다.

　　협력을 통해 서로 도움이 된다는 사실만이 아니라 협력 자체의 의의도 강조되어야 합니다. 누구나 경험해보는 일이지만 여러 사람이 힘을 맞대서 노력하면 개인이 도달할 수 있는 것보다 더 큰 성취를 이룹니다. 비고츠키 교육학에서는 동료 간의 협력 자체로 '새로운 발달영역'이 창출된다고 봅니다. 심리학에서의 실험을 보면 어떤 문제 해결을 할 때, 여러 명이 같이 고민하면 해당 연령보다 2살 정도 높은 문제 해결력을 보인다고 합니다. 협력은 개개인에게 상호 도움이 될 뿐 아니라 협력적 상황 자체로부터도 도움을 받는 것입니다. '전체는 부분의 합보다 크다'라는 철학적 원리가 학습 상황이나 발달적 과정에도 적용 되는 것입니다.

2절 발달의 역사가 중요하다

1. 오래된 논쟁 '유전인가/환경인가?'

유전과 환경 문제는 인간 발달의 요인과 관련된 중심 주제 가운데 하나입니다. 고대 및 중세의 철학자들, 현재의 발달 이론가들에 이르기까지 중요한 논쟁의 대상이 되고 있습니다.[1]

콩 심은 데 콩 나고 팥 심은 데 팥 난다 : 유전론

'유전론'은 인간 발달이 자연, 생득론, 유전, 성숙, 선천적 특질 등과 같은 발달적 기제에 의해 결정된다고 보고 발달에서 선천적 요인의 중요성을 강조하는 관점입니다. 발달될 속성이 씨앗이나 배아에 이미 결정되어 있다는 '전성설'[2], '성숙이론(게젤)'[3] 등이 대표적 학설입니다. '자연으로 돌아가라'는 루소의 견해도 여기에 속합니다. 인간 발달이

---

1. 유전환경논쟁遺傳環境論爭: heredity-environment controversy. nature-nurture controversy라고도 함. 주로 생물학자와 사회학자들이 관심을 갖는 문제로서 한 개체의 총체적인 발달에 미치는 유전과 물리적 환경의 상대적인 영향력에 대한 논쟁. 한때는 수많은 과학자들 사이에서 뜨거운 쟁점이 되었지만 지금은 일반적으로 유전적 배경이 한 개체의 성장·변화의 범위를 제한하며, 그 제한된 범위 안에서 환경이 영향력을 행사한다고 생각한다. 브리태니커 백과사전.

거의 유전에 의존한다는 이러한 견해는 예전에 비해 많이 시들해졌지만 현대에 있어서도 우생학적 경향, 쌍둥이에 대한 연구들[4]에 의해 지지되고 있기도 합니다. 한때 유행했던 '혈액형 심리학'도 그러한 경향을 나타내는 현상이라고 볼 수 있습니다.

맹모삼천지교孟母三遷之教: 환경론

'환경론'은 인간은 선천적인 유전보다 후천적으로 제공되는 환경에 의해 발달이 이루어진다고 주장하는 관점입니다. '백지설'을 주장한 로크나 행동주의심리학의 대상을 내면적인 의식이나 정서가 아니라 자극과 반응의 관계 속에서 발견되는 객관적 행동에 두는 입장 등이 대표적입니다. 환경론은 다양한 환경 속에서 진화, 발전해온 인류의 역사나 같은 혈통이라도 사회 문화 및 경험에 따라 발달 차이를 나타낸다는 사실들에 의해 지지를 받습니다.

오랜 기간에 걸쳐 두 견해는 상호 대립해왔으나 1930년대 이후부터는 환경과 교육의 힘이 보다 강조되기 시작합니다. 지능처럼 예전에는 유전의 힘으로 생각되었던 것들이 환경에 의해 많이 좌우된다는 것이 밝혀지기 시작한 것도 영향을 미쳤지만 환경론에 서야 교육적 노력이

2. 생물체의 형상이 발생 이전의 난자 또는 정자 시기 때부터 이미 완성되어 있다는 주장으로 예전에는 난자나 정자같이 눈에 보이지 않을 정도로 작고 단순한 형태가 일정한 형태의 성체로 되는 것은 불가사의하고 이해하기 어려운 것이었다. 따라서 전성설을 주장하는 학자들은 이미 정자와 난자 안에 성체의 축소형, 곧 호문쿨루스homunculus가 존재하며 단지 성장을 통해 개체가 만들어진다고 주장하였다. 이들은 성체의 모든 기관들은 이미 정자와 난자에 축소형으로 존재하고 있으며 따라서 개체는 발생하는 것이 아니라 부풀어 커지는 것, 즉 성장하는 것이라고 주장하였다. 위키 백과.
3. 게젤은 인간 성장의 모든 측면, 즉 구조적, 생리적, 행동적, 심리적 측면을 배아모형embryological model으로 설명하였다. 모든 성장은 사전에 결정된 유전적 요소에 의해 그 기본 방향이 결정되는 '성장모형growth matrix'을 갖고 있으며, 환경적 요인은 단지 이를 지지해주거나 수정할 뿐 발달의 진전은 유발시키지 못한다는 것인데, 이처럼 내적인 힘에 의해 발달되어가는 기제를 게젤은 '성숙maturation'이라고 하였다.
4. 미국 미네소타 주 쌍둥이 연구소의 연구 결과에 따르면 태어나자마자 헤어져 서로 만난 적도 없고 존재하는지조차 모르던 쌍둥이가 성인이 되어 만났을 때 행동 습관과 성격이 비슷함을 보였으며 입양아 연구 결과 일란성 쌍생아들이 보통의 형제 사이의 경우보다 유사성이 많다고 한다.

의미 있게 부각될 수 있기 때문이기도 했습니다. 유전론의 입장에 설 경우엔 교육적 노력이 사실상 그다지 의미가 없습니다. 이후부터 교육학에서는 환경을 강조하는 흐름이 주되게 자리를 잡습니다.

유전과 환경은 맞물리는 것 : 상호작용론

최근에는 유전과 환경 각각을 독립적 요인으로 보려는 관점을 넘어서서 두 요소의 상호작용으로 보는 인식이 대두되었습니다. 즉, '환경적 요인과 유전적 요인 중 어느 것이 더 중요한가'라는 관점보다는 '두 요인이 어떻게 상호작용을 하는가'를 이해하는 것이 더 중요함을 깨달은 것입니다. 오늘날 대부분의 입장은 상호작용론의 관점에 서 있다고 할 수 있습니다.

2. 유전과 환경에 대한 비고츠키의 관점

유전과 환경의 문제와 관련 비고츠키는 문화역사주의라는 명칭에서 보이듯 사회적 영향을 강조합니다. 인간 발달의 원천을 문화역사(사회)라고 봅니다.

그러나 생물학적 기초에 바탕을 두면서 문화적 상호작용을 통해 발달이 이루어지는 것으로 봄으로써 두 요소의 결합으로 이해합니다. 이것은 유전과 환경의 상호작용에 대해 '둘 다 영향을 미친다'는 식으로 절충하는 통상적 이해와는 다릅니다. 비고츠키는 인간의 정신기능을 두 요소의 합금으로 봅니다.

예컨대 우리는 보통 '기억력'을 생물학적(유전적) 능력으로 이해하기 쉽습니다. 물론 기억력에는 신경학적인 뇌의 기능이 필요합니다. 그렇지만 기억력도 문화적 속성을 갖습니다. 예를 들면 노래방이 등장한 이후 많은 사람들은 노래 가사를 기억하던 능력이 쇠퇴하고 휴대폰을 쓰면서는 전화번호 기억력이 크게 감퇴했습니다. 문자 문화가 발달하지 않았던 옛날에는 '언어'에 의한 기억력이 현대인들보다 훨씬 뛰어났다고 합니다. 그런 흔적은 몽고, 중앙아시아 등의 많은 민족들에게 남아 있는 엄청난 분량의 '구전 역사' 문화에서 찾아볼 수 있습니다. 기억력이 생물학적이기만 하다면 이런 현상들을 설명할 수 없습니다. 기억력은 '생물학적인 것이자 문화적인' 정신기능입니다.

고등정신기능을 생물학적 요소와 문화적 요소의 합금으로 바라보는 시각은 유전이냐/환경이냐의 선택적 문제를 뛰어넘습니다. 어느 하나도 없으면 안 되기 때문입니다. 생물학적 요소는 고등정신기능의 토대이고 문화역사적 요소는 원천이 됩니다. 비고츠키는 인간 발달은 생물학적 토대와 문화역사와의 결합 속에서 이루어지는 역동적 과정으로 봅니다.

3. 발달에 대한 역사적 관점

알코올중독 엄마와 세 아이

비고츠키는 발달과정에 어려움을 겪는 아이들을 도와주는 클리닉을 운영한 적이 있습니다. 어느 날 이 클리닉에 세 형제가 찾아왔습니다. 대략 3살, 5살, 9살 정도의 형제들이었습니다. 이 아이들이 클리닉에 보내진 것은 엄마가 심한 알코올중독에 빠져 아이들을 돌보기는커녕 양육이 가능하지 않은 상황이었기 때문입니다. 엄마의 증상을 보여주는 표현 중에는 "너무 취한 나머지 어린 아기를 집어던질 뻔하기도……"라는 묘사가 등장하기도 합니다. 당연히 아이들의 발달 상황은 보통 아이들과 달랐습니다. 가장 어린 3살짜리 아기는 말 발달이 늦었고 엄마에 대해 '공포'의 이미지를 지니고 있었습니다. 5살짜리 둘째는 말 발달이 약간 늦었으며 엄마에 대해 '야누스_{로마신화에 나오는 문의 신. 두 개의 머리를 지녔다고 함}'의 이미지를 지니고 있었습니다. 엄마는 한편으로는 천사이고 한편으로는 악마의 모습이었던 것입니다. 둘째의 경우 아주 어렸을 때 알코올중독에 빠지기 전 엄마의 따뜻한 보살핌에 대한 기억과 현재의 엄마가 혼재되었던 것입니다. 둘째는 분열적 양상을 보였습니다. 그런데 9살짜리 첫째 아이는 좀 달랐습니다. 오히려 같은 또래의 아이들보다 성숙한 모습을 보였습니다. 첫째 아이는 어린 동생들을 보살피는 책임을 져야 했고 심지어 때로는 엄마도 보살펴야 했기에 어른스러워졌던 것입니다.

이 사례는 환경과 타고난 생물학적 요소를 같이 보는 것만으로 발달 상황을 이해하는 것이 매우 불충분함을 보여줍니다. 형제이므로 생물학적 요소가 크게 차이나지 않는다고 가정할 때, 같은 환경에 놓이더라도 구체적으로 언제 어떻게 어떤 상황에서 환경적 요소와 상호작용하느냐에 따라 발달 상황이 매우 다를 수 있습니다. 이 사례는 발달의 구체적 과정, 다시 말해 개개인의 발달을 올바로 이해하려면 그 개인의 발달의 역사를 이해하는 것이 중요함을 나타냅니다.

어떤 아동을 바라볼 때 만약 이전의 주요한 발달과정을 알 수 있다면 현재의 발달 상황을 훨씬 잘 이해할 수 있을 것입니다. 청소년을 바라볼 때는 아동기 발달의 역사를, 아동을 바라볼 때 영유아기 발달과정을 안다면 크게 도움이 될 것입니다.

발달의 역사를 이해한다는 관점에서 본다면 한국 학교의 '생활기록부'는 근본적인 문제를 지녔습니다. 발달과정보다는 주로 성적과 여러 가지 스펙들이 기록되고, 행동 발달 상황은 표면적 묘사에 지나지 않습니다. 성적이나 스펙으로 발달과정을 이해할 수는 없습니다. 발달의 관점에서 생활기록부의 기본 용도와 내용을 바꾸어야 합니다. 이 때문에 선진 교육을 하고 있는 여러 나라와 국내의 대안 교육계 일부에서는 발달 상황에 대한 기록을 중시하는데, 생활기록부의 근본적 개혁을 모색해야 할 것입니다.

문화역사주의/발생적 관점

비고츠키는 단지 '사회'의 영향만을 강조한 것이 아니라 그 사회의 역사 또한 강조합니다. 사회(문화)의 역사적 변화, 발달을 이해할 때 제대로 이해할 수 있다는 것입니다. 예를 들면 손가락으로 수를 세던 시대와 컴퓨터가 사용되는 시대의 발달 조건은 다르며, 동일한 사회와 환경이라도 상호작용의 과정에 따라 발달과정이 달라집니다. 그리고 개인의 발달에서도 환경과의 상호작용의 역사를 이해할 때 올바로 이해될 수 있음을 강조합니다. 이렇게 사회와 환경 자체만이 아니라 그 역사를 중시하기 때문에 비고츠키 교육학을 '문화역사적 이론' 또는 '문화역사주의'라고 합니다.[5]

'역사'에 대한 비고츠키의 강조는 연구 방법과 관점에서 '발생적 관점'이라는 것으로 나타납니다. 비고츠키는 연구 방법과 관점을 논할 때 '발생적 관점'을 곳곳에서 강조합니다. 발생이란 어떤 사물, 현상이 생겨나는 것, 변화·발전하는 것을 말하는데 '발생적 관점'은 발생과

---

5. 일부에서는 비고츠키 교육학을 '사회문화주의'로 규정하기도 하지만 비고츠키가 '역사'를 특별히 강조한다는 점에서 '문화역사적 이론' 또는 '문화역사주의'로 규정하는 것이 더 타당하다고 할 수 있다. 그래서 비고츠키의 제자들과 세계의 비고츠키안들은 '문화역사적 이론'으로 부르고 있다

정, 즉 그것이 생겨난 기원과 이후의 변화과정을 분석하는 것입니다.

사실 조금만 생각해도 발생적 관점, 접근은 현상에 대한 올바른 이해에 상당히 유용합니다. 예를 들면 외양으로 보아 고래는 물고기와 전혀 다름없지만, 발생적 시각에서는 육상에 있던 포유류가 수중생활에 재적응한 것으로 설명됩니다. 잘 보이지 않던 현상 자체도 다시 보이게 합니다. 벌이 땅으로 내려와 개미로 진화한 사실을 알게 되면 개미가 벌보다 훨씬 집단 규모가 크고 더 복잡한 사회구조를 가지고 있음이 보입니다.

발생적 분석은 단지 변화과정을 묘사하는 데 그치지 않습니다. 발생적 분석의 핵심은 변화의 인과관계를 규명하는 데 있습니다. 그리고 여러 연관관계를 종합해내고자 합니다. 발생적 분석에 기초하면서 비고츠키는 생각과 말, 기호의 매개를 통한 고등정신기능의 발달과정을 기원에서부터 추적, 분석함으로써 상호관계와 문화역사의 규정성을 명확히 할 수 있었습니다. 비고츠키의 발생적 관점은 현대 사회의 교육 문제와 현상, 나아가 다른 현상들을 올바로 이해하는 데도 매우 유용할 것입니다.

3절 관계를 통한 주체 형성

1. 내 밖에 나를 만든 무수한 내가 있다

비고츠키가 활동하던 시기에는 고등정신기능의 발달을 순전히 인간의 내부에서 발현되는 것으로, 어찌 보면 (나이가 들면서 저절로 발현되는) 생물학적 과정으로 이해하려 했던 관점들이 많았습니다. '전성설'과 같은 유전론이 그러했고 피아제도 그런 경향이 강했습니다. 비고츠키는 당시의 관점을 비판하면서 고등정신기능의 기원은 '사회'임을 분명히 합니다.

아동의 문화적 발달에서 어떠한 기능도 두 개의 무대, 두 개의 국면으로 나타난다. 첫 번째는 사회적 국면으로, 다음에는 개인적 국면으로 나타난다. 『역사와 발달 I』, p. 490

이 글은 비고츠키의 유명한 테제로 '사회적 국면에서 → 개인적 국면으로의 전환'은 모든 발달의 기본 법칙이라고 말하고 있습니다. '사회적 국면이 먼저'라고 하면서 모든 발달의 기원이 사회에 있음을 강조하는 것입니다. 사실 언어만 해도 한 개인은 먼저 사회적으로 존재하는 언어를 듣고 익히면서 그다음에 자기 것으로 체화하여 주체적으로 활용하는 것이라 할 수 있습니다. 비고츠키는 '사회에서 개인'으로의 전환과정을 다음과 같은 예를 들어 설명했습니다.

이러한 과정의 좋은 사례를 무언가를 가리키는 아기의 행위 발달에서 발견할 수 있다. 처음에 아기의 이 제스처는 어떤 것을 잡으려고 하지만 성공하지 못하는 어떤 시도에 불과하다. 아이는 손이 닿지 않는 곳에 있는 어떤 물건을 잡으려고 시도한다. 그래서 아이의 손은 물건을 향해 뻗은 채로 허공에 머문다. 손가락은 무언가를 잡으려는 움직임을 한다. 이러한 처음 단계에서 가리킴은 물건을 가리키는 것처럼 보이는 아이의 움직임일 뿐이다.

엄마가 아이를 도와주러 와서 아이의 움직임이 무언가를 나타내고 있음을 깨달았을 때, 상황은 근본적으로 변한다. 가리킴은 다른 사람들을 향한 제스처가 된다. 아이의 성공하지 못한 시도는 아이가 잡으려고 하는 물건으로부터가 아니라 '다른 사람들로부터' 반응을 만들어낸다. 결과적으로, 성공하지 못한 움켜쥐기 동작의 주요 의미는 다른 사람에 의해 확립된다.

나중에 아이가 성공하지 못한 움켜쥐기 동작을 전체적인 객관적 상황과 연관 지을 수 있게 됐을 때에야 비로소 아이는 이 동작을 가리킴으로 이해하기 시작한다. 이 시점에서 동작의 기능에 변화가 생겨난다. 이 동작은 대상 지향 동작에서 다른 사람을 목표로 하는 동작으로 변하며, 관계를 만드는 수단이 된다. 움켜쥐기 동작이 가리킴 행동으로 변하게 된다. 이러한 변화의 결과로 동작 그 자체는 물리적으로 간결해지고, 그 결과는 우리가 정한 제스처라고 말할 수 있는 가리킴의 형태가 된다. 이것이 다른 사람들을 위한 가리킴의 모든 기능을 객관적으로 나타내고, 다른 사람들에 의해 그와 같은 제스처로 이해됐을 때 비로소 진정한 제스처가 된다. 그것의 의미와 기능은 처음에는 어떤 객관적인 상황에 의해서 만들어지고, 다음에는 아동을 둘러싼 사람들에 의해 만들어진다._{김건욱, 「고등심리기능의 내재화」, 『비고츠}
키를 통해 찾아보는 교육의 대안』, 더불어가는길센터, 2012

이 사례에서 보면 행위는 비록 아기의 행위지만 '가리킨다'는 의미는 아기로부터 나온 것이 아닙니다. 처음에는 물건을 쥐려는 아기의 본능적인 행위였던 것이 사회적 상황에서 '가리키는 제스처'로 규정되고, 오랜 과정을 거쳐 나중에 가리키는 행위로서 제스처가 아기의 것이 됩니다. 언어도 처음에는 사회적 국면에서 접하게 되고 나중에 개인의 것이 됩니다. 제스처나 언어만이 아니라 도구 다루기, 규범과 가치, 다양한 사회적 행위 등 실로 인간의 모든 행위와 개념들, 고등정신기능들은 '사회적 국면에서 개인적 국면으로의 전환'이라는 경로를 거치면서 인간 발달로 연결됩니다. 그 이유는 인간이 자라면서 습득하는 모든 지식과 개념, 실천적 기능들이 사회 속에서, 사람들과의 관계 속에서 형성된 것이기 때문이며 또한 각 개인은 사회적 상황에서 먼저 접하기 때문입니다.

이를 두고 비고츠키는 고등정신기능의 원천이 사회에 있다고 규정한 것이었으며, 사회적 관계로부터 개인 정신의 본질이 형성된다고 보았던 것입니다. 아마도 '인간의 본질은 사회적 관계의 총체'라는 말을 가장 잘 설명하는 것이 비고츠키 발달론일 것입니다. 인간 정신의 본질과 관련하여 무의식을 강조한 프로이트와 비교하여 '내 안에 나도 모르는 내가 있다'가 프로이트라면 비고츠키는 '내 밖에 나를 만든 수

많은 내가 있다'는 표현으로 비교하기도 합니다.

고등정신기능 발달의 원천이 사회에 있다고 보는 비고츠키 교육학은 사회적 관계와 상호작용을 중시하고 또한 분석의 초점을 거기에 둡니다. 도구와 기호의 분석, 말 발달과 생각 발달에 대한 이해, 교육의 선도적 역할에 대한 강조 등 사회적 관계와 상호작용이라는 관점에서 주제들을 다룹니다. '근접발달영역'의 개념도 기본적으로 교육적 상호작용의 문제입니다. 그런 점에서 비고츠키 교육학의 근본 관점을 또 다른 차원에서 표현한다면 '관계(와 상호작용)'의 교육학이라 할 것입니다.

이러한 관점은 교육 실천을 행하는 데 큰 시사점을 안겨줍니다. 인간 발달의 가장 중요한 출발점과 토대는 바로 사회적 관계와 상호작용이라는 것이며 교육에 있어서 올바르고 협력적인 '교육관계'를 어떻게 구성하고, 긍정적이고 활발한 상호작용을 어떻게 형성해나갈 것인가의 문제가 바로 핵심임을 의미합니다.

2. 사회적인 것의 내면화(내재화)를 통한 주체화

인간의 고등정신기능은 사회적인 국면 → 개인적인 국면으로의 전환과정을 거친다는 것을 살펴보았습니다. 비고츠키는 이렇게 사회에 기원을 두고 있는 개념과 기능들이 각 개인들의 기능으로 전환되는 과정을 '내면화(내재화)'라 일컬었습니다.

앞서의 예에서 볼 수 있듯이, 아기는 처음부터 사회적 의미를 아는 것이 아닙니다. 오랜 실패와 오류, 반복을 거치면서 객관적 의미를 깨닫고, 그러고 나서야 비로소 아기는 가리키는 수단으로서 제스처를 스스로 사용할 수 있습니다. 내면화는 어떤 사회적 기능이 오랜 과정을 거쳐 자기 것으로 되는 것을 말합니다. 제스처만이 아니라 수 세기도 마찬가지입니다. 사회적 상황에서 1, 2, 3, 4, 5…… 등의 수가 있다는 걸 보고 들었다고 해서 바로 수를 셀 수는 없습니다. 오랜 숙달과 체화를 거쳐야 합니다. 그것도 '손가락으로 세기'라는 중간 과정을 거쳐서 체화되고 나중에야 손가락의 도움을 빌리지 않고도 암산을 할 수 있습니다. 이렇게 속으로 암산을 자유자재로 할 수 있을 만큼 체화되는 과정이 내면화인 것입니다.

내면화가 된다는 것은 충분한 숙달을 통해 체화된다는 것, 이제 자기 것이 되어 자신의 뜻에 따라 어떤 개념이나 기능을 사용할 수 있다는 것을 의미합니다. 그런 점에서 내면화는 곧 주체성의 기초이며 의지적 실천, 창조적 행위의 토대가 됩니다. 어떤 것이 제대로 내면화되지 않는다면 우리는 결코 실제적 상황에서 어떤 개념이나 기능을 주체적으로 사용할 수 없을 것입니다.

고등정신기능의 내면화 과정을 통해 주체성이 형성된다는 것은 교육을 '사회화'로 바라보는 기존의 통념을 극적으로 바꾸어놓습니다. 즉 교육은 그리고 인간 발달은 '사회화'로만 바라볼 수 있는 것이 아니라 '개인화, 주체화' 과정이라는 것입니다. 사회, 문화의 중요성을 강조했지만 궁극적으로 비고츠키는 개인성과 그 개인의 주체성을 역설한 것입니다. 사회적 통념은 물론이고 여전히 많은 교육학자들도 교육을 '사회화' 과정으로 바라봅니다. 이를 역전시켜 비고츠키는 '사회적인 것이 개인화, 주체화'되는 과정이라고 규정한 것입니다.

그렇다고 해서 '사회화'를 부정하는 것은 아닙니다. 비고츠키의 관점은 사회화와 주체화(개인화)를 대립적인 것으로 보지 않고 통일적으로 바라봅니다. 비고츠키는 주체화(개인화)를 지향하면서도 고등정신기능의 기원은 사회에 있다고 봅니다. 즉 사회적인 것을 제대로 익히는 것이 곧 주체성이 형성되는 과정이라고 보는 것입니다. 주체화와 사회화를 대립적이지 않고 통일적인 것으로 바라보는 것은 '올바른 공동체는 자유로운 주체적 개인들로 이루어진다'는 관점과도 일맥상통합니다.

3. 교육의 기본 목표는 주체적 인간 형성

주체성에 대한 비고츠키의 강조는 인간의 자유의지 형성이라는 철학적, 인간학적 주제로 나아갑니다. 비고츠키는 인간이 스스로의 발달을 통해 여러 제약으로부터 자유로워짐을 역설합니다. 예를 들면 '지각으로부터의 자유' 문제를 들 수 있습니다. 침팬지 정도의 영리한 동물은 바나나를 손이 닿지 않는 높은 곳에 올려놓고 막대기를 쥐어

주면 막대기를 이용해 바나나를 꺼내 먹습니다. 그런데 바나나와 막대기를 한눈에 보이지 않게 배치하면 신기하게도 막대기를 이용하지 못한다고 합니다. 이것을 심리학에서는 눈에 보이는 '지각장'에 갇혀 있다고 표현합니다. 즉, 눈에 보이는 것을 넘어서서 생각하고, 계획할 수 없다는 것입니다. 반면 인간은 어린아이라도 언어와 고등정신기능의 힘으로 지각장을 넘어서서 생각하고, 계획하고, 실행할 수 있습니다. 이에 대해 비고츠키는 인간은 언어와 생각의 힘을 통해 본능적 행동과 현상에 대한 즉각적 반응을 뛰어넘어 주체적 존재로서 자유를 획득해나간다고 보았습니다.

단순히 지각장을 넘어서는 문제를 넘어 비고츠키 교육학은 '개념적 사고' 문제를 '자유의지' 형성의 문제와 연결합니다. 비고츠키가 말하는 자유의 개념은 '자기 멋대로'가 아닙니다. 비고츠키는 인간의 행동발달 단계를 '본능 → 관습 → 지성(이성) → 자유의지'의 4단계로 구분합니다. '본능'의 단계는 말 그대로 본능에 지배당하는 단계입니다. 배고프면 울고, 짜증 나면 화를 냅니다. 아직 문화화가 안 된 아기 때의 행동 양식입니다. '관습'의 단계는 어떤 행동을 왜 그렇게 해야 하는지는 모르지만 정해진 규칙이나 타인의 명령에 따라 행동하는 단계입니다. 아직 스스로의 판단이 없습니다. '지성'의 단계는 이성적 판단에 기초하여 행동하는 단계입니다. 나름 합리성과 효율성에 의거하여 판단하고 행동하는 것입니다. 그리고 '자유의지'의 단계는 단지 이성적 판단을 넘어 자신의 총체적인 가치관, 세계관에 의거하여 판단하고 행동하는 것입니다. 자유의지는 이성에 토대를 두지만 때때로 합리성, 효율성 등의 이성적 판단을 뛰어넘습니다. 위험을 무릅쓰고 타인을 구하려 한다든지, 손해인 줄 알면서도 대의를 지향하려 합니다. 이러한 발달과정을 비고츠키는 자유의 확대 과정으로 봅니다. 본능에 지배를 받던 존재에서 문화화된 인간으로, 자신이 아닌 타인의 명령이나 관습에 지배당하던 존재에서 스스로 판단하는 존재로, 이해관계나 효율성에 따라 행동하던 존재에서 자신과 세상에 대한 가치관에 입각하여 실천하는 존재로 발달해가는 과정이 곧 인간적 자유의 확대 과정이라는 것입니다.

비고츠키는 자유의 확대 과정에서 개념적 사고 형성이 핵심적 토대가 된다고 말합니다. 개념적 사고를 한다는 것은 어떤 현상과 상황들에 대해 체계적이고 논리적인 생각을 한다는 것이고 그것은 눈에 보이는 현상을 넘어서서 본질에 입각하여 스스로 판단하고 행동할 수 있음을 의미합니다. 즉, 개념적 사고를 통해 인간은 자유의지를 갖고 스스로 판단하고 행동할 수 있는 주체적 존재가 될 수 있다는 것입니다. 비고츠키가 말하는 자유는 본능과 관습에 전적으로 속박당하지 않고, 스스로의 개념적 사고력에 의해 객관적으로 판단하고 자신의 가치관에 의거하여 행동하는 것을 말합니다. 그럴 때 자유는 곧 주체성이며 또한 객관적 본질에 입각합니다. 그런 의미에서 진정한 자유와 주체성은 객관성에 대립되지 않습니다. 오히려 객관성을 올바로 인식할수록 자유의 폭은 확대됩니다. 따라서 개념적 사고의 토대인 과학적 인식과 그를 가능하게 하는 체계적 학습은 주체적 인간 형성의 중요한 과정이 됩니다.

비고츠키 교육학은 '개념적 사고력에 입각한 주체적 인간 형성'에 초중등 교육의 핵심 목표를 둔다고 할 수 있습니다. 비고츠키는 학교에서의 체계적 학습을 통한 개념적 사고 형성을 강조하였으며 그를 통해 비로소 진정한 자유의지의 토대가 형성된다고 보았습니다. 이 같은 논의는 초중등 교육의 핵심 목표 설정에 커다란 시사점을 줍니다.

사실 그동안 교육 논의에서 내세운 교육 목표에는 잘못되거나 불분명한 점이 있었습니다. 많은 사람들이 지적하듯 우선 성적이나 학벌은 결코 올바른 교육 목표일 수 없습니다. 반면 '전인교육' 같은 선언적 목표도 사실 따져보면 매우 애매한 것입니다. '전인'은 '다양한 소양과 능력을 개발한다'는 정도의 방향은 제시해주지만 막상 그 사람이 어떤 사람인지는 불분명합니다. '민주시민 양성' 같은 목표도 사회적 의미는 제시하지만 각 개인으로 귀결되는 인간적 가치를 제시해주지는 못합니다. 다시 말해 교육 목표에 대한 대부분의 논의가 사회적으로 필요한 소양에 집중할 뿐 개개인의 실존적 의미를 부여하지는 못한 것입니다.

이에 반해 '개념적 사고력에 입각한 주체적 인간 형성'은 '자기 삶의 주체로 성장한다'는 실존적 의미와 '자유롭고 주체적인 인간들의 공동체'로서 사회적 의미를 함께 내포합니다. 자유의지를 지닌 주체적 인간 형성은 체계적인 지성 발달과 도덕적, 정서적 측면이 함께 결합할 때 가능합니다. 이런 점에서 비고츠키 교육학의 '자유의지를 지닌 주체적 인간 형성'은 초중등 교육의 핵심 목표를 더욱 구체적이고 명료화하는 것입니다.

2장
고등정신기능의
형성과 발달

1절 고등정신기능이란?

1. 보편적 정신기능으로서 '고등정신기능'

심리학자로서 비고츠키는 인간이란 무엇인가, 즉 인간을 인간답게 하는 본질이 무엇인지 탐구하고자 했습니다. 비고츠키는 다른 동물과 구분되는 인간의 본질을 인간의 놀라운 정신기능에서 찾았습니다. 그리고 비고츠키는 일반적인 인간이라면 누구나 갖고 있는 이러한 보편적 정신기능을 고등정신기능이라고 불렀습니다. 교육에 비추어 생각해보면 고등정신기능을 발달시키는 것이 교육의 기본 과정이라 말할 수 있습니다. 다른 말로 표현하면 고등정신기능의 발달이란 자유의지를 가진 주체적 인간의 형성이라는 문제와 맞닿아 있습니다.

명칭과 관련되어 고등정신기능higher mental function은 많은 오해를 낳았습니다. 특히 '고등영어로 higher'이라는 말이 그 오해의 주범인 듯합니다. 한편으로는 우리말에서 고등이라는 말이 등급이나 수준이 높다는 것을 의미하기 때문이며, 다른 한편으로는 고등의 반대말로 생각되는 말들하등, 저등, 초등이 부정적 어감을 갖기 때문입니다. 이 때문에 고등정신기능이란 무언가 굉장히 수준 높은 기능이어서 아무나 도달할 수 없는 것이라거나, 고등정신기능을 발달시키지 못한 경우 열등하다 거나 심각한 결함을 가진 것으로 오해하기도 합니다.[1]

비고츠키가 말하는 고등정신기능은 아무나 도달할 수 없는 어떤 높은 수준의 정신기능이 아니라 인간에게 보편적인 정신기능입니다. 고등정신기능은 같은 인간 간의 차이나 차별을 나타내는 개념이 아니라, 동물과 달리 인간만이 가지는 고유한 문화적 행동 형태를 가리키는 말입니다. 즉 고등정신기능에서 '고등'은 동물에 비해 고등한 정신기능이라는 것입니다. 대화를 할 때 인간은 상대방을 보면서, 상대방의 말에 주의를 기울여 듣고, 생각하여 대답을 합니다. 소설을 읽을 때 인간은 글을 보고, 주의를 기울여 읽고, 소설 속의 상황을 상상하고 공감합니다. 어떤 문제를 해결해야 할 때 인간은 해결책을 생각하고 계획하며 미리 마음속으로 실행해보기도 합니다. 이런 다양한 일반적 상황에서 인간이 사용하는 정신기능이 고등정신기능인 것이고, 무슨 신비하고 터득하기 어려운 기능이 아니라 사회 속에서 살아가는 인간의 보편적 정신기능이 바로 고등정신기능입니다.

2. 기초정신기능과 고등정신기능

이해를 돕기 위해 고등정신기능과 기초정신기능을 대비해 설명해보겠습니다. 고등정신기능이 인간만이 가지는 보편적 정신기능이라면,

---

1. 이런 오해를 의식해서인지, 비고츠키에 관한 여러 번역서에서 고등정신기능higher mental function 을 고차(적) 정신기능이라 부르기도 하고, 고등정신기능의 토대가 되는 lower mental function은 저차적 정신기능, 초등정신기능, 기초정신기능 등으로 다양하게 번역하고 있다. 그리고 '정신mental' 대신 '심리psychological'라는 말을 써서 고등심리기능, 저차적 심리기능이라고 쓰기도 하는데 모두 같은 말이다.

기초정신기능은 동물의 한 '종'으로서 인간이 자연적으로 가지고 태어난 기능입니다. 그냥 보고, 듣고, 맛보고, 느끼고, 집중하고, 기억하고, 생각하는 기능들을 기초(정신)기능이라고 부릅니다. 이 중 지각, 주의, 기억, 생각의 4가지 기능을, 고등정신기능과 기초정신기능으로 쌍을 지어 나누어 다소 도식적으로 대비해보면 다음과 같습니다.

▶ **고등정신기능(능동적, 의지적)**
  범주적 지각, 자발적 주의, 논리적 기억, 개념적 사고
▶ **기초정신기능(수동적, 반응적)**
  반응적 지각, 반응적 주의, 자연적 기억, 실행적 사고

인간이 다섯 가지 감각기관_{눈, 귀, 코, 혀, 피부}을 통해 외부의 사물을 인식하는 작용을 지각이라고 하는데, 아직 세상 경험이 별로 없고 사물의 명칭을 배우지 못한 유아가 눈에 보이는 외부 전경을 있는 그대로(수동적으로) 지각하는 것을 반응적 지각이라고 부릅니다. 말을 배우지 않은 유아에게 세상은 아직 뭔지 모르는 것들이 마구 뒤섞인 상태, 즉 혼합적으로 보인다고 합니다. 그러나 유아는 성인으로 성장하면서 경험을 쌓고 사물의 명칭을 배우게 됨에 따라 세상을 분석적으로 여러 범주로 나누어 지각하게 되는데, 이러한 지각을 범주적 지각이라고 합니다. 간단히 말해 자동차를 모르는 어린이에게 자동차는 큰 소리를 내며 빠르게 지나가는 크기가 큰 물체_{반응적 지각}일 뿐이지만, 자동차를 타는 경험을 쌓고 명칭을 배운 후 자동차는 어딘가 새로운 곳으로 가게 되는 기대를 일으키거나, 멀미를 일으키는 등의 특별한 것_{범주적 지각}으로 지각됩니다.

집 밖으로 처음 나간 유아에게 세상은 복잡하지만, 큰 경적을 울리며 달려가는 자동차는 어린이의 눈을 잡아끌 수 있습니다(수동적). 이

때 어린이가 자동차에 집중하는 것을 반응적 주의라고 합니다. 그러나 어린이가 성장하여 자동차를 좋아하게 되면 자동차의 타이어만 보고도 자동차의 이름을 맞히는 경우가 있는데, 이때 자동차나 그 타이어에 스스로 집중하는 것을 자발적 주의라 부릅니다(능동적). 어린이는 시각적 대상의 지배를 받지만 성인은 자신의 주의를 스스로 통제할 수 있습니다. 그렇다고 성인이 자발적 주의만 이용한다는 것은 아닙니다. 성인이 도로에서 운전을 하다가 뒤에서 울리는 큰 경적 소리를 듣고 주위를 살피거나, 자동차 앞으로 갑자기 나타난 행인에게 주의를 집중하는 것은 반응적 주의라고 할 수 있으며, 도로 주행 중 안전거리를 확보하려고 전방을 계속 주시하는 것은 자발적 주의라고 할 수 있습니다.

지각한 것을 자연스럽게 기억하는 뇌의 기능을 자연적 기억이라 부릅니다. 그러나 언어를 배우면서 고등정신기능이 발달하면 어떤 상황을 논리적으로 기억하고 능동적으로 기억하게 됩니다. 예를 들어 운전을 하면서 자주 다니는 길을 반복을 통해 기억하는 것을 자연적 기억이라고 한다면, 운전면허를 따려고 필기시험 문제를 암기하거나 운전 요령을 스스로 익히는 것은 능동적 기억입니다. 똑같은 영화를 보고도 자연적 기억에 주로 의존하는 어린이들은 전체 줄거리보다는 특정 사물이나 장면을 세밀하게 기억주인공이 쓴 모자의 색깔 등하는 반면, 어른들은 세세한 장면은 잘 기억하지 못하지만 전체 줄거리는 잘 기억하곤 합니다. 상황을 논리적으로 파악하여, 지각한 이미지가 아니라 관념, 생각, 논리적 관계를 기억하는 것입니다. 또한 반복에 의한 기계적 암기는 지루하고 시간이 많이 걸리지만, 의미로 엮인 기억은 단 한 번의 경험만으로도 쉽게 기억될 수 있는데, 이러한 기억을 논리적 기억, 다른 말로 언어적 기억, 개념적 기억이라 부릅니다.

마지막으로 생각 기능을 살펴보겠습니다. 생각 기능을 실행적 사고와 개념적 사고로 대비시키는 것은 다소 생소합니다. 유인원 같은 동물은 분명 지능을 가지고 있습니다. 즉 생각을 합니다. 유인원은 높은 곳에 있는 바나나를 얻으려고 막대기와 같은 도구를 사용할 수 있습니다. 그러나 유인원의 사고에는 한계가 있으며, '시각적 장'에 종속되어 있기 때문에 시각적 사고라고 부르기도 합니다. 예를 들어 나란히 있는 두 개의 짧은 막대기를 연결하여 높은 곳에 있는 바나나를 딸 수 있는 침팬지가, 똑같은 짧은 막대기를 X자 모양으로 손에 쥐어주기만 해도 막대기를 연결하지 못하여 바나나를 따지 못한다고 합니다. 이와 같이 눈에 보이는 먹이를 얻으려고 눈에 보이는 도구를 이용하는 침팬지 등의 사고를 실행적 사고(혹은 시각적 사고)라고 부른다면, 먹을 것을 얻으려고 눈에 보이지 않는 도구를 스스로 찾고 준비하고 계획할 수 있는 인간의 고차적 사고를 개념적 사고라고 부를 수 있습니다.

기초정신기능과 고등정신기능은 질적으로 분명히 다른 것입니다. 전체적으로 기초정신기능은 수동적이고 반응적인 특징이 있습니다. 보이는 대로 보고 들리면 듣는 것이 반응적 지각이고, 박수 소리가 들리면 나도 모르게 쳐다보는 것이 반응적 주의입니다. 어떤 자극에 수동적으로 반응합니다. 자연적 기억과 실행적 사고도 마찬가지입니다. 하지만 고등정신기능은 그렇지 않습니다. 고등정신기능은 능동적이고 의지적입니다. 내가 보고 싶은 것을 골라서 보고, 마음만 먹으면 작은 소리에도 주의를 기울일 수 있으며, 스스로 생각하고 의지를 가지고 암기합니다. 해결해야 할 문제를 스스로 설정하고 생각을 전개합니다. 고등정신기능의 능동적이고 의지적인 특징은 앞서 말했던, 고등정신기능의 발달이 자유의지를 가진 주체적 인간 형성의 문제와 일맥상통한다는 것을 다시 한 번 분명히 보여줍니다.

2절 고등정신기능의 발생

1. 고등정신기능의 의의와 특징

고등정신기능의 유무는 인간과 동물을 구분하는 매우 중요하고 결정적인 경계가 됩니다. 사실 기초기능만 따지면 동물이 인간보다 뛰어난 경우가 많이 있습니다. 뛰어난 시각으로 사냥을 하는 매, 매우 뛰어난 후각을 지닌 개, 강한 앞발과 이빨을 가진 호랑이, 나무를 잘 타는 원숭이 등은 특정 기능이 인간보다 훨씬 더 뛰어납니다. 하지만 인간은 다양한 도구를 이용하여 기초기능을 뛰어넘고, 다양한 기호를 통해 고등정신기능을 발달시킴으로써 상상적 창조력을 발휘하여 모든 동물을 뛰어넘은 존재가 되었습니다. 또한 고등정신기능의 발달은 수동적이고 반응적인 동물 존재를 뛰어넘어, 능동적이고 의지적인 인간 존재를 가능하게 함으로써 인간 개개인이 인간다운 인간으로 살아갈 수 있는 토대를 제공했습니다.

앞에서는 고등정신기능의 이해를 돕기 위해, 각각의 지각, 주의, 기억, 사고를 기초정신기능과 고등정신기능으로 나누어 대비시켰습니다. 그래서 마치 기초정신기능인 반응적 지각이 발달하여 고등정신기능인 범주적 지각이 되고, 반응적 주의가 발달하여 자발적 주의가 되고, 자연적 기억이 발달하여 논리적 기억이 된다는 식으로 이해될 수도 있을 것입니다. 그러나 고등정신기능은 각각의 기초정신기능이 발달하여 그 위에 쌓이는 것은 아닙니다. 생물학적으로 볼 때 기초기능으로서의 지각, 주의, 기억, 사고 기능은 어느 정도 구분이 분명한 별개의 기능이지만, 고등정신기능은 사실 기초기능과는 달리 그 경계가 뚜렷이 갈라져 구분되는 것이 아니라 총체적으로 서로 연결되어 있기 때문입니다. 실제로 인간이 활동을 할 때 여러 가지 고등정신기능이 따로따로 독립적으로 작용하지는 않습니다. 책상 위에 어지럽게 놓인 서류 더미 속에서 중요한 서류를 찾아야 할 경우, 서류를 보는 범주적 지각, 서류의 특징에 집중하는 자발적 주의, 그 서류에 대한 기억과 생각 기능은 복잡하게 얽혀 동시에 작용합니다. 집중해서 보면서 생각을 해야 하고 생각을 하려면 기억이 있어야 합니다.

또한 고등정신기능은 반드시 기초(정신)기능을 토대로 합니다. 보고 듣고 느끼는 자연적 지각 없이 범주적 지각은 불가능하며, 특정 자극에 집중하는 반응적 주의가 없다면 자발적 주의도 불가능할 것입니다. 마찬가지로 뇌에 기본적인 자연적 기억 능력이 없다면 어떤 기억도 불가능하기 때문에, 논리적 기억은 그 토대를 상실하게 됩니다. 다시 말해 기초정신기능 없이는 고등정신기능도 없습니다. 이와 관련한 문제는 고등정신기능의 총체성에 대한 논의에서 좀 더 자세히 설명할 것입니다.

2. 고등정신기능의 발생: 계통발생과 개체발생

이번에는 고등정신기능이 인류에게 어떻게 생겨났고(동물 → 인간) 한 인간에게 어떻게 형성되는지(어린이 → 성인), 즉 고등정신기능의 발생 문제를 살펴보겠습니다.

앞의 예를 잘 살펴보면 기초정신기능은 주로 어린이나 동물의 기능으로 묘사되고, 고등정신기능은 주로 성숙한 인간의 기능으로 묘사되었습니다. 즉 기초정신기능은 어린이나 동물에서도 나타나지만, 고등정신기능은 진화한 인간이 성숙함에 따라 나타나는 기능이라는 것입니다. 유물론적 측면과학적 진화론의 측면에서 볼 때, 인간은 처음부터 자유의지를 갖추고 신에 의해 창조된 것이 아니기에, 인간의 고등정신기능은 갑자기 하늘에서 뚝 떨어진 것이 아닙니다. 따라서 원래 동물에게는 없던 고등정신기능이 인간에게서 어떻게 생겨났는지를 탐구하기 위해 비고츠키는 발생적 방법을 이용하여 과거로, 역사로 돌아갑니다.

비고츠키는 이때, 생물이 진화하면서 고등정신기능을 갖춘 인간이 출현하게 된 과정을 '계통발생'이라 부르고, 새로 태어난 갓난아기가 성인으로 성장하면서 고등정신기능을 갖추게 되는 과정을 '개체발생'이라 부르며 구분합니다.

더 나아가 비고츠키는 계통발생에서 인간의 고등정신기능이 발달한 과정을 두 노선으로 구분합니다. 하나는 '생물학적 발달 노선'으로, 인간의 진화과정을 가리키며, 다른 하나는 '문화적 발달 노선'으로, 인간이 사회를 이루고 문화를 형성해온 역사적 과정을 가리킵니다. 이 중에서 고등정신기능의 발달에 필수적인 문화적 발달 노선을 특별히 사회발생이라 부르기도 합니다. 이러한 구분에 따라 고등정신기능과 기초정신기능을 계통발생적으로 정의하자면, 기초정신기능은 생물학적 발달 노선 속에서 형성해온 기능을 말하며, 고등정신기능은 역사적-문화적 발달 노선의 결과입니다. 따라서 고등정신기능을 바르게 이해하려면 생물학적 진화와 역사적-문화적 발달 노선을 구분하는 것이 필수적입니다.

▶ 계통발생의 두 노선
　생물학적 발달 노선(진화) : 생물적 유형의 변화
　문화적 발달 노선(역사, 사회발생) : 생물적 유형의 변화 없이 일어남

고등정신기능이 발달하려면 생물학적 진화가 필수적입니다. 생물학적 발달 노선은 생물적 유형의 변화, 즉 생물학적 기관의 변화를 동반합니다. 팔다리가 진화하고 뇌가 진화해야 합니다. 반면에 문화적 발달 노선은 생물적 유형의 변화 없이 일어납니다. 사회적 생활을 하면서 인간은 인공기관인 도구를 발달시키고, 인공지능인 기호를 발달시킴으로써 동물의 한계를 뛰어넘습니다. 다시 말해 고등정신기능은 손이나 뇌 같은 생물학적 기관의 진화를 동반하지 않으면서 발달합니다.

인간의 고등정신기능은 계통발생의 두 노선 속에서 연속적으로 발달해왔다고 말할 수 있습니다.

생물학적 발달은 고등정신기능 발달의 토대입니다. 분명히 고등정신기능을 가진 것은 인간뿐입니다. 진화적으로 인간과 가장 유사한 동물인 침팬지라 할지라도 고등정신기능을 형성할 수 있는 뇌 발달에는 이르지 못했습니다. 아무리 학습을 시켜도 기초적인 도구 사용을 위한 지능 이외에 인간과 같은 고등정신기능을 소유하지는 못합니다. 즉 고등정신기능 발달은 적절한 생물학적 토대를 전제로 합니다. 인간만이 다른 동물과 달리 고등행동형태를 가능하게 하는 뇌의 새로운 '층'을 가집니다.

하지만 생물학적 토대를 가졌다고 해서 인간이라는 '종'이 저절로 고등정신기능을 소유하게 되는 것은 아닙니다. 말을 배우지 못할 경우 인간은 고등정신기능을 발달시키지 못합니다. 사회와 동떨어져 산다면 고등정신기능은 형성되지 못합니다. 인간은 사회생활을 하면서 역사적으로 고등정신기능을 발달시켜왔습니다. 인간은 사회발생을 통해 뇌의 생리적 변화와는 다른 차원에서 새로운 행동 패턴, 즉 고등행동형태를 발달시킨 것입니다. 그런 점에서 고등정신기능은 사회적 발달의 산물입니다.

고등정신기능 발달에서 생물학적 진화는 '토대'가 되며 문화적 발달은 '원천'이 됩니다. 두 과정 모두 필요합니다. 여기까지가 비고츠키가 말하는 계통발생적인 고등정신기능 발달과정입니다.

이와 같이 인간은 집단적 차원에서 계통발생_{생물학적 진화와 사회발생 포함}을 통해 고등정신기능을 발달시켰지만, 그러한 집단적 토대와 원천만으로 각 개인들의 고등정신기능이 저절로 발현되는 것은 아닙니다. 갓 태어난 어린아이가 고등정신기능을 발달시키는 것은 또 다른 차원의 문제입니다. 비고츠키는 갓 태어난 어린이는 고등정신기능을 소유하지 않았다고 말합니다. 어린이는 자라면서 고등정신기능을 발달시키는데, 이를 '개체발생'이라고 부릅니다. 개체발생의 핵심 특징은, 계통발생의 두 발달 노선이 '한 사람'에게 융합되어 나타난다는 것입니다. 어린이의 개체발생에서는 생물학적 성숙과 문화적 발달이 동시에 일어납니다. 어린이가 고등정신기능을 발달시키기 위해서는 인류의 역사적 발달과정에서 성취된 정신기능 발달에 상응하는 과정인 어린이의 문화적 발달이 요구됩니다. 즉, 사회적 관계를 형성하고, 말을 배우고, 사회적 행동을 하는 과정에서 어린이의 고등정신기능이 발달합니다.

개체발생에서 발달은 계통발생과 연관된 일련의 과정으로 나타나지만 반드시 계통적 순서를 따르지는 않습니다. 예를 들어 10개월이 된 어린이는 여전히 혼자 걷거나 먹지 못합니다. 그러나 이 시기 동안 어린이는 도구 사용에 있어 침팬지와 같은 수준을 거치면서 최초로 도구를 다루기 시작합니다. 어린이의 뇌와 손은 아직 완전히 성숙하지 않았지만, 도구를 다루는 행위와 사고는 먼저 그 한계를 넘어섭니다. 계통발생의 순서로 본다면 인간이 도구를 제작하고 다루는 것은 그에 상응하는 뇌와 손 발달을 전제로 합니다. 그런데 계통발생의 순서가 개체발생에서는 뒤집혀 나타나기도 하는 것입니다.

한편 기초적 기능이 '손상'되었을 경우에는 대안적 발달 경로가 필요해집니다. 청각 장애를 가진 어린이는 말을 제대로 학습하지 못하며, 수화 등의 대안적 발달 경로가 주어지지 않는다면 고등정신기능을 발달시키지 못할 수도 있습니다.

비고츠키는 개체발생에서 문화적 미발달의 결과로 나타나는 어린이의 모습을 문화적 원시성이라 부르며, 뇌 손상과 같은 생물학적 결핍의 결과로 나타나는 장애와 구분합니다. 인간으로 태어났지만 여러 가지 이유로 문화나 교육이 완전히 결핍된 어린이는, 말을 못하고 지능이 떨어져 보일 경우, 정신지체와 구분되어 보이지 않을 수 있습니다. 이 경우 통상적으로 머리가 나빠서라고 하며 교육적인 한계를 그어버리는 것은, 고등정신기능이 제대로 발달할 기회를 박탈해버리는 것일 수도 있습니다. 즉 두 경우의 외적 형태는 매우 유사해 보이지만, 그 원인은 전혀 다른 것입니다. 따라서 생물학적 발달 노선과 문화적 발달 노선을 구분할 때만이 우리는 그 원인을 올바로 파악하고 해결책을 강구할 수 있습니다.

3절 도구와 기호의 문제

1. 도구와 기호

비고츠키는 동물과 구분되는 인간만의 고유한 정신기능인 고등정 신기능 발생의 핵심을, 자연에서 이루어지는 생물학적 진화를 넘어선 사회 속에서의 인간의 문화적 발달에서 찾았습니다. 여기서 더 나아 가 문화적 발달을 설명할 수 있는 핵심 연결 고리를 찾았으며, 비고츠 키는 그것이 바로 도구와 기호라고 말합니다.

과학자들은 흔히 인류 문명의 근원을 도구에서 찾습니다. 생물학적 진화과정에서 직립 보행을 하게 된 인간이 두 손의 자유를 획득하게 되고, 걷기로부터 해방된 자유로운 두 손을 가지고 갖가지 도구를 만 들어 사용하게 되면서 문명을 발달시켰다는 것입니다. 마르크스와 엥 겔스는 도구의 본질이 자연에 대한 인간의 매개적 활동이라고 말했습 니다. 매개란 "중간에서 양편의 관계를 맺어줌, 또는 그 수단이나 활 동"이라는 의미를 갖습니다. 강한 앞발로 사냥을 하는 사자와 깃털로 이루어진 날개로 하늘을 날 수 있게 된 새들처럼, 대부분의 동물은 자신의 신체를 직접 이용하여 자연에 작용을 합니다. 하지만 인간은 맨손으로 직접 사냥을 하는 대신 창이나 칼을 사용하여 자신보다 힘이 센 동물을 사냥할 수 있게 되며, 비행기를 만들어 하늘을 날 수 있게 되었습니다. 즉 인간은 자연에 직접 작용하는 동물과 달리 도구라는 매개를 이용하여 자연에 작용한다는 것입니다. 인간은 이러한 도구를 사용함으로써 자신의 생물학적 한계를 뛰어넘습니다.

비고츠키는 여기서 더 나아가 도구 사용만으로 인간의 문화적 발달(즉 고등정신기능의 발달)을 완벽히 설명할 수는 없다고 말합니다. 인간은 기억이나 비교, 선택, 계산 등과 같은 심리적 작업을 수행할 때, 그 촉진물로 기호를 발명하여 사용합니다. 기억을 하려고 글로 메모를 남기고, 길을 쉽게 찾으려고 지도를 만들고, 숫자를 이용해 양을 표현하고 계산을 합니다. 글을 이용해 기억의 한계를 뛰어넘고, 지도를 이용해 지형을 총체적으로 파악하고, 숫자를 이용해 복잡한 계산도 척척 해낼 수 있게 됩니다. 이러한 기호의 사용이 문화적 발달을 가능하게 하는 것입니다. 이런 식으로 기호는 심리적 작업을 매개합니다. 즉 도구와 기호는 모두 매개적 활동이라는 공통점이 있습니다. 그래서 기호를 자연에 작용하는 물리적 도구와 비교하여 '심리적 도구'라 말하기도 합니다.

하지만 비고츠키는 기호를 심리적 도구라 칭하는 것은 단순한 은유적 표현일 뿐, 둘 사이에는 매우 큰 차이가 있다고 말합니다. 비고츠키는 도구와 기호의 본질적인 차이가 서로 다른 방향성에 있다고 봅니다. 도구는 기본적으로 외부를 향합니다. 도구는 자연을 향해서 작용하고, 자연을 변화시키고, 자연을 정복합니다. 이처럼 도구는 자연, 즉 대상에 변화를 일으키지만, 기호는 조작 대상에 변화를 일으키지 않습니다. 전화번호를 메모한다고 전화번호가 바뀌거나, 지도를 만든다고 지형이 변하지는 않습니다. 반면에 기호는 자신이나 타인의 심리와 행동을 변화시킵니다. 메모를 통해 기억할 수 있고, 지도로 길을 찾을 수 있습니다. 즉 기호는 내면을 향합니다. 인간은 기호를 이용해 타인과 의사소통하고, 또한 기호를 이용해 자신의 행동을 조절하고 통제할 수 있습니다.

이러한 차이에도 불구하고 실제로 도구와 기호의 사용은 연결되어 있습니다. 인간이 자연에 가한 변화는 인간 스스로를 변화시키기 때문입니다. 역사적으로 볼 때 항해를 위한 도구인 선박의 발달은 지도의 발달과 함께 일어났고, 어린이들은 장난감 도구를 이용할 때 끊임없이 말을 중얼거립니다. 인간의 문화적 발달은 도구와 기호의 사용으로 가능했다는 것입니다.

2. 흔적 기능 : 기호의 역사적 발생

인간의 문화적 발달을 가능하게 한 기호는 어떻게 출현하게 되었을까요? 비고츠키는 이를 알아보기 위해 '흔적 기능'이라는 것을 탐구했습니다. 비고츠키에 따르면 기존의 모든 심리학 연구는 '자극-반응' 원칙을 토대로 삼았습니다. 파블로프의 '반사이론'처럼 인간의 심리도 외부 자극에 대한 반응으로 나타난다는 것이었습니다. 맛있는 걸 보면 먹고 싶고, 공격을 받으면 분노하거나 겁을 먹는다는 것입니다. 자극에 반응하는 것은 기본적으로 수동적인 반응이기 때문에, 기초기능은 잘 설명할 수 있습니다. 하지만 능동적이고 의지적인 특성을 가진 고등정신기능을 잘 설명할 수는 없었습니다. 그럼에도 일부 심리학파는 모든 고등정신기능을 기초기능으로 환원하여 설명하고자 했으며, 다른 심리학파는 고등정신기능을 주어진 것으로 가정하여 설명을 거부하고 관념론에 빠져들었습니다. 비고츠키는 이러한 당시 심리학 관점을 넘어서, 인간은 단순한 '자극-반응'이 아니라 '기호'를 통한 '매개적 심리과정'을 갖는다고 보았습니다. 비고츠키는 고등정신기능을 설명하기 위해 기호를 매개로 설정하는 새로운 방법론적 공식을 찾고자, 고등정신기능이 사회적으로 발생한 흔적을 담고 있는 '흔적 기능'을 탐구했습니다.

흔적 기능은 과거에 중요한 역할을 담당했던 기능들의 흔적이 지금까지 남아 있는 것입니다. 비고츠키는 이러한 흔적 기능이 발달의 기록이자, 살아 있는 증인이고, 중요한 역사적 증거라고 말합니다. 고생

물학자는 작은 공룡 뼈 화석들을 이용하여 공룡의 전체 골격을 재구성하고, 고고학자는 별 가치 없어 보이는 고대의 동전이나 아무런 의미가 없어 보이는 긁힌 돌멩이에서 상형문자를 판독하여 지난 역사를 꿰뚫어 볼 수 있습니다. 마치 지나치기 쉬운 작은 증상만으로도 의사가 병을 진단하는 것과 마찬가지입니다. 이처럼 비고츠키는 고등정신기능의 흔적 기능을 탐구하여, 기초정신기능과 고등정신기능 간의 발생적 연결 고리를 찾고자 했습니다.

비고츠키가 예로 드는 세 가지 흔적 기능은 '제비뽑기의사 결정', '매듭 묶기문화적 기억', '손가락으로 수 세기문화적 산술'입니다.

제비뽑기

비고츠키는 '뷔리당의 당나귀'라는 예화를 이용하여 의사 결정의 문제를 도입합니다. 뷔리당의 당나귀란 두 개의 동일한 건초 더미의 정중앙에 위치한 당나귀가 어떤 건초를 먹을 것인지 결정하지 못하여 굶어 죽게 될 것이라는 이야기입니다. 완벽히 균형이 맞는 두 자극이 존재할 경우 어떤 반응도 하지 못하리라는 것입니다. 비고츠키는 인간이 당나귀와 유사한 상황에 놓였을 때, 즉 결정하기 어려운 문제에 부딪쳤을 때 제비뽑기, 동전 던지기를 하거나 점을 친다고 말합니다. 실제로 인간은 과거에 신탁이나 점성술에 의존하여 나라의 중요한 결정을 하던 때가 있었으며, 그러한 행위가 흔적으로 남아 지금도 중요한 의사 결정을 해야 할 때 점을 치거나, 동전을 던진다는 것입니다. 그러나 그것은 '흔적'일 뿐입니다. 현대의 인간은 동전을 던지거나 점을 치기도 하지만 꼭 그 결과에 따르는 것은 아닙니다.

비고츠키는 여기서 인간의 새로운 행동 구성 원리를 뽑아냅니다. 즉 인간은 동전이나 점과 같은 '인공 자극'을 도입함으로써 수동적으로 자극에 반응하지 않고 자신의 반응을 통제할 수 있게 된다는 것입니다. 새로운 행동 구성 원리의 핵심은 기존의 자극이 아닌 인간이 스스로 그 상황에 도입한 새로운 인공적인 자극입니다. 또한 비고츠키는 이 흔적 기능이, 인간 심리학 전체에 있어서 기본적 질문인 자유의지의 문제와 밀접한 관련이 있다고 말합니다.

매듭 묶기

인간은 무언가 꼭 기억해야 하는데, 기억에 자신이 없을 경우 기억을 돕기 위해 손수건으로 매듭을 짓거나, 표식을 남깁니다. 이 매듭이나 표식은 나중에 무엇을 해야 할지 기억하는 것을 도와주는 믿을 만한 보조 수단으로 작용하게 됩니다. 비고츠키는 이러한 매듭 묶기가 문자 언어의 가장 초기 형태 중 하나라고 말합니다. 실제로 고대 페루에서는 정보를 저장하는 수단으로 '키푸'라고 불리는 잘 발달된 매듭 기록을 사용했다고 하며, 레비-브륄의 연구에 따르면 남아프리카 흑인들은 나무에 새긴 칼자국을 이용해 기억을 한다고 합니다.

여기서도 비고츠키는 동일한 구성 원리를 뽑아냅니다. 인간은 어떤 자극을 기억하기 위해, 스스로 매듭이나 칼자국 같은 새로운 인공 자극을 도입하여 능동적으로 기억한다는 것입니다. 이 흔적 기능은 인류 문명에 엄청난 변화를 가져온 문자 언어, 즉 글자의 발명과 밀접한 관련이 있습니다.

손가락으로 수 세기

인간은 수 세기가 숙달되지 않았을 때 손가락을 이용하여 수를 셉니다. 비고츠키는 원시적 인간은 양을 직접적으로 지각했으며, 이것이 자연적 산술의 기초라고 말합니다. 그러던 인간이 손가락으로 수를 세기 시작한 것은 인류의 중요한 문화적 성과이며, 인간이 자연적 산술에서 문화적 산술로 나아가는, 즉 양에 대한 직접적 지각에서 계산으로 나아가는 과정에서 징검다리의 역할을 했다는 것입니다. 지금도 손가락이나 신체의 일부를 이용하여 수를 세는 원시 부족들이 남아 있으며, 아직 수 세기를 내면화하지 못한 어린이는 손가락을 이용합니다. 다시 한 번 비고츠키는 동일한 구성 원리를 뽑아냅니다. 인간은 손가락이라는 보조 자극을 도입하여 능동적으로 수를 세기 시작한다고 말할 수 있습니다. 이 흔적 기능은 인류 문명 발달에 큰 역할을 담당한 수학 발달과 연결됩니다.

비고츠키는 이러한 세 가지 흔적 기능을 논한 후 핵심적인 공통 내용을 뽑아냅니다. 흔적 기능을 통해 순수한 형태로 드러난 고등정신기능의 구성 원리를 알아내는 것입니다_{실제 고등정신기능의 작동은 매우 복잡하기 때문.} 모든 흔적 기능의 공통 구성 원칙은 인공적인 보조 자극의 도입입니다. 의사 결정을 위해 사용하는 동전이나 제비, 기억을 돕기 위해 도입하는 매듭이나 칼자국, 수 세기에 이용하는 손가락은 모두 인공적인 보조 자극입니다. 모든 동물들은 자극에 대해 수동적으로 반응합니다. 그러나 인간은 자극과 반응을 매개하는 보조 자극을 도입합니다. 인간에 의해 스스로 도입된 보조 자극은 자신의 행동을 통제하는 자기-자극이 됩니다. 비고츠키는 이와 같이 자신의 행동을 통제하려고 인간이 만든 모든 보조 자극을 '기호'라고 불렀으며, 바로 이 기호의 도입으로 인간의 고등정신기능 발달이 가능해졌다고 말합니다.

3. 기호의 의의

기호는 본질적으로 인간의 사회적, 역사적, 문화적 발달의 산물입니다. 그중에서도 가장 중요한 기호는 인간의 언어, 즉 말입니다. 인간은 말을 통해 자극에 대한 즉각적인 반응에서 벗어나, 자신의 행동을 조절할 수 있게 됩니다.

해결하기 어려운 과업에 직면했을 때, 인간은 말을 이용하여 상황을 파악하고, 문제를 생각하고, 해결책을 계획합니다. 예를 들어 높은 곳에 있는 물건을 가지고 싶을 때, 어린이들은 "어떡하지? 손이 닿지 않아. 의자가 필요해. 의자를 가지고 와야지"라는 식으로 말을 합니다. 말은 심리적 댐, 즉 장벽과 같은 역할을 하여, 자극에 대해 즉각적으로 반응하지 않을 수 있게 해줍니다.

자극과 반응을 매개하는 보조 자극으로 기호를 도입함으로써, 비고츠키는 '자극-반응'이라는 기초기능을 토대로 고등정신기능을 설명할 수 있는 길을 열어줍니다. 인간은 도구를 사용함으로써 자신의 생물학적 한계를 뛰어넘고, 기호를 사용함으로써 기초정신기능의 한계를 초월합니다. 인간은 기호를 통해 자신의 행동을 숙달스스로 통제할 수 있게 되며, 이는 자유의지의 토대가 됩니다.

4절 고등정신기능의 총체성

1. 고등정신기능의 총체성

앞에서 고등정신기능의 개념을 다루면서, 이해를 돕기 위해 기초정신기능과 고등정신기능을 다소 도식적으로 쌍을 지어 비교해 설명했습니다. 기초정신기능에는 반응적 지각, 반응적 주의, 자연적 기억, 실행적 사고 등이 있고, 고등정신기능에는 범주적 지각, 자발적 주의, 논리적 기억, 개념적 사고 등이 있었습니다. 실제로 기초정신기능은 생물학적 기능에 토대한 기능으로, 인간이 자연적으로 가지고 태어나는 별개의 기능들입니다.

하지만 고등정신기능은 각각의 기초 기능 위에 추가된 별개의 기능이 아닙니다. 고등정신기능은 자발적 주의, 논리적 기억, 개념적 생각으로 명확히 구분되는 기능이 아니라, 기호를 통해 통합된 고차적 체계라 말할 수 있습니다.

영화를 예를 들어 설명해보겠습니다. 영화를 보고 그 내용을 잘 이해하려면, 일단 영화에 집중해야 하며, 영화에 등장하는 인물이나 사건들을 기억해야 하고, 어떤 인물이 그렇게 행동한 이유나 사건이 발생한 이유를 생각해야 합니다. 이때 특정한 사건에 대해 생각을 하려면 등장인물이나 사건의 순서나 내용을 기억하는 것이 필요하고, 잘 기억하려면 주의를 집중해야 하며, 생각을 깊게 하다 보면 더 작품에 몰입(집중)하게 되기도 합니다. 이렇듯 고등정신기능들은 별개로 작동하는 기능들이라기보다는 밀접히 연관되어 통합적으로 작용합니다.

이처럼 비고츠키는 고등정신기능들이 각각의 별개의 기능이 아니라, 하나의 통합된 심리적 체계로 나타난다고 말합니다. 이때 고등정신기능을 하나의 체계로 통합하는 요인은 세 가지가 있습니다.

첫째, 발달의 과정에서 연결됩니다. 발생적 관점에서 볼 때, 고등정신기능은 계통발생적으로 인간의 역사적 발달의 산물이며, 개체발생적으로는 개개인의 특별한 사회적 과정의 산물입니다. 고등정신기능은 역사적 발달의 산물로서 서로 연결됩니다. 발생과정에서 어떤 고등정신기능은 다른 정신기능들을 토대로 합니다. 따라서 서로 연관되어 작동하게 됩니다. 예컨대 '개념적 사고' 기능은 '자발적 주의', '범주적 지각'과 '논리적 기억'을 토대로 발달하며 개념적으로 사고할 때는 당연히 그러한 정신기능들이 함께 작동하게 됩니다.

둘째, 구조적 측면에서 볼 때, 모든 고등정신기능은 기호를 통해 매개됩니다. 보통 생물학적 기관의 능력에 좌우되는 기초기능들은 직접적인 성격을 갖는 '자극-반응' 원칙에 토대합니다. 하지만 고등정신기능은 자극과 반응 사이에 '보조 자극', 즉 기호를 도입합니다. 인간의 고등정신기능들은 기호의 핵심인 말을 통해 서로 연결되며 모든 고등정신기능의 작동에는 공통된 매개인 기호가 작용합니다.

셋째, 기능적 측면에서 볼 때, 모든 고등정신기능은 능동적인 성격을 갖습니다. 고등정신기능은 과업을 의식적으로 파악하고 의지적으로 숙달(통제)합니다. 기초정신기능은 수동적입니다. 큰 소리가 나면 쳐다보고, 눈에 보인 것을 기억하고, 보이는 한계 내에서만 생각합니다. 하지만 고등정신기능은 기호의 도입을 통해 자신의 행동을 스스로 통제합니다. 보고 싶은 것을 선택하여 볼 수 있고 눈에 보이지 않는 것도 기억하고 생각할 수 있습니다. 즉, 고등정신기능은 인간의 의식, 의지에 의해 연결됩니다.

이렇게 발생적 연결, 기호의 매개, 능동성의 결합 속에서 고등정신기능들은 서로 연결되면서 함께 작동하게 됩니다.

또한 고등정신기능의 총체성에는 '고등정신기능들 간의 총체성'만이 아니라 '정서/사고/의지'의 총체성도 포함됩니다. 비고츠키는 인간 의식이 통합된 전체라고 말합니다. 따라서 인간 의식의 지적 측면과 감정적, 의지적 측면을 분리하는 것은 전통적 심리학의 근본적인 결함이라고 말합니다.

수학 문제를 열심히 풀고 있는 어린이를 생각해봅시다. 문제가 어려움에도 불구하고, 정답을 알아내려고 애쓰는 어린이의 행동을, 어린이의 지적 호기심만으로 설명할 수 있는 경우는 많지 않을 것입니다. 정답을 맞히면 엄마가 맛있는 음식이나 좋아하는 핸드폰을 사주기로 했을 수도 있고, 엄마가 기뻐하는 모습을 보려고, 아니면 자신의 장래를 생각하며 문제를 풀고 있을지도 모릅니다.

비고츠키는 사고를 일으키는 원동력이 정서와 의지에 있다고 보았습니다. 사고는 사고 자체로 고립된 것이 아니라 정서와 의지가 함께 결부된 것으로서 발생한다는 것입니다. 그런 점에서 고등정신기능은 지성, 정서, 의지의 총체라고 말할 수 있으며, 정서와 의지적 측면 없이 지성적 활동의 원인을 설명할 수 없습니다. 비고츠키는 기호를 매개로 모든 고등정신기능들이 연결되고, 지성/정서/의지가 결합된 총체적 인간 의식을 '인격'이라고 규정합니다.

2. 시사점

고등정신기능은 기호를 통해 통합된 고차적 체계로서, 지성, 정서, 의지의 총체라고 말할 수 있습니다. 이에 비추어 우리나라 교육에 대해 생각해보고자 합니다.

우리나라 교육은 특히 지적, 정서적 측면에서 양극단을 병적으로 왔다 갔다 하며 강조하는 경향이 있습니다. 일단 누가 뭐라고 해도 우리나라 교육의 최종 심급은 대학 입시이며, 이 대학 입시를 실질적으로 좌우하는 대학수학능력평가시험은 국영수사과 지필시험입니다. 따라서 당연하게도 우리나라 교육은 지적 측면을 극단적으로 강조합니다. 시험을 잘 보는 능력을 향상시키는 것에 모든 교육의 초점이 맞추어져 있다고 해도 과언이 아닙니다. 학교 수업에서 진도 나가기는 역사적 과업이 되며, 조금 긴 호흡을 필요로 하는 정서적 경험이나 주체적 인격 형성 문제는 무시되기 일쑤입니다.

이렇게 극단적으로 지적 능력만을 강조하는 무한 경쟁 속에서 학생들은 고통을 받고, 경쟁에서 낙오하고 지친 아이들이 주기적으로 여러 가지 사회적 문제를 터트리는 것은 어쩌면 필연적 수순일지도 모릅니다. 그래서 어떤 사회적 문제가 터질 때마다 교육이 문제의 주범으로 지적되고, 학생들이 머리만 크고 남을 생각할 줄 모른다며 인성교육 강화를 부르짖는 일이 반복되고 있습니다. 하지만 문제가 나아진 적은 없어 보입니다. 단지 문제를 당분간 보이지 않게 덮어놓는 경우가 많은 것 같습니다.

제가 아는 한 중학교에서는 졸업식 날 학생들이 교복을 찢거나 밀가루와 계란을 뒤집어씌우는 일이 많았다고 합니다. 이에 대한 학교의 해결책은 밀가루와 계란의 소지를 금지시키는 것은 물론이고, 졸업식 날 교복 착용을 금지하고, 졸업식 날 1, 2학년 재학생의 학교 출입을 금하는 것이었습니다. 학교에서는 사고를 막기 위해 고육지책으로 내세운 처방이겠으나, 졸업식 날 3년간 입고 다녔던 교복을 입지 못하게 한다거나, 가족이나 학생회 임원 일부를 제외한 후배들이 졸업식에 자연스럽게 참여하여 선배들의 졸업을 축하할 기회를 박탈하는 것이 과연 교육적 처방인지는 의심이 듭니다. 졸업식 사고를 완전히 예방하려면 졸업식 날 졸업생의 학교 출입을 금하면 된다는 우스갯소리가 나올 정도였다고 합니다.

중학교에서 시행되는 봉사활동도 비슷한 문제점이 있습니다. 봉사활동의 취지는 타인의 어려움이나 아픔에 공감하는 정서적 공감대를 키우고, 자발적으로 봉사를 하고자 하는 의지를 키우는 데 있을 것입니다. 하지만 봉사활동이 내신 성적에 반영됨으로써, 진심에서 우러나오는 봉사가 아닌 점수를 따기 위한 수단으로 전락하여, 봉사활동이 오히려 교육적 목적을 훼손하는 경우가 많은 실정입니다.

인성교육을 강화한다며 내리는 다른 처방들도 문제가 있습니다. 인성교육과 관련이 있어 보이는 처방을 별다른 체계 없이 죽 늘어놓는 경우가 많습니다. 예를 들어 도덕성 강화를 위한 교육은 인사 잘하기, 복도에서 뛰지 않기, 우측으로 걷기이고, 학생들을 행복하게 만드는 교육은 교문 지도 중간에 학생들 안아주기, 친구들에게 사과 파이 주면서 사과 편지 쓰기 등입니다. 무엇이 원인이고 결과인지에 대한 깊은 고려가 없어 보이며, 외적으로 보이는 표면적 효과에 집착하는 느낌이 듭니다. 매우 일차원적이며, 총체성에 대한 고려는 전혀 보이지 않습니다.

고등정신기능의 온전한 발달을 교육의 목표라 생각하고, 그 총체성에 대해 생각해본다면 지적 측면만을 강조하는 시험 만능 교육이나, 인성을 무턱대고 강조하는 것은 양극단의 편향이며, 고등정신기능을 온전히 발달시킬 수 없을 것입니다. 비고츠키는 고등정신기능의 지적 측면과 정서적, 의지적 측면은 분리되어 있지 않고 통합되어 있다고 말합니다. 따라서 정서적, 의지적 측면을 무시하고 지적 측면만을 강조해서는 안 되며, 반대로 지적 측면을 무시하고 정서적, 의지적 측면을 잘 발달시킬 수도 없을 것입니다.

비고츠키는 고등정신기능의 발달이 두 부류의 현상을 포괄한다고 말합니다. 지금까지는 주로 내적인 고등정신기능 발달을 이야기했지만, 고등정신기능을 발달시키기 위해서는 말하기, 읽기, 쓰기, 그리기, 셈하기 등과 같이 외적으로 기호를 숙달하는 과정이 꼭 필요합니다. 따라서 다양한 교육 활동이 필요한 것입니다.

우리나라의 일반적인 전통적 수업 방식은 흔히 주입식 수업이라고도 부르는 강의식 수업입니다. 교사가 칠판 앞에서 잘 짜인 내용을 학생에게 일방적으로 쭉 설명하는 식입니다. 학생들이 수동적으로 듣기만 하는, 이러한 강의식 수업만으로 다양한 교육 활동을 보장하기 힘들 것입니다. 이러한 강의식 수업에 대한 대안으로 나오는 것 중 하나로 자기 주도적 학습이 있습니다. 수동적으로 강의를 듣는 것이 아니라, 스스로 생각하고 주도적으로 학습을 해야 공부를 잘할 수 있다는 것입니다. 일면 학생의 학습 측면을 강조한다는 데에서 진일보해 보이지만, 한편으로 교사의 역할을 너무 경시하는 것처럼 느껴집니다.

다양한 활동은 다양한 방식으로 가능하며, 한 가지 방법이 만능열

쇠와 같은 역할을 할 수는 없을 것입니다. 특정한 상황에서는 강의식 수업이 효과를 발휘할 수도 있고, 프로젝트 학습 활동이나 자기 주도적 학습이 필요할 때도 있을 것입니다. 중요한 것은 구체적 상황과 주제에 맞는 적절한 방법을 도입하는 것이고, 가능한 한 다양한 기호 활동을 통해 고등정신기능 발달을 도모해나가는 것입니다.

5절 창의성에 대한 오해와 진실

1. 창의성에 대한 오해

우리나라 교육에서 창의성은 많은 관심의 대상입니다. 특히 교육이 경제 발전의 수단쯤으로 인식되면서, 보편적 인간 발달이 문제가 아니라, 몇만 명을 먹여 살린다는 스티브 잡스 같은 인재 양성이 교육의 목표가 되는 (천박한) 교육관 속에서 창의적 인재 양성을 위한 창의성 교육은 탄탄한 이론적 배경 없이 무조건 강조된 경향이 있습니다. 앞에서 나온 고등정신기능에 관한 논의를 기반으로 창의성 문제를 살펴보고자 합니다.

먼저 창의성에 대한 일반적인 오해 세 가지에 대해 살펴보겠습니다.

첫째, 많은 사람들이 아이가 어릴수록 상상이 풍부하고 창의성이 크다고 생각합니다. 따라서 일반적인 학교교육을 받을수록 마치 어린이의 상상력이 고갈되고 점점 없어진다는 인상을 주기도 합니다. 하지만 일종의 고등정신기능으로 볼 수 있는 상상력은 발달하는 것이므로 어릴수록 상상력이 크다는 것은 오해이며, 어린이의 상상은 아직 미성숙한 상태라고 볼 수 있습니다.

비고츠키에 따르면 어린이의 생각은 지극히 구체적이고 즉각적이고 비개념적입니다. 따라서 어린이의 상상이 풍부해 보이는 이유는, 어린이가 아직 성인의 개념적 사고를 터득하지 못했기 때문에 구체적이면서도 돌발적 반응을 보이는 것이 성인의 입장에서 상대적으로 신선하게 느껴지기 때문입니다.

둘째, 보통 상상을 비현실적 생각이라고 여기는 경향이 있습니다. 비현실적이고 허무맹랑한 생각을 잘할수록 상상력이 풍부하다는 것입니다. 하지만 이것은 '상상'을 '공상'이나 '망상'과 적절히 구분하지 못하기 때문에 생기는 오해입니다. 사전에 보면 '공상'이란 "현실적이 아니거나 실현될 가망이 없는 것을 마음대로 상상하는 것"을 뜻하며, '망상'이란 "이치에 맞지 않는 허황된 생각을 하는 것"이라고 나옵니다. 이에 반해 '상상'이란 "아직 일어나지 않은 일이나 존재하지 않은 대상을 머릿속으로 그려보는 것"을 뜻합니다. 즉 상상이란 현실적 생각과 대립되는 것은 아닙니다. 매우 현실적인 상상이 분명히 존재하며, 모든 생각 형태는 현실적인 생각과 비현실적 생각을 모두 포함합니다.

예를 들어, 하늘을 나는 것을 꿈꾸는 어린이가, 맨몸으로 하늘을 나는 것을 상상하는 것은 비현실적이지만, 미래에 스카이다이버나 비행기를 조종하는 비행사가 된 자신을 상상하는 것은 매우 현실적입니다.

셋째, 요즘에는 하도 창의성을 강조하다 보니 창의성을 키우는 '특별한' 교육에도 많은 관심을 기울이고 있습니다. 하지만 창의성은 태릉선수촌에서 국가대표 운동선수들이 집중적인 훈련을 하는 것처럼, 집중적인 훈련으로 키울 수 있는 고립된 기능이 아닙니다. 창의성은 '자발적 주의'에서부터 '개념적 사고'와 '주체적 의지' 등 다양한 고등정신기능들이 풍부하게 형성될 때, 그를 토대로 발휘될 수 있는 고도의 총체적 역량입니다. 따라서 창의성은 별도로 키워지는 것이 아니라 다양하고 기초적인 기능들을 충분하고 체계적으로 형성해나가는 가운데 성장할 수 있습니다. 상상이나 창조 능력을 교육적 목적이 아니라 경제적 논리에 따라 접근하는 한 비슷한 오류가 반복될 수밖에 없을 것입니다.

2. 상상과 창조(창의성)를 어떻게 볼 것인가

그럼 비고츠키가 말하는 상상과 창조는 무엇일까요? 비고츠키는 상상이란 (이전에 경험된 개별 인상들의 조합을 반복하지 않고) 이전에 존재하지 않았던 새로운 심상을 머릿속으로 그려내는 것이고, 창조란 상상을 현실 속에서 다시 구체화해내는 것이라고 말합니다. 따라서 현실을 떠난 상상은, 언제나 창조를 통해 현실로 다시 돌아옴으로써 그 순환을 완성합니다.

비고츠키는 상상이 단순한 하나의 기능이 아니라 복합적인 기능 체계라고 말합니다. 상상은 지각, 주의, 기억 그리고 심지어 감각적 쾌락과 그것들 사이의 상호 연결을 포함합니다. 이들은 모두 함께 작용하여 새로운 지식과 경험의 창출에 기여하므로 상상은 결코 어느 하나 또는 그것들의 조합으로 환원될 수 없습니다. 즉 별도 훈련으로 따로 키울 수 있는 것이 아닙니다.

또한 상상은 다른 모든 고등정신기능과 마찬가지로 생물학적 욕구에 뿌리를 두고 사회적으로 발달하는 복합적인 심리체계입니다. 상상은 관념적인 심리적 원칙이 아니라 동물적인 정서(욕망)에 근원을 두지만, 사회적인 낱말의 의미를 통해서만 진정한 상상이 발현됩니다.

비고츠키는 인간이 경험하지 않은 것을 상상하는 능력은 말을 통해 생긴다고 말합니다. 상상의 발달은 말 발달과 매우 밀접하게 연계되어 있다는 것입니다. 실제로 말 발달에 장애가 생길 경우 이로 인해 상상을 하지 못하는 사례가 있습니다. 예를 들어, 뇌 손상으로 오른쪽 신체가 마비되고 언어 장애를 겪는 어떤 환자는 "나는 오른손으로 잘 쓸 수 있다"라는 문장을 따라서 말할 수 없었다고 합니다. 이 환자는 당시 왼손으로만 쓸 수 있었기 때문에 그는 계속해서 '오른손'을 '왼손'으로 바꾸어 말했다고 합니다. 또한 그는 화창한 날씨에 "오늘은 비가 온다" 또는 "오늘 날씨가 나쁘다"와 같은 문장을 따라 말할 수 없었으며, '검은 눈black snow'과 같은 말도 하지 못했다고 합니다.『어린이의 상상과 창조』, p. 255

비고츠키는 언어 기능의 심각한 장애가 상상의 붕괴와 연결되어 있다고 말합니다. 그들은 지각된 현실과 부합하지 않는 것은 말하지(즉 상상하지) 못했습니다. 다시 말해 말은 대상의 즉각적인 인상으로부터 인간을 자유롭게 해주며, 한 번도 보거나 생각한 적이 없는 대상을 상상할 수 있게 해줍니다.

그렇다고 상상 발달을 (사회적-의사소통적) 말이 낳은 심리적 결과만으로 설명할 수는 없습니다. 오히려 비고츠키는 상상이 (실제로 매우 중요한) 말 이전의 심지어 문화 이전의 근원을 갖는다고 주장합니다.

비고츠키는 상상의 심리적 근원을 감정에 둡니다. 그러면서 감정의 환상적 성질이 아니라, 감정의 현실성을 강조합니다. 예를 들어, 어두운 방에서 벽에 걸린 긴 코트를 보고 강도로 오인했다고 합시다. 이 경우 두려움으로 인한 상상은 현실을 오해한 것이지만, 이때 느꼈던 공포감은 실제 공포감을 오인한 환상이 아니라 실제 경험이라는 것입니다.

물론 감정만이 상상의 유일한 근원인 것은 아닙니다. 지각, 경험 그리고 의식 자체에 더하여 개인을 넘어선 (사회적인) 의식이 상상에 개입합니다. 예를 들어 미래에 가수가 되고 싶은 꿈을 꾸는 어린이에게는 객관적이고 현실적인 생각에 토대한 준비가 필요하며, 발명가에게는 영감과 동기뿐 아니라 고도의 기술과 추상적 계산이 필요한 것입니다.

지금까지의 논의를 종합해보면 상상과 생각 사이에는 큰 차이가 없어 보입니다. 실제로 비고츠키는 (현실적) 생각과 상상 간의 차이는 상대적이며 결코 절대적이지 않다고 말합니다. 모든 현실적 생각 속에는 상상의 요소가 존재하며, 모든 상상 속에는 어떤 현실주의적 흔적이 존재한다는 것입니다.

예를 들어 과학적 발견은 예술적 창조가 그러하듯이 생각과 상상의 복잡한 통일을 요구합니다. 갈릴레이가 관성의 법칙을 알아내는 과정에 대해 생각해봅시다. 관성의 법칙이란 "외부로부터 힘이 작용하지 않으면 물체의 운동 상태는 변하지 않는다"는 법칙입니다. 따라서 외부에서 아무런 힘이 작용하지 않는 경우, 움직이던 물체는 그 속력 그대로 한 방향으로 영원히 움직이게 됩니다. 그런데 실제로 우리가 살고 있는 지구 상에는 마찰이나 공기 저항이 전혀 없는 곳이 존재하지 않기 때문에, 갈릴레이는 관성의 법칙을 알아내기 위해 외부로부터 아무런 힘이 작용하지 않는 상황, 즉 마찰이나 공기 저항이 전혀 없는 상황을 상상해야만 했습니다. 현실을 정확히 반영하는 과학 법칙을 발견하기 위해서 상상이 필수적이라는 것입니다. 실제로 과학적 발견이나 예술적 창조 과정에서 현실적 생각과 상상은 통합체로 작용합니다.

하지만 비고츠키는 현실적 생각과 상상을 동일시하는 것도 오류라고 말합니다. 현실적 생각과 상상은 지향을 통해 구분됩니다. 현실적 생각은 현실을 향하고, 상상은 본질적으로 현실의 경험과는 상이한, 현실로부터 멀어지는 의식의 작용이라는 것입니다.

현실적 생각은 현실에 대한 직접적 인식에 다가가지만, 그것만으로는 직접적 인식은 가능하지 않습니다. 과학적 발견의 예에서 보았듯이, 현상의 겉모습을 넘어서는 현상의 본질을 꿰뚫어 보려면, 현상의 겉모습의 즉각적 영향에서 벗어나야만 하며, 이것은 상상을 통해 이루어집니다.

앞의 예를 다시 생각해보면, 실제로 지구 상에서는 마찰이나 공기 저항 때문에 물체에 아무 힘도 주지 않으면, 움직이던 물체는 속력이 점점 줄어들어 결국 정지하게 되는 것처럼 보입니다. 관성의 법칙과는 반대로 외부에서 아무런 힘이 작용하지 않는 경우, 물체는 정지한다는 결론이 나오게 됩니다. 이러한 현상의 겉모습에만 얽매여 있었다면 갈릴레이는 관성의 법칙을 알아내지 못했을 것입니다.

비고츠키에 따르면 현실적 생각과 상상은 서로 구분되면서도 밀접하게 연결되어 있습니다. 현실을 정확하게 인식하려면 상상의 역할이 필수적입니다. 즉 상상은 복잡한 심리기능 체계로서 개념적 생각 발달에 필수적이며 보편적인 기능이라 말할 수 있습니다. 스티브 잡스 같은 천재적인 사람이나 일상생활에서 멀리 떨어져 있는 것으로 보이는 과학자나 예술가의 전유물이 아닌 것입니다. 따라서 상상력과 창의력을 키울 수 있는 별도의 특수한 교육은 타당하지 않습니다. 오히려 고등정신기능을 키우는 보편적 교육 속에 상상력의 발달이라는 방향이 충분히 녹아 있어야 하는 것입니다.

3장
생각 발달과 말 발달

1절 생각 발달 단계

1. 생각구조의 발달과 혼합체/복합체/개념의 구분

사람의 생각은 변화, 발달합니다. 단순한 것에서 복잡한 것으로, 감각적인 것에서 추상적인 것으로 발달해갑니다. 그런데 생각 발달이라는 것은 단지 생각의 양이 많아지는 것이 아니라 질적인 변화를 거치면서 구조적으로 발달합니다.

비고츠키는 사람의 생각구조를 크게 혼합체적 사고, 복합체적 사고, 개념적 사고의 3단계로 구분했습니다. 사람은 주변 현상과 세상을 이해할 때 개개의 사물 하나하나를 별도로만 보지 않고 묶어서 봅니다. 사물을 범주화해서 인식하는 것입니다. 예를 들면 사람들은 의자, 책상, 침대, 장롱 이런 것들을 묶어서 '가구'라고 하는 범주로 바라보는 것입니다. 장미, 튤립, 국화는 '꽃'으로 범주화할 수 있습니다. 그런데 이렇게 범주화하는 방식이 생각의 발달 단계에 따라 다르다는 것을 비고츠키는 파악했고 그를 기준으로 사람들의 생각구조를 구분했습니다.

이것을 좀 더 이해하기 위해서는 '개념'이라는 것을 잠시 살펴볼 필요가 있습니다. 사전을 찾아보면 개념이란 '여러 사물의 공통적인 속성을 추상화하여 일반화한 것'이라고 나옵니다. 다시 말해 개념이란 별도로 존재하는 여러 사물들에 공통적으로 내재된 어떤 속성을 분리한 다음 한데 모아서 종합한 것입니다. 장미나 튤립에 내재된 어떤 속성을 모아서 우리는 '꽃'이라고 하는 것입니다.

생각하는 힘과 관련하여 개념에는 두 가지 특성이 있습니다. 첫째, 눈에 보이는 것을 뛰어넘어 생각할 수 있는 힘을 줍니다. 개념이란 어떤 속성이기 때문에 그 자체로는 눈에 보이는 별도의 사물이 아닙니다. '꽃'이나 '가구'라는 어떤 별도의 사물이 있는 것은 아닙니다. 그래서 개념은 눈에 보이지 않는 것을 이해할 수 있는 추상적 사고를 필요로 하고 사람들은 개념을 통해서 눈에 보이는 것을 넘는 생각을 할 수 있습니다. 둘째, 분석과 종합의 결합입니다. 개개의 사물에서 어떤 속성을 떼어내는 것을 '분석'이라고 하고 그것을 모아 일반화하는 것을 '종합'이라고 합니다. 개념은 이처럼 분석과 종합이 함께 결합된 생각구조인 것입니다.

그런데 개념적으로 생각하는 게 쉬운 일이 아닙니다. 무엇보다 구체적으로 눈에 보이는 사물에서 어떤 속성을 분리하여 추상화하는 것이 어렵습니다. 이는 저절로 되는 것이 아니라 오랜 시간에 걸친 생각 훈련과 발달을 필요로 합니다. 그래서 개념적 사고 이전에는 분석과 종합이 제대로 안 된 방식으로 사물들을 묶어서 이름을 붙이게 되는데 그것이 혼합체적 사고, 복합체적 사고입니다.

2. 혼합체적 사고

혼합체적 사고는 가장 먼저 나타나는 생각구조입니다. 이제 말을 시작하는 어린아이들한테 나타납니다. 혼합체적 사고는 여러 사물들을 인식할 때 뭔지 모르는 것들이 마구 뒤섞인 상태로 인식하는 것입니다. 심리학에서는 어른들의 경우에 꿈속의 이미지 같은 형태로 나타나는 것이 일종의 혼합체적 사고와 유사하다고 합니다.

혼합체적 사고는 사물에 대한 객관적 인식 없이 주관적으로 생각합니다. 그래서 사물들을 묶을 때 객관적 공통점이 아니라 자기 마음대로 묶게 됩니다. 예를 들면 좋아하는 것/싫어하는 것, 이런 식입니다. 주관적이기 때문에 혼합체적 사고 단계에서 쓰는 '말'은 단어의 의미가 안정적이지 않고 다른 사람들과 의미를 공유하지 못합니다.

3. 복합체적 사고의 다양한 형태와 특징

혼합체적 사고 다음 단계에서 나타나는 것이 복합체적 사고입니다. 혼합체적 사고가 전적으로 주관적인 것인 데 비해 복합체적 사고는 부분적이지만 객관성을 갖기 시작합니다. 그래서 부분적 객관성에 기초해 사물들을 묶어나가기 시작합니다. 그렇지만 아직 '어떤 속성을 떼어내는' 추상적 사고를 하지는 못하고 주로 눈에 보이는 유사성을 기초로 사물들을 연결합니다. 두 개를 놓고 비교해서 어떤 공통점이 있을 때 묶는 방식입니다. 예를 들면 같은 색, 같은 모양, 같은 크기 이런 식으로 묶습니다. '혼합체적 사고'가 '구분되지 않는 것들을 마구 혼합'된 형태로 이해하는 것이라면 '복합체적 사고'는 '눈에 보이는 여러 특징들이 복합'되어 있는 형태로 이해하는 것입니다. 복합체적 사고는 두 사물 사이의 눈에 보이는 공통점에 기초해 사물들을 묶지만 묶는 방식이 여러 가지여서 다양한 형태로 발전합니다.

우선 예시된 첫 번째 그림을 보면 하나의 사물이 중심에 있습니다. 그리고 옆에 모양이 같거나, 색깔이 같거나, 크기가 같은 사물을 놓습니다. 이런 식으로 기준이 되는 어떤 사물을 중심으로 유사한 속성을 지닌 여러 사물을 묶어나갈 수 있습니다. 이들 전체는 하나의 단일한 속성이 아니지만 기준이 되는 사물을 중심으로 나름의 묶음을 형성합니다. 이런 방식으로 사물들을 묶어서 생각하는 것을 '연합복합체'라고 합니다.

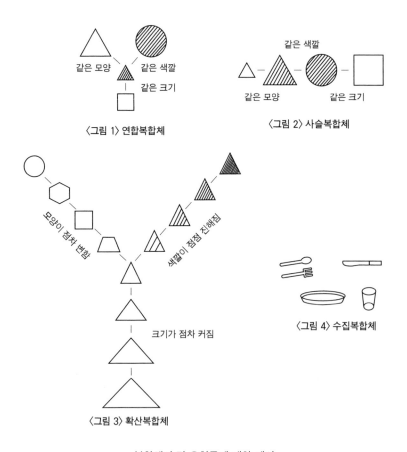

〈그림 1〉 연합복합체

〈그림 2〉 사슬복합체

〈그림 3〉 확산복합체

〈그림 4〉 수집복합체

복합체의 각 유형들에 대한 예시

다음 그림에서는 처음의 사물 옆에 모양이 같은 사물을 연결합니다. 그런데 이번에는 처음의 사물이 아니라 그다음 사물이 기준이 되어 크기가 같은 사물을 연결합니다. 그리고 또 그다음 사물이 기준이 되어 색깔이 같은 사물을 연결합니다. 이런 식으로 기준이 되는 사물이 계속 바뀌면서 새로운 사물들을 묶어나갈 수 있습니다. 이런 방식으로 사물들을 연결해나가는 것을 '사슬복합체'라고 합니다. 사슬복합체는 바로 옆의 것은 서로 연결되지만 처음의 사물과 나중의 사물이 아무런 관련이 없을 수 있다는 게 특징입니다. 아이들 동요에 이런 사슬복합체와 같은 형태의 가사가 등장하기도 하는데, '원숭이 엉덩이는 빨개'로 시작해서 '높으면 백두산'으로 끝나는 동요가 있습니다. 원숭이와 백두산은 아무런 관련이 없지만 동요 가사는 하나의 연속된 전체를 형성합니다.

다음 그림은 '확산복합체'라는 것입니다. 처음에 기준 사물이 되는 삼각형이 있습니다. 그리고 옆에다 사다리꼴을 배치합니다. 두 개가 같은 것은 아니지만 어린아이는 꼭지가 잘려 나간 삼각형이라고 생각하면서 같이 묶습니다. 확산복합체에서는 이처럼 약간의 변형이 나타납니다. 이런 식으로 약간의 변형이 나타나면서 사다리꼴 옆에는 사각형, 사각형 다음에는 육각형 그리고 그다음에는 원이 올 수도 있습니다. 모양만이 아니라 색깔이나 크기도 마찬가지로 조금씩 변형을 주면서 흰색으로 시작해서 나중에는 검정색에 이를 수도 있습니다. 확산복합체는 이런 식으로 약간의 변형을 주면서 많은 것들을 포함해나갈 수 있습니다. 정말 확산적이라고 할 수 있습니다.

지금까지는 눈에 보이는 공통점이나 유사성을 기초로 사물들을 엮어나갔는데, 마지막 그림에서 보는 것처럼 아이들은 숟가락, 젓가락, 컵, 접시, 포크 이런 것들을 한데 묶어서 생각하기도 합니다. 이것은 아이 입장에서는 먹는 데 필요한 것들입니다. 이렇게 어떤 일을 하는 데 필요한 것들을 같이 묶기도 합니다. 이처럼 기능적 측면에서 연결되는 것들을 묶는 것을 '수집복합체'라고 합니다.

지금까지 다양한 복합체의 유형을 살펴보았습니다. 이처럼 복합체는 아직 추상적 분석과 종합은 못하지만 눈에 보이는 공통점, 유사성에 기초해서 다양한 방식으로 사물들을 묶어내고 이름을 붙이면서 이해하는 생각구조라 하겠습니다.

다양한 복합체적 사고 중에서 가장 단계가 높은 것은 확산복합체입니다. 왜일까요? 그것은 '변형'을 수용하면서 사고의 유연성이 나타나기 때문입니다. 변형적 사고는 상상과 창조의 기초입니다. 두 번째로 높은 단계는 사슬복합체입니다. 사슬복합체에서는 이동과 전이, 즉 사고의 '역동성'이 생겨나기 시작했기 때문입니다.

복합체적 사고에서 어떤 개념범주을 이해하는 것은 '가족의 성'과 유사합니다. 복합체적 사고에서는 아직 대상으로부터 어떤 속성을 분리해서 추상화하는 것을 못합니다. 어떤 속성을 따로 분리하지 못하기 때문에 복합체적 단계에서는 개념단어을 비유하자면 '가족의 성'으로 이해하게 됩니다. 무슨 말이냐 하면 '김씨 가족'이라고 할 때 사람들은 가족 구성원 개개인의 특징을 그대로 간직하고서 이해하지 '김'이라는 성만 따로 분리해 이해하지는 않습니다. 즉 복합체 단계에서는 어떤 말을 이해할 때 거기에 포함되는 사물들의 다양한 특성들을 그대로 간직한 채 이해한다는 것입니다.

복합체적 사고는 유아기에서 아동기에 걸쳐 발달합니다. 아직 개념적 사고에는 이르지 못하지만 사물들을 범주화하는 것을 익히고 사고의 역동성과 유연성을 발달시키면서 개념적 사고 형성의 토대를 쌓아가게 됩니다.

4. 의사 개념

　복합체적 사고 단계에서는 생각구조가 다르기 때문에 어른과 같은 낱말을 쓰더라도 그 의미가 다릅니다. 그래서 어떤 개념을 쓰긴 쓰는데 대부분 제대로 알고 쓰는 개념이 아닙니다. 복합체 단계에서 나타나는 이런 개념을 '의사擬似 개념'이라고 합니다. 의사 개념의 '의사'는 '유사' 또는 '가짜'라는 뜻으로 제대로 뜻을 모른 채 개념을 사용하는 것을 말합니다. 심지어 뜻을 전혀 엉뚱하게 이해하기도 합니다.

　예를 들면 의사 개념이라고 했을 때 딱 떠오른 것이 '휘앙새'라는 낱말이었는데, 어른이 되기 전까지 '휘앙새'를 어떤 새의 이름으로 생각했기 때문입니다. 초등학교 고학년 때 '휘앙새'와 관련하여 '오 나의 아름다운 휘앙새!'라는 문장을 처음 접하고서 속으로 '어떤 화려하고 아름다운 새인가 보다'라고 생각했던 것입니다. 그 뒤로도 간혹 '휘앙새'라는 단어가 들어간 문장을 접할 기회가 있었지만, 뜻을 엉뚱하게 짐작하면서도 문장의 전체 맥락을 이해하는 데 별 어려움이 없었습니다. 나중에야 휘앙새가 불어로 '약혼녀'를 의미하는 '피앙세'라는 단어임을 알게 되었습니다. 흘러간 옛 노래의 가사에 나오는 '으악새('억새' 풀의 사투리)'의 경우에는 '어떤 새의 사투리인가 보다' 하면서 불과 얼마 전까지만 해도 정말 '새'라고 생각했습니다. '으악새'를 '새' 이름으로 잘못 알고 있는 분들은 제법 되는 것 같습니다. 요즘 아이들의 경우 '이모'라는 말이 대표적 사례라 할 수 있습니다. 아이들이 '어머니와 비슷한 연령의 여성 일반'으로 생각하는 경우가 많습니다.

　이러한 예에서도 나타나지만 의사 개념의 대표적 특징은 뜻은 제대로 모르지만 의사소통에는 크게 어려움이 없다는 것입니다. '이모'의 본래 의미를 모르더라도 실제 생활에서 식당이나 가게 등에서 쓰이는 용법이 그러하기 때문에 별 지장이 없습니다. 어린아이가 '회사'의 의미를 잘 몰라도 '아빠 어디 갔니?'라는 물음에 얼마든지 '아빠 회사 갔어요'라는 의사소통이 가능합니다. 이렇게 정확한 뜻을 몰라도 의사 소통이 가능한 이유는 '의사 개념'이 아이들이 어른들의 말이나 책의 문장을 나름 해석하는 과정에서 형성되기 때문입니다. 성인의 말을 흉내 내며 소통과정에서 나름 맥락에 맞게 사용하는 법을 익히는 것 입니다.

의사 개념은 복합체의 단계에서 광범하게 나타납니다. 아이들이 쓰는 대부분의 낱말들이 사실은 의사 개념이라고 할 수 있습니다. 의미를 정확하게 이해하고 쓰는 경우가 오히려 드뭅니다. 겉으로 보기에는 개념을 쓰는 것 같지만 그 속은 아직 복합체입니다.

의사 개념은 복합체적 생각의 마지막 단계로서 개념에 이르는 다리 구실을 합니다. 정확한 의미를 모르고 쓰기는 하지만 의사 개념은 막대한 의미를 지닙니다. 왜냐하면 그를 통해 어른과의 의사소통이 가능하고 나중에 형성될 개념적 사고의 토대를 쌓아나가기 때문입니다. 그래서 의사 개념의 충분한 형성은 어린이 생각 발달과정의 매우 중요한 요인이 됩니다.

5. 개념과 개념적 사고

(1) 개념과 개념적 사고

'특정한 사물, 사건이나 상징적인 대상들의 공통된 속성을 추상화하여 일반화한 보편적 관념'을 개념이라 합니다. 이러한 정의에는 '추상화'와 '일반화'라는 개념의 두 가지 속성이 내포되어 있습니다. 여기서 '추상화'라는 것은 어떤 속성을 대상으로부터 분리하여 관념화하는 것으로 '분석'이라고도 하며, '일반화'는 분석된 것들을 모아 '종합'하는 것입니다. 그래서 '개념적으로 사고'한다는 것은 단지 어떤 개념적 단어를 사용하는 것이 아니라 어떤 대상이나 문제에 대해 '분석하면서 종합'하는 생각과정을 의미합니다. 단어 자체는 아무리 복잡한 개념을 내포한 단어라 하더라도 얼마든지 복합체적으로 사용할 수 있습니다. 개념적 사고는 그것을 넘어 '분석적으로 종합'하고 '종합적으로 분석'하는 생각과정이며 그러한 생각 속에서 어떤 말을 사용하는 것입니다.

(2) 개념적 사고의 특성과 의의

비고츠키는 '분석과 종합의 통일'이라는 점 외에 개념적 사고의 특징을 좀 더 분석해 들어갑니다. 우선 개념적 사고는 체계적 사고라는 특성을 지닙니다. 개념들은 개념들 간의 관계 속에서 체계를 가집니다. 개념은 기본적으로 '일반화'의 속성을 가지는데 그 '일반성의 정도'가 다릅니다. 예컨대 식물, 꽃, 장미는 각각 일반화된 범위가 다른 것입니다. 일반성의 정도에 따라 개념들은 연결된 체계를 지닙니다. 그래서 하나의 대상을 바라볼 때도 사람들은 식물-꽃-장미라는 범주적 관계를 갖고 바라보게 됩니다. 개념을 이해한다는 것은 개념들 간의 범주적 관계와 체계를 이해해가는 과정이기도 합니다.

또한 개념적 사고는 개념과 개념의 연관관계, 개념들이 의미하는 현상과 현상 간의 연관관계에 대한 이해로 나아갑니다. 이러한 연관관계에 대한 이해 속에서 논리적, 인과적 사고가 발달합니다.

이러한 특성들을 지닌 개념적 사고는 현상과 상황에 대한 총체적 이해, 주체적 이해의 기반이 됩니다. 어떤 사물, 현상을 고립적으로 보지 않고 연관관계와 체계 속에서 볼 수 있도록 하며, 스스로의 논리와 판단에 기초하여 판단, 이해하는 것이 가능해지기 때문입니다. '자유의지를 지닌 주체적 인간' 형성은 개념적 사고 발달에 의해 가능합니다.

(3) 진개념 형성의 문제

개념적 사고에 이르는 길은 사실 멀고 험한 인생 역정의 과정입니다. 혼합체, 복합체, 의사 개념 등의 오랜 여정을 거쳐야 비로소 개념이 형성됩니다. 그런데 의사 개념을 넘어서기 시작한다고 해서 곧바로 개념이 형성되는 것도 아닙니다. 뜻을 알기는 아는데 사전적 뜻만 알고 구체적 실상을 잘 모르는 과정을 거칩니다. 개념을 형식적(언어적)으로만 이해하고 현실에 적용하지 못하는 상태라 할 수 있습니다.

비고츠키에 따르면 개념의 언어적 암기와 이해는 개념 이해의 시작일 뿐 진정한 개념 형성은 구체적인 상황에서 실천적 사용을 통한 숙달과 주체적 체화(내면화)를 통해 이루어집니다. 이는 단순한 언어적 암기와 이해를 넘어서서 토론과 발표, 글쓰기, 실천적 적용 경험 등을 통해서 가능합니다. 진개념, 즉 진짜 개념은 형식적인 뜻 이해를 넘어서서 체계화된 개념으로 구체적 현실을 이해하는 것, 과학적 이론으로 일상에서 나타나는 현상을 이해하는 것, 이론적으로 배운 것과 직접 경험하는 것을 결합해나가는 것에 의해 형성됩니다. 다시 말해 변증법에서 말하는 추상/구체, 일상/과학, 이론/경험의 결합, 통일에 의해 형성되는 것입니다.

개념적 사고의 형성은 청소년기에 비로소 시작됩니다. 이전의 과정에서 혼합체-복합체-의사 개념을 거치면서 생각 훈련을 하고, 학습을 하면서 쌓아온 내용을 토대로 청소년기에는 한 단계 고양된 생각구조를 형성하는 것입니다. 청소년기에 사회적 주체로서 나름의 전망과 책임을 가지는 것 역시 개념적 사고 발달의 한 동인이라고 합니다.

이 지점에서 우리는 우리 교육의 근본적 문제를 발견하게 됩니다. 입시를 위주로 하는 우리 교육은 개념의 형식적 이해까지만 도달하기 때문입니다. 입시 교육은 많은 양의 정보와 개념을 언어적 정의로 이해(형식적 이해)하고 암기하며 반복적 문제풀이로 시험 적응력을 키우는 방식으로 진행됩니다. 한국의 입시 교육은 개념과 구체적 상황이 만나는 것을 방해하며 실천적 숙달의 기회를 주지 않습니다. 시험 잘 보는 데 별 도움이 되지 않기 때문입니다. 결국 (문제풀이의 반복을 통한) 언어적 이해의 숙달까지로 한정돼버립니다. 이 때문에 어떤 개념의 언어적 이해 다음에 실천적 성숙과 내면화로 나아가는 것이 아니라 더 많은 다른 개념의 언어적 기억, 이해로 이동해버리며 난이도의 조절도 대부분 새로운 지식, 정보를 묻는 것으로 이루어집니다. 문제 잘 푸는 아이들도 실제 상황에서는 개념을 거의 써먹지 못하는 일들을 우리는 허다하게 목격합니다. 결국 입시 교육을 충실하게 따르는 청소년들도 개념 발달의 시작 단계에 머물러 있는 수많은 개념의 양적 축적으로 진행될 뿐이고 체계적이고 성숙한 개념적 사고체계의 형성이라는 질적 고양으로 연결되지 못하는 것입니다. 자라나는 아동과 청소년의 올바른 개념적 사고 발달, 주체적 인간 형성을 위해 근본적인 변화가 필요합니다.

2절 말 발달 단계

1. 생각과 말의 뿌리

말 발달과 생각 발달은 매우 큰 관련이 있습니다. 비고츠키는 생각 발달의 핵심적 열쇠를 말의 역할과 발달에서 찾고자 했고, 그래서 '생각과 말'의 관계에 대해 깊은 연구를 진행했습니다.

생각과 말은 같은 것일까요, 다른 것일까요? 우리는 머릿속으로 생각할 때 소리는 안 나지만 말로 합니다. 그래서 많은 경우 생각과 말을 같은 것으로 오해하기 쉽습니다. 그러나 생각과 말이 같은 것은 아닙니다.

우선 생각과 말은 그 뿌리가 다릅니다. 동물이나 어린 아기들을 보면 말이 없지만 나름 어떤 생각이 있고 또 짖는 소리나 비명처럼 생각 없이도 할 수 있는 말이 있음을 알 수 있습니다. 어른들도 잘 생각해 보면 머릿속에서 말로 표현되지 않는 생각도 있고, 생각 없이 말을 내뱉는 경우도 있습니다. 그런 점에서 말과 생각은 같은 것이 아니고 그 뿌리가 다르다는 것을 알 수 있습니다.

그런데 말과 생각은 그 뿌리는 다르지만 인간의 경우 어느 시점에서부터 서로 만나게 됩니다. '말과 생각의 만남' 여부는 인간과 동물의 근본적 차이 중 하나입니다. 생각과 말은 서로 만나게 되면서 둘 모두에게 커다란 변화가 생겨납니다. 서로 교차하면서 함께 비약적으로 발달합니다. 양적으로 크게 발달할 뿐만 아니라 성격도 변화됩니다. 둘이 만나면서 말은 지적인 것이 되고 생각은 언어적이게 됩니다. 예전에는 인간과 동물의 차이가 '언어' 여부에 있다고도 했으나 동물들도 '언어'라 할 수 있는 의사소통 수단이 있다고 밝혀진 지금 진정한 차이는 '생각과 말의 만남' 여부에 있다고 보는 것이 타당할 것입니다. 원숭이나 고래, 늑대와 같은 동물에게도 생각과 말이 있지만 서로 만나는 것은 오직 인간뿐이며 그 만남이 미치는 결과는 인간의 정신기능을 근본적으로 다른 차원으로 올려놓는 것입니다.

이러한 교차가 일어나는 것이 대략 2~3세경인데 이때 단어 습득에서 엄청난 증가를 보이는 현상이 나타납니다. 하루에도 새로운 단어를 수십 개씩 익히기도 합니다. '햐, 우리 집안에 천재가 났군!' 이런 놀라운 발달적 변화 때문에 이때 많은 부모들이 잠시 행복한 착각에 빠지기도 합니다. 물론 누구에게나 일어나는 일이라는 점에서 그건 착각이지만 놀라운 변화가 일어난다는 점에서 위대한 시기인 것만큼은 분명한 사실입니다.

2. 외적 말

말 발달이 이루어지는 초기 어린이들은 말을 오직 외적으로만 사용합니다. 2~3세경 생각과 말이 만나기 시작하고 언어 발달이 급격히 이루어지면서 의사소통을 위한 외적 말은 크게 활발해집니다. 이때부터

말을 통해 생각이 자극받고, 어떤 말에 생각이 담기기도 하지만 아직 말을 생각의 수단으로는 사용하지 못합니다. 여전히 어린이에게 말은 한동안 외적 말 형태로 존재합니다. 외적 의사소통에 있어서도 문법의 규칙과 기능을 제대로 익히지 않은 상태라 인과관계, 조건관계, 시간 관계를 이해하지 못한 채로 '왜냐하면', '만약', '언제', '그러나'와 같은 단어를 상황에 맞지 않게 사용하기도 합니다. 표현 기능과 규칙 사용 기능이 충분히 발달되지 못한 소박한 언어 사용 단계입니다.

3. 혼잣말

이후 언어가 본격적으로 발달하면서 3~4세경부터 혼잣말이 나타납니다. 아이들은 사람들이 있는 곳에서 무언가 말을 하는데, 잘 들어보면 다른 사람들이 알아듣기 힘든 자기만의 말을 합니다. 이 시기 아이들한테 이런 혼잣말은 광범하게 나타나는 현상이고 보통 초등학교 입학 때까지 지속됩니다.

그런데 모습은 마치 다른 사람들한테 말하는 것 같은데, 내용은 그렇지 않으니 사람들은 좀 이상하게 생각하기도 합니다. 아직 사회적으로 다른 사람과 의사소통을 잘하지 못하는 것으로 생각하는 것이지요. 피아제는 이런 혼잣말에 대해 '어린이가 아직 자기중심성에서 벗어나지 못한' 비사회적 이상 현상으로 규정했습니다.

그러나 비고츠키는 전혀 다른 생각을 했습니다. 혼잣말은 비정상적인 것이 아니라 말과 생각 발달의 위대한 경로라고 봤습니다. 관찰해보면 혼잣말은 형태로 보아서는 다른 사람에게 말하는 것이지만 내용은 자신에게 하는 말임을 알 수 있습니다. 예를 들면 화장실 가는 것을 배우는 아이가 있는데, 다른 아이들과 놀다가 갑자기 자기 이름을 대면서 "○○이는 화장실에 가서 쉬야 해야 해!"라고 하면서 화장실로 갑니다. 말은 다른 아이들에게 한 것 같은데, 내용은 자기에게 한 것이지요.

어린이는 왜 혼잣말을 하는 것일까요? 혼잣말은 이 아이에게 어떤 의미를 지닌 것일까요? 그것은 아직 스스로 화장실 가기를 익히지 못한 어린이가 혼잣말의 도움을 받아 '스스로 화장실 가기'를 할 수 있기 때문입니다. 혼잣말을 통해 어린이는 자기의 생각을 한곳에 집중하고 스스로의 행동을 통제하려는 것입니다. 즉 아이들은 아직 익숙하게 혼자 하지 못하는 일에서 혼잣말의 도움을 받는다는 것입니다. 이러한 성격은 어린이에게 어려운 상황이 도래할 때 혼잣말이 증가하는 것을 보면 분명해집니다. 아이들만 그런 것이 아니라 어른도 곤란에 처할 경우 때때로 혼잣말을 합니다. 무언가 스스로에게 도움을 주려는 것입니다.

혼잣말이 말과 생각 발달에서 중요한 이유는 혼잣말을 통해 자신에게 말하기를 연습하면서 점차 소리 내지 않고 속으로 말하기로 넘어간다는 것입니다. 소리 내지 않고 속으로 말하는 것을 '내적 말'이라 하며, 내적 말은 속으로 하는 생각이기도 합니다. 어른이 되면 누구나 다 '내적 말'을 하는데, 내적 말을 언제부터 하게 되었는지 기억하는 사람은 없습니다. 그래서 말을 배우면서부터 속으로 말하기, 즉 '내적 말'을 할 수 있었을 것으로 착각할 수도 있습니다. 그러나 이제 말을 배우는 어린아이들은 아직 '내적 말'을 하지 못합니다. '내적 말'은 말 발달의 고도화된 경로로서 언어 발달의 후반부에 나타납니다. 혼잣말은 바로 이 '내적 말'로 나아가는 중간 경로입니다. 말 발달은 형태적으로는 '외적 말 → 혼잣말 → 내적 말'의 발달 경로를 거칩니다.

이런 현상은 말하기만이 아니라 '수 세기' 같은 것에서도 나타납니다. 처음에는 '물건을 소리 내서 세기'를 배우고 그다음에는 '손가락으로 세면서 말하기'를 하다가 나중에 '속으로 세기, 즉 암산'으로 넘어갑니다. 이렇게 겉으로 보이는 연습과정을 통해 속으로 하는 어떤 기능을 획득하게 됩니다. '말로 하는 생각(내적 말)' 또한 그러한 과정을 통해 발달하는 것입니다.

4. 내적 말−말로 하는 생각

혼잣말은 유아기에 나타납니다. 아이들의 혼잣말은 소리 내기는 점점 줄어들고 속으로 말하는 것이 늘어나면서 이후 '내적 말' 단계로 넘어갑니다. 대체로 학령기에 속으로 말하는 내적 말 단계에 접어듭니다.

내적 말은 '속으로 하는 말'입니다. 그리고 '말로 하는 생각'입니다. 따라서 '생각인 동시에 말'입니다. 지금 우리가 속으로 하고 있는 '말로 하는 생각'이 바로 '내적 말'입니다. 인간의 정신 발달에서 내적 말의 의의는 엄청납니다. 인간이 고도화된 정신기능을 형성할 수 있는 것은 추상적 사고 능력 덕분인데, 내적 말이 없다면 인간의 추상적 사고는 불가능합니다. 우리는 속으로 어떤 개념과 의미가 담긴 말을 떠올리면서 복잡하고 체계적인 사고를 이어나갈 수 있습니다. 한마디로 내적 말은 인간 생각의 기본 방식인 것입니다.

앞서 언급했지만 생각과 말이 같은 것은 아닙니다. 그리고 여전히 사람들에게는 어떤 번쩍하는 아이디어 같은 '말 아닌 생각'과 자신도 모르게 지르게 되는 비명 같은 '생각과 떨어진 말'이 있습니다. 그래서 내적 말은 생각과 말의 공유된 부분이라 할 수 있고 이를 간단한 그림으로 나타내면 다음과 같습니다.

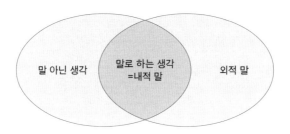

이렇게 그림으로 나타내다 보니 내적 말을 어떤 공간이나 영역으로 오해하기 쉽습니다. 하지만 정확히 말하면 내적 말은 어떤 공간이라기보다는 생각과 말의 역동적 상호작용이라고 할 수 있습니다. 우리는 어떤 생각을 하면서 거기에 적합한 말을 떠올리거나 어떤 말을 떠올리면서 의미를 생각하게 됩니다. '포근하고 아늑한' 무언가를 나타내려 할 때 '고향'이나 '어머니'라는 단어를 떠올리거나, 반대로 '고향'이나 '어머니'라는 말을 들으면 어떤 의미를 떠올립니다. 이렇게 생각과 말이 서로 왔다 갔다 하는 것을 비고츠키는 '생각과 말의 역동적 상호 이주'라고 표현합니다. 즉 내적 말은 '생각에서 말'로 '말에서 생각'으로 상호 전환되는 과정이라는 것입니다. 마치 빛에서 전기로, 전기에서 빛으로 왔다 갔다 하는 것처럼 말입니다. 내적 말이 발달한다는 것은 말과 생각의 이러한 상호작용이 발달하는 것을 의미하고 그것은 곧 생각 발달의 과정이라 할 수 있습니다.

3절 말 발달과 생각 발달

1. 말 발달 단계와 생각 발달 단계-낱말 의미는 발달한다

앞서 생각 발달 단계와 말 발달 단계를 따로 살펴보았습니다. 그러나 생각과 말은 따로따로 가는 것이 아니라 서로 연관되면서 함께 발달해갑니다. 물론 무 자르듯이 완전히 딱 구분되는 것은 아니겠지만 말 발달과 생각 발달을 함께 고려한 심리 발달 단계를 살펴보면 다음과 같습니다.

심리 발달 단계	말 발달 단계	생각 발달 단계
원시적 단계	지능 이전의 말	• 말 이전 국면의 지능
단순 심리 단계	외적 말	• 혼합체적 사고 • 언어 발달이 사고 발달보다 우세
외적 기호의 사용 단계	혼잣말	• 복합체적 사고 • 의사 개념 사용
외적 기호의 내재화 단계	내적 말	• 개념 형성 토대 축적, 복합체 및 의사 개념 지속 (학령기) → 개념 형성(청소년기)

원시적 단계

아주 어릴 때는 생각과 말이 따로 떨어져 있고 별도로 발달합니다.

'지능 이전의 말', '말 이전의 지능' 국면으로 아직 둘 다 발달이 미약한 상태여서 비고츠키는 이를 원시적 단계라고 했습니다.

단순 심리 단계

유아 초기에 본격적으로 언어가 발달하면서 생각과 말이 만나기 시작합니다. 말을 외적으로만 사용하며 유아는 말을 통해 생각에 자극(말로 생각을 하는 것이 아니라)을 받습니다. 아직 주위의 대상과 현상을 객관적으로 바라보지 못하고 주관적으로만 생각하는 혼합체적 생각 단계입니다. 말 발달이 우세하며 생각 발달을 이끕니다.

외적 기호의 사용 단계

말과 생각이 발달하면서 유아들은 조금씩 같은 모양이나 색깔, 크기 등을 분류할 수 있는 복합체적 사고 단계로 전진해갑니다. 이 시기 아이들은 생각과 행동을 하는 데 혼잣말의 도움을 받고 수 세기를 할 때 손가락을 이용합니다. 생각할 때 혼잣말이나 손가락 등 외적 기호의 도움을 받는다 하여 비고츠키는 이를 '외적 기호의 사용 단계'로 규정했습니다.

내재화 단계

학령기에 접어들면서 아이들은 내적 말을 하기 시작하고 손가락의 도움 없이 암산을 하기 시작합니다. 외적으로 쓰던 기호를 속으로 체화하여 쓴다 하여 이를 '외적 기호의 내재화 단계'로 규정했습니다. 내적 말을 쓰면서 개념 형성의 토대가 축적되는데, 복합체적 사고의 표현인 의사 개념과 잠재적 개념 단계를 거치면서 '분석'과 '종합'을 할 수 있는 생각 훈련을 합니다. 그리하여 내적 말이 숙달된 청소년 시기부터 '분석적 종합'이 가능한 개념적 사고가 형성되기 시작합니다. 이후 생애를 통해 개념적 사고는 지속적으로 성장해갑니다.

이처럼 생각과 말은 서로 연관되면서 함께 발달해갑니다. 생각과 말이 질적인 변화를 거치면서 발달해간다고 할 때 아주 중요한 발달적 의미를 발견할 수 있습니다. 같은 낱말을 쓰더라도 발달 단계에 따라 그 의미는 다를 수밖에 없다는 것입니다. 같은 단어지만 초등학교 저학년 아이에게 '사회'라는 단어는 사회라는 수업 시간이나 책을 의미할 수 있으며, 어른들의 경우 경제구조와 정치, 문화가 결합된 사회체제를 의미하게 됩니다. 이처럼 생각 발달과정에서 말에 부여하는 의미도 변화, 발달해갑니다. 생각 발달이란 새로운 개념을 알아나가는 것만이 아니라 한편으로는 이미 알던 낱말 의미를 발달적으로 재구성해나가는 것이라 할 수 있습니다. 비고츠키는 이를 '낱말 의미는 발달한다'는 말로 함축적으로 표현합니다.

2. 생각은 무엇을 통해 발달하는가?

생각 발달은 나이가 든다고 저절로 되지는 않습니다. 새로운 것을 접해야 하고, 이해해야 하며 또 실천과 반성을 통해 끊임없이 새롭게 재구성해나가야 합니다.

이 과정에서 사회적 관계를 통한 도움과 협력은 필수적입니다. 어른과 교사의 직접적 도움만이 아니라 책을 보고 스스로 익히는 것도 넓은 의미에서는 사회적 도움과 협력입니다. 도움과 협력을 체계적이고 효과적으로 진행하고자 하는 것이 바로 교육입니다.

또한 생각 발달은 언어를 포함한 기호를 매개로 해서 이루어집니다.

언어와 기호는 의사소통의 수단일 뿐 아니라 생각의 수단입니다. 생각은 말과 기호 없이는 불가능합니다. 새로운 개념과 기호를 획득함으로써 생각의 힘이 확장됩니다. 그래서 새로운 개념과 기호를 접하고, 숙달하고 생각 훈련을 하는 '외적 기호 활동'은 생각 발달과정에서 가장 중요하고 기본적인 과정이 됩니다. 외적 기호 활동은 그림 그리기, 듣고 읽고 쓰기, 셈하기 등으로 이루어집니다. 놀이나 토론하기, 실험하기 등의 활동에서도 상징물이나 각종 문서와 사진, 기호를 다루는 기호 활동이 다양한 방식으로 결합됩니다. 비고츠키는 "지각, 기억, 주의, 운동의 정신기능은 어린이의 상징적 활동과 내적으로 연결되어 있다"고 말합니다. 외적 상징 활동을 통해 내적 정신과정을 상승시키고 생각구조의 변혁적 재구조화로 나아간다고 보는 것입니다.

외적 기호 활동은 생각 발달에서 두 가지 의의를 지닙니다.

첫째, 생각의 도구인 개념 및 기호를 숙달하는 과정입니다. 충분히 숙달되면 체화, 내면화되어 속으로 사용하는 '내적 기호 단계'로 넘어갑니다. 머릿속으로 각종 단어와 숫자, 기호들을 연결하고 조합하고 재구성하는 활동을 할 수 있게 됩니다. 내적 기호 단계로 넘어감으로써 보다 자유로운 생각 수단이 형성된 것입니다.

둘째, 생각 훈련의 과정입니다. 외적 기호 활동을 하면서 우리는 무엇인가 보고 듣게 됩니다. 이러한 과정은 생각을 자극합니다. 무엇인가를 상상하며 궁리합니다. 특히 글을 쓰거나 토론하는 과정은 생각과정을 강제하고 크게 앙양해나갑니다. 외적 기호 활동은 생각 활동과 연결되어 있는 것입니다.

비고츠키는 개념적 사고의 결정적, 필수적 토대가 기호와 개념 사용의 숙달에 있다고 보았습니다. 기호와 개념을 숙달함으로써 세계를 인식할 수단을 얻게 되고 또한 자신의 생각을 표현할 수단을 얻게 되기 때문입니다. 기호와 개념의 내면화를 통해 스스로의 정신적 운용 들을 지배하며 직면한 과업의 해결을 위해 이들의 활동을 지휘하게 되는 것입니다.

발달 단계에 따라 외적 기호 활동의 주요한 형태는 다르지만 어떤 개념과 새로운 기호를 제대로 익히려면 다양한 활동을 결합하는 것 이 필요합니다. 하나의 주제 학습에서 듣고, 읽고, 쓰고, 말하는 것을 결합하고 나아가 체험과 실험을 결합한다면 다양한 형태의 생각 훈련 을 하게 될 것이며 그만큼 풍부한 이해와 체화로 연결될 수 있을 것입 니다. 이 점에서 입시와 과도한 양과 난이도를 지닌 교과서 아래 주로 일방적 듣기와 문제풀이에 집중된 우리 중등 교육의 현실은 청소년 생각 발달의 차원에서 볼 때 근본적 문제를 지닙니다.

4장

근접발달영역과
교수-학습

이 장에서는 교수-학습의 원리를 다룹니다. 비고츠키는 의미 있고 효과적인 교수-학습 과정을 해명하기 위해 '근접발달영역'이라는 개념을 제안합니다. 비고츠키가 제안한 '근접발달영역' 개념은 많은 학자들에게 수용되면서 널리 퍼진 개념입니다. 그러나 일부에서 근접발달영역은 개별화 교육, 엘리트 교육의 원리로 잘못 적용되고 있기도 합니다. 그래서 이 장에서는 '근접발달영역'의 올바른 의미를 살펴보고, 교수-학습과 관련하여 교과 교육의 문제, 과학적 개념과 일상적 개념의 결합 문제, 외국어 교육과 글쓰기 교육 등 몇 가지 주제들을 논의해봅니다.

1절 근접발달영역이란?

1. 교수-학습과 발달은 어떤 관계일까?

먼저 '교수-학습'과 '발달'의 관계에 대해서 살펴보겠습니다. 피아제의 견해는 "교수-학습과 발달은 상호 독립적"이라는 것이었습니다. 발달이 이루어진 후 학습이 가능해진다는 것입니다. 순서로 보면 '발달 후 학습', 예컨대 쓸 준비가 되어야 글쓰기를 배울 수 있고 말할 때가 되어야 말을 배울 수 있다는 것입니다. 그런데 과연 이런 견해는 사실과 부합할까요? 이런 견해에 따른다면 교육은 아주 소극적 역할밖에는 하지 않는 듯합니다. 아이들은 스스로 알아서 큰다는 생각이 밑바탕에 깔려 있으니까요. 물론 여기에서 새겨야 할 교훈도 있습니다. 발달 단계를 무시한 조기 학습, 선행 학습에 대한 경고의 의미입니다.

한편, 교수-학습이 발달과 긍정적인 관계가 있다고 가정했을 때 문제가 되는 것은 교육 내용과 교육 방법입니다. 이에 대해 브루너라는 미국의 학자는 "아무리 어려운 지식 구조라 할지라도 아동의 지적 수준에 맞추어 표현하면 누구나 이해하고 배울 수 있다"라고 과감한 주장을 했습니다. 의문이 생깁니다. '아무리 어려운'은 도대체 그 경계가 어디까지일까요? 지식의 위계와 상관없이 가르치는 사람의 역량이나 탁월한 교수 방법이 마련되면 발달의 한계를 돌파할 수 있을까요? 이런 견해는 생활 중심, 경험 중심 교육과정의 한계에 대한 대안적 교육과정으로 1970년대에 등장한 학문 중심 교육과정의 중심 논거이기도 합니다. 이 역시 문제가 있습니다. 피아제가 어린이의 성장에서 지식의 영향을 지나치게 가볍게 여겼다면 이 경우는 지식을 잘 가르치는 것이 교육의 중심이 되어 자칫 주지주의로 흐를 수도 있습니다.

이처럼 교수-학습과 발달의 관계는 시대를 섭렵하다시피 한 학자들도 명쾌하게 정리하지 못했습니다. 문득 이런 생각이 들기도 합니다.

"내가 하는 일이 과연 아이들의 성장을 돕기는 하는 걸까? 학교가 아이들을 오히려 망치는 것은 아닐까? 지식을 가르치는 것보다 삶의 경험을 풍부하게 하는 것이 '산교육'이 아닐까?"

뒤틀린 학교 문화와 이상한 교육과정 속에서도 신기하게 아이들은 자랍니다. 가르치는 일을 하는 사람이라면 피할 수 없는 문제입니다. 자신이 하는 일, 그리고 학교에서 대부분을 차지하는 교수-학습이 아이들의 성장과 발달에서 갖는 긍정적 의미가 무엇인지 파악하는 것. 나아가 발달과 긍정적인 관계를 위한 교수-학습에 대해 함께 주체적으로 고민하는 것. 비고츠키는 이 문제를 '근접발달영역약칭 ZPD. Zone of Proximal Development. 또는 발달의 다음 영역 The Next Zone of Development'이라는 아주 유명해진 개념을 통해 설명합니다. 과연 비고츠키의 '근접발달영역'이라는 개념은 미궁에 빠진 우리 교사들에게, 혹은 미궁 속에 빠져 있는지 의식조차 하지 못하는 교사와 어른들에게 실마리가 될 수 있을까요?

2. 근접발달영역에 대한 현대 교육학의 이해와 오해

근접발달영역은 비고츠키 이론이 서구에 알려지고 나서 후대 교육학자들이 가장 크게 관심을 기울인 것이기도 합니다. 비고츠키 연구물 중 국내외를 막론하고 압도적 다수는 근접발달영역을 다루고 있는데, 관심과 함께 오해가 가장 심한 개념이기도 합니다. 먼저 개념을 올바로 이해해야 실제 교육에서 의미 있는 도구가 될 수 있습니다. 잘못된 이해는 빈번히 잘못된 적용으로 이어지는 원인이 됩니다. 근접발달영역이라는 개념도 여기에서 예외가 아닙니다. 인간 발달에 대한 비고츠키의 문화역사적 관점은 받아들이지 않고 실용성이 높아 보이는 '근접발달영역'만 쏙 빼와서 기존의 틀에 끼우다 보니 생기는 문제들이 많습니다.

가장 대표적인 사례는 서두에서 언급한 브루너가 제안한 '비계 scaffolding'라는 개념입니다. 비계는 비유적 표현입니다. 원래 비계는 건설 현장 용어로서 '높은 곳에서 공사를 할 수 있도록 임시로 설치한 가설물'을 뜻합니다. 발달은 학습자 개인이 해나가는 과정이고 여기에 교수자가 살짝 비계를 놓듯이 학습에 도움을 주면 된다는 의미가 담겨 있습니다. 여기서 가장 큰 문제는 근접발달영역을 '함께'라기보다는 '홀로'의 개념으로 받아들이고 있다는 것입니다. 일대일의 개별적 학습 상황에 해당하는 '개인적 차원의 개념'으로 한정 해석하는 경우입니다. 발달의 '개인차'를 강조하는 개념으로 둔갑한 것입니다. 이것이 극단적으로 나아간 것이 '웹 기반 학습'입니다. 비고츠키는 '타인과의 교류', '사회적 관계'가 인간 발달의 원천이고 어린이의 경우 특히나 '어른과의 언어적 상호작용'의 중요성을 누누이 강조하였습니다. 따라서 집단을 배제하고 개인을 중심으로 해석해서는 안 되는 개념입니다.

한편, 비고츠키의 '발달'에 대한 문제의식은 간데없고 '학습 진도와 문제의 난이도 높여가기'로 근접발달영역을 오해하기도 합니다. 여기에는 사실 학습자라는 주체는 사라지고 진도만 남을 뿐입니다. 중요한 것은 학습자에게 일어나는 의미 있는 변화인데도 말입니다. 주어진 내용을 요령 있게 난이도를 높여가면서 얼마나 많이 해결하도록 하느냐가 교수-학습의 목적이므로 학습 내용이 우선이 됩니다. 개인을 우선시하면서도 자칫 잘못하면 학습자는 학습 내용을 따라가야 하는 노예가 될 수도 있습니다. 수준별, 개별화 수업을 강조하는 개념인 양 받아들여진다는 것은 큰 문제입니다. 총체적 발달에 대한 고려가 여기에는 없습니다.

이러한 잘못된 이해들은 근접발달영역 개념을 선행 학습, 영재 교육의 근거로 둔갑시킵니다. '가르치면 뭐든 하게 만들 수 있다'는 의욕 과잉을 불러일으키기 때문입니다. 잘못된 이해의 가장 큰 현실적 문제입니다. 비고츠키는 발달의 하한선뿐 아니라 '상한선' 역시 존재한다고 분명히 말합니다. 생물학적인 것과 문화적인 것의 엮임인 어린이 발달과정을 무시한 선행 학습은 학습 의지 상실, 오개념 누적 등 많은 폐해를 낳는 원인이 됩니다.

근접발달영역은 비고츠키가 생애 후반부에 교육의 문제를 본격적으로 고민하면서 제출한 개념입니다. 그렇다면 비고츠키는 과연 어떤 의미로, 어떤 취지로 근접발달영역을 제안했을까요?

3. 근접발달영역에 함의된 세 가지 측면

▶ 교수-학습과 발달 관계에 대한 입장들

1) 교수-학습과 발달을 독립적 과정으로 간주하는 입장
아동의 발달은 자연법칙에 따라 '성숙'에 의해 일어나는 과정으로, 학습은 순전히 발달과정 도중에 나타나는 가능성을 외적으로 사용하는 것으로 본다. 이 관점은 아동의 정신 발달 분석에 있어 발달로부터 생겨난 것과 학교 교수-학습으로부터 생겨나는 것을 완전히 구분한다. 발달은 어떤 학습도 없이 그 자체의 일반적 경로를 따라 고등 수준에 다다를 수 있다고 본다(학습이 발달의 원인이 되는 것이 아니라 '유기체의 타고난 반사 능력'에 의한 적응과정이 곧 발달인 셈이며 반사 능력은 그 동력).

2) 교수-학습과 발달을 하나의 동일한 과정으로 취급하는 입장
발달은 학습이고 학습은 발달이다. 이런 입장에서는 "하나를 가르치면 열을 안다"는 것은 결코 있을 수 없는 일이다. 이 관점은 정신 발달은 물론 학습도 본질적으로 습관의 형성 과정이라고 본다. 이 이론은 연합주의 관념에 의존한다. 손다이크는 "정신 발달은 점진적이고 연속적인 조건반사의 축적일 뿐이다"라고 말한다. 즉 어린이는 배우는 만큼만 발달한다.

3) 비고츠키의 접근
교수-학습이 언제나 발달에 선행한다. 그래야 (즉 발달을 이끌 때라야) 교수-학습이 의미 있는 것이라 본다. 학습과 발달은 두 개의 완전히 독립된 과정이거나 하나의 단일한 과정이 아니라 복잡하게 연결되어 있다. 교수-학습을 위한 심리적 기반의 발달은 학습을 앞서지 않으며 학습과의 연속적이고 내적인 연결 속에서 발달한다. 예컨대, 글쓰기에 필요한 심리적 토대가 준비되어서 글쓰기가 가능한 것이 아니라 글쓰기를 통해 새로운 심리적 토대가 형성된다고 보는 것이다. 물론 글쓰기를 어느 연령에 가르칠지를 판단하는 것이 요청되는데 그에 필요한 것이 근접발달영역이라는 개념이다. 근접발달영역에는 '발달의 잠재력, 가능성'을 파악하는 의미가 포함된다.

『생각과 말』, pp. 441~454

비고츠키가 생각하는 교수-학습과 발달의 관계를 단순하게 표현하면, "교수-학습이 발달을 이끈다"입니다. 비고츠키의 말을 보겠습니다.

교수-학습은 오직 발달을 앞서 갈 때만 유익한 것입니다. …… 어린이를 위해 올바르게 조직된 교수-학습은 어린이의 정신 발달을 선도하고, 교수-학습이 없었다면 불가능했을 총체적인 일련의 발달과정에 활력을 불어넣습니다.『레프 비고츠키』, 르네 반 데 비어 지음, 배희철 옮김, 2013

이렇게 보면 학교에서의 교수-학습은 인간 발달의 과정에서 참으로 소중한 활동입니다. 물론 여기에는 교수-학습이 "올바르게 조직되어야 한다"는 단서 조항이 있습니다. 올바르게 조직된 교수-학습, 즉 발달을 이끄는 교수-학습을 설명하기 위해 비고츠키가 제안한 개념이 바로 '근접발달영역'입니다. 가장 널리 알려진 의미는 '현재적 발달 수준'과 교사와의 체계적 '협력을 통해 수행할 수 있는 발달 수준 사이의 거리'입니다.

근접발달영역은 실제적 발달 수준과 잠재적 발달 수준 사이의 거리이다. 실제적 발달 수준은 독립적 문제 해결에 의해 결정되고, 잠재적 발달 수준은 성인의 안내 혹은 더 능력 있는 또래들과의 협동을 통한 문제 해결에 의해 결정된다.『마인드 인 소사이어티』, p. 134

여기서 근접발달영역이란 개념의 면모가 드러나는데요, 교수-학습과 발달의 관계를 설명하기 위한 개념이 바로 근접발달영역입니다. 비고츠키는 일상적 개념과 과학적 개념의 관계를 논의하면서 이 둘의 '만남'을 통해 창출되는 발달의 영역으로 설명하기도 했습니다.

첫째, '진단(내적 파악)'의 중요성을 강조하기 위한 개념입니다. 학습자의 발달 가능성, 발달의 미래에 대한 진단의 의미입니다. 겉으로 보이는 현재적 발달 수준의 이면에 잠재해 있는 '발달의 다음 영역'을 파악하는 것입니다. 예컨대 과수원의 농부는 나무를 보고 아직 사과가 덜 익었지만 앞으로 사과가 얼마나 예쁘게 익을 것인지 알 수 있습니다.

둘째, 혼자서는 할 수 없지만 교육적 도움을 통해 도달할 수 있는 발달영역이라는 의미가 있습니다. 따라서 발달에서 협력의 가치와 중요성을 강조하는 개념이 근접발달영역입니다. 비고츠키는 발달과 학습의 관계에서 이미 도달한 것을 가르치는 것은 무의미하며, 도움을 받아도 할 수 없는 것 역시 무의미하다는 점을 강조하면서, 근접발달영역을 '발달적 의미를 갖는 교수-학습은 어떤 것인가'의 문제, 즉 교수-학습과 발달의 관계를 설명하는 주요 개념으로 제시했습니다.

셋째, 거시적인 '발달 단계'부터 미시적인 특정한 개념 학습에 이르기까지 도입될 수 있는 다차원적 개념입니다. 근접발달영역을 미시적 수업에만 해당되는 개념으로만 보는 것은 협소한 이해입니다. 근접발달영역은 복합체적 사고와 개념적 사고, 입말 발달과 글말 발달, 모국어 발달과 외국어 발달 등 '발달 단계'라는 거시적 차원부터 교수-학습 과정에서 도움 주기나 발문, 교구 도입, 과학적 개념의 이해를 돕기 위해 예를 들거나 경험과 연결할 수 있게 도와주는 교사의 노력 등 미시적 차원에 이르기까지 모두 아우르는 개념입니다.

덧붙여, 비고츠키가 근접발달영역이라는 개념을 도입한 맥락에는 교육의 효과가 좀 뒤처진 아이들에게 더 크게 작용한다는 의미도 있습니다. 선행 학습을 많이 한 어린이들은 근접발달영역이 소진되어 정작 학교에 오면 근접발달영역이 넓게 창출되지 않는 반면 그렇지 않을 경우 근접발달영역이 넓게 창출될 수 있기 때문입니다. 비고츠키는 학교가 발달의 격차를 줄여나가는 '평균화 효과'를 지니며 또 그래야 한다고 보았습니다. 핀란드 등 선진 교육에서 '느린 학습자'들에게 더 많은 교육적 배려를 하는 것은 바로 이 때문입니다.

4. 근접발달영역의 교육적 함의

근접발달영역의 교육적 함의는 첫째, '진단'의 중요성입니다. 교육은 인간과 인간의 관계를 근간으로 합니다. 인간을 이해하지 못하는 상태에서 어떠한 훌륭한 교수법도 어떠한 훌륭한 내용도 무용지물이 될 것입니다. 비고츠키는 이 점을 지적합니다.

둘째, 발달의 가능성은 누구에게나 열려 있다는 신념입니다. 근접발달영역은 이른바 생물학적 나이는 동일한데 '정신연령이 다르니 차별' 해서는 안 된다는 의미를 내포합니다. 누구나 발달의 가능성을 가지고 있고 이것을 실현하는 것은 관계와 실천에 달렸다는 것입니다. 근접발달영역이라는 개념을 고심하게 된 계기는 바로 장애인의 발달을 연구하는 과정이었다고 합니다.

셋째, '학교교육의 의의를 어디에서 찾을 것인가'라는 근본적인 문제를 던집니다. 근접발달영역은 '발달의 가능성을 창출하고 실현하는 곳이 바로 학교'임을 설명하기 위한 개념입니다. 이제 학교교육에서 오롯이 실현할 수 있는 '인간 발달에서 고유한 기능'이 무엇인지 구체적으로 살펴볼 차례입니다.

2절 근접발달영역의 창출

1. '인간됨'은 '만남'의 총체

1920년 인도에서 발견된 야생아(일명 늑대소녀) 이야기를 통해 우리는 인간의 유전자를 갖고 태어났지만 인간으로 살아갈 수 없었던 야생아에게 측은지심을 느낍니다. 생물학적 결핍 없이 인간의 유전자를 가지고 태어났지만 '인간다운 삶'과는 거리가 멀게 살 수 밖에 없었기 때문입니다. 타인과 의미 있는 소통을 할 수도 없었고 문화를 향유할 수도 없었으며 '자아에 대한 의식'을 가지지도 못한 채 일생을 마쳐야 했습니다. 이 이야기에는 '인간 발달의 과정'에서 유전이 전부가 아니라는 것 외에 또 다른 중요한 요소가 담겨 있습니다.

다음은 우리에게 아주 잘 알려진 헬렌 켈러의 이야기입니다. 헬렌은 생후 19개월에 뇌척수막염으로 추정되는 병을 앓고 난 후 청각과 시각을 잃게 되어 야생아나 다름없는 상태로 살아갔습니다. 훗날 헬렌 켈러는 7살이 되기 석 달 전 설리번 선생님과 만난 그날을 "일생에서 가장 중요한 날"이라고 회고했으며 이 인연은 49년간 계속되었다고 합니다. 헬렌 켈러는 장애인 최초로 대학을 졸업한 인물로 기억되며 훗날 사회주의 운동과 여성운동가로서 활동했다고 알려져 있습니다. 설리번 선생님을 만나기 전 헬렌이 과연 훗날 이런 인물로 성장할 줄 그 누가 알았을까요.

비고츠키 교육학으로 돌아가 봅시다. 고등정신기능 가운데 비고츠키가 특히 강조한 '개념적 사고'는 과연 '자연스러운 일상적 경험'만으로 형성될 수 있을까요? 이 질문을 비고츠키는 끝까지 따라갑니다. '개념적 사고'는 교수-학습이라는 특정한 관계 속에서 '일상적 개념과 과학적 개념'이 '만남'으로써 형성됩니다. 비고츠키는 근접발달영역을 논하면서 개념적 사고 등 고등정신기능 형성에 있어 학교-학습이 갖는 인간 발달에서의 중요성을 강조합니다. 헬렌 켈러의 예에서 알 수 있듯이 인간이기에 가지고 있는 그 어떤 가능성은 무언가에 의해, 어떤 계기에 의해, 만남에 의해 실현되어야 합니다. 이를 비고츠키는 "근접발달영역은 교수-학습에 의해, 일상적 개념과 과학적 개념의 만남, 달리 표현하면 서로가 '상호 침투'함으로써 창출"된다고 표현하였습니다.

2. 근접발달영역은 '창출'되는 것이다

비고츠키 교육학에서 인간의 변화와 발달은 여러 가지 다양한 '만남(사회적 관계)'의 총체적 결과입니다. 비고츠키는 '학교에서의 교수-학습과 어린이의 내적 발달'을 연구하면서 '근접발달영역'을 거론했습니다. 근접발달영역은 한 개인이 태어날 때 지니고 태어나는 고정적인 것이 아닙니다. '학습 난이도가 높다/낮다'는 수준의 의미도 아닙니다. 비고츠키는 근접발달영역_{잠재된 발달의 가능성, 발달의 다음 영역}은 교수-학습 관계 속에서 창출되어 실현된다는 점을 가장 강조했습니다.

> 과학적 개념의 발달은 교육과정이 진행되는 동안에 이루어진다. 이 교육과정은 교사와 학생의 체계적 협력이라는 특수한 형태로 나타난다. 어린이의 고등정신기능의 성숙은 어른의 참여를 통해 이루어지는 협력 과정에서 발생한다.『생각과 말』, p. 373

"교수-학습과 발달의 관계는 복잡하며 훌륭한 교수-학습은 근접발달영역을 창출함으로써 발달을 이끈다"고 비고츠키는 말합니다. 특히 "일상적 경험으로만 이루어질 수 없는 발달의 영역"이 학교에서 체계적인 교수-학습을 통해 창출된다고 강조합니다.

> 교육과정의 중심인 어린이와 어른 사이의 이런 종류의 협력은 어린이에게 지식이 정연한 체계 안에서 전달된다는 사실로부터 시작된다. 그리고 이는 과학적 개념의 이른 성숙을 설명하고, 과학적 개념의 발달 수준은 일상적 개념과 관련하여 근접 가능성 영역으로 나타날 수 있다는 것을 보여준다. 여기서 근접 가능성 영역은 일상적

개념의 발달을 위한 안내자로서, 일상적 개념이 나아갈 길을 보여준다.『생각과 말』, p. 373

지극히 당연하지만, 말하기를 배워야 말을 할 수 있게 되고 글쓰기를 배워야 글을 쓸 수 있게 됩니다. 마찬가지로, 숫자를 배워야 수를 통해 양이라는 범주를 파악할 수 있습니다. 늑대소녀는 인간의 유전자를 지녔지만 말하기, 글쓰기, 셈하기 등을 할 수 없었습니다. 근접발달영역이 창출될 수 없었던 것입니다. 헬렌 켈러는 설리번 선생님을 만나기 전까지 말을 할 수 없었습니다. 설리번 선생님을 만나서 비로소 'water'라는 낱말로부터 시작해서 의사소통, 생각의 도구로서 말을 획득하기에 이르렀습니다. 헬렌은 비록 49년간을 설리번 선생님 등 타인에게 의존해야 했으나 세상과 소통하며 살았으며 글을 남길 수 있었습니다.

근접발달영역, 다시 말해 '발달의 다음 영역'은 어떻게 창출될까요? 비고츠키는 "근접발달영역은 일상적 개념과 과학적 개념의 만남"을 통해서 창출된다고 하였습니다. 어린이들은 일상에서 자연스럽게 많은 낱말의 의미를 알게 되고 무리 없이 사용합니다. 그런데 이것, 즉 일상 속에서 부지불식간에 자연스럽게 습득한 개념은 학교에서 학습을 통해서 '고양'됩니다. 어린이들은 어느 순간 형제라는 낱말을 사용하고 이모라는 낱말을 사용하며 '그러므로' 등의 접속사도 어색하지 않게 사용합니다. 하지만 이러한 낱말들은 학교에서 교수-학습을 통해 체계적으로 배우게 되는 순간 또 다른 의미가 됩니다. 이것이 '고양'입니다. 낱말 의미의 발달입니다.

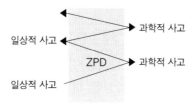

일상적 개념과 과학적 개념의 상호 침투에 의한 생각의 고양

일상에서는 가능하지 않지만 학교에서 가능한 것에는 무엇이 있을까요? 비고츠키에 따르면 '의식적 파악', '의지적 숙달', '진개념' 등이 대표적입니다. 좀 생소한 낱말들이지요? 학령기 어린이는 학교에서의 교수-학습 과정을 통해 '의식적 파악'과 '의지적 숙달(통제)'을, 청소년은 학교에서의 교수-학습을 통해 '개념적 사고'를 형성합니다. 이들은 비非자연발생적이라는 공통점이 있습니다. 일상에서 부지불식간에 수행했던 심리기능들이 학교에서는 의식적이고 의지적인 형태, 즉 지성적으로 이루어지기 때문에 이러한 새로운 정신기능들, 즉 '신형성발달과 정에서 새롭게 형성되는 정신기능'이 발생하게 됩니다. 바로 학교에서의 교수-학습 과정을 통해서 그렇게 됩니다. 여기에서 또 하나, 바로 어린이의 현재적 상태를 잘 파악해야 발달의 다음 영역으로 이끌 수 있다는 진리가 확인됩니다. 어린이가 가지고 있는 일상적 개념과 사고 양식이 어떤지도 모른 채 무조건 어려운 교육과정, 혹은 어린이가 이미 습득하고 있는 것을 들이미는 것이 능사가 아니라는 것입니다. 이는 근접발달영역 창출에 실패하는 지름길입니다.

그러면 이제 학교에서의 교수-학습이 어떻게 해서 '발달의 다음 영역'을 창출하게 되는지 자세히 살펴보겠습니다.

3. 근접발달영역은 '모방과 협력'에 의해 창출된다

교수-학습 과정에서 교사의 지도하에 학생이 능동적으로 수행하는 여러 활동들이 근접발달영역을 창출하여 어린이, 청소년을 발달의 다음 단계로 이끌고 고차적인 기능들을 내재화할 수 있게 되는데, 그 활동 과정의 핵심적 본질은 '협력과 모방'이라고 비고츠키는 강조합니다.

혼자서도 할 수 있는 것을 학교에서 가르치는 것은 무의미합니다. 혼자서 할 수 없는 것을 할 수 있게 되려면 '모범'과 '새로운 내용'이 필요하고 '이끄는 존재'가 필요합니다. 또한 아무리 가르쳐도 알 수 없는, 지적인 모방이 안 되는 것을 가르치는 것 또한 소용이 없다고 비고츠키는 이야기합니다. 여기에서 학습의 상한선과 하한선 개념이 등장합니다. 일상적 개념과 과학적 개념의 관계와 비슷합니다. 흔히 선행학습이나 조기 교육이 무익한 이유를 여기에서 알 수 있습니다. 근접발달영역은 발달의 '다음' 영역이라는 의미이지 몇 단계 마구 뛰어넘을 수 있다는 속진 가능성을 의미하지 않습니다. 근접발달영역은 생물학적 결핍 상태가 아니라면 인간 누구나 통상적인 학교에서의 교과 교수-학습을 통해 도달할 수 있는 경지가 있다는 보편적인 발달의 가능성을 의미합니다. 여기에서 발달의 길을 안내하는 것이 교사와 학생 간의 협력이며, 학생들이 모방할 수 있는 것을 능동적으로 수업 과정에서 할 수 있도록 조직하는 것이 교사의 역할입니다.

따라서 협력 속에서 이루어지는 모방이때 모방은 기계적 모방과 다른 지적 모방이며 모방을 경시한 학자들과 달리 '외부에서 내부'로 '사회적 관계 속에서 이루어지던 것이 개인의 것이 되는' 문화역사주의의 기본 원리인 '내재화'가 실현되는 중심 과정이 바로 모방인 셈입니다.

여기서 어린이와 청소년의 발달에서 '관계'와 '상호작용'의 중대성이

도출됩니다.

4. 근접발달영역과 교사의 전문성 그리고 교육과정의 문제

근접발달영역은 학교에서의 교수-학습의 발달적 중요성을 함의하는 개념인 동시에 교사는 '인간 이해의 전문가'여야 한다는 의미를 담고 있습니다. 비고츠키 교육학은 교사가 지녀야 할 진정한 전문성을 발달적 존재로서 인간을 이해하는 것에서 찾습니다. 여기에서 '이해'는 온정적인 이해를 넘어서는 '발달에 대한 과학적이고도 인간적인 이해'입니다.

다음으로 근접발달영역은 발달을 고려한 교육과정의 중요성을 일깨우는 것으로서 비고츠키 교육학은 전반적으로 교육과정 구성 논의에 적극적으로 참고해야 할 내용입니다. 발달과 교육이 이렇게 긴밀한 관계라면, 나아가 교육이 발달을 이끌 수 있도록 해야 한다면 교육의 핵심 중의 핵심인 교육과정 구성에서 발달에 대한 이해는 매우 중요한 지점이 아닐 수 없습니다.

마지막으로, 근접발달영역은 단지 학교에 다니는 어린이와 청소년에게만 국한된 개념이 아닙니다. 근접발달영역은 학교 교수-학습의 '체계성'에서 비롯됩니다. 따라서 연령, 발달 시기보다는 상황과 관계에 달린 문제로 볼 수 있습니다. 성인들도 체계적 학습을 경험하면 근접발달영역이 창출됩니다. 비고츠키가 비록 성인을 직접적인 연구 대상으로 하지 않았을 뿐이지, 근접발달영역은 특정 연령, 즉 어린이의 학교 교수-학습에만 한정되는 것은 아닙니다. 교사나 여타의 성인들도 끊임없이 발달해가는 '발달적 존재'입니다. 더 나은 교육과 수업을 위해, 스스로 발달하기 위해 동료들과 함께 만나서 공부하는 것 이상은 없을 것입니다.

3절 오브체니와 아하 경험

1. 오브체니 : 교수와 학습의 역동적 결합

비고츠키 교육학에는 '오브체니'란 말이 자주 등장합니다. 우리말로 번역하면 '교수-학습'입니다. 비고츠키 교육학에서 교수-학습을 오브체니라는 하나의 단어로 표현하는 이유는 교수와 학습이라는 서로 다른 과정이 관계 속에서 통일된다고 바로 보기 때문입니다. 이처럼 '오브체니'란 교수와 학습의 역동적 결합을 의미합니다.

교수와 학습은 서로를 전제로 합니다. 그러나 수업 상황에서 많은 교사들이 허다하게 느끼는 답답함과 좌절감은 바로 '학습자들이 참여를 하지 않는 상황'에서 비롯될 것입니다. 우리 교육 현실에서 교수와 학습이 결합되는 양상은 한결같지가 않습니다. 그래서 교사들의 고민과 고충이 시작되는 것이고 학생들은 학습의 고통을 느끼는 것입니다.

교수와 학습이 따로 놀 경우에는 '근접발달영역' 창출에 실패할 수밖에 없습니다. 발달 단계와 상황에 맞지 않는 교육 내용과 방법 역시 '근접발달영역' 창출에 실패할 수밖에 없습니다. 교수와 학습이 올바로 결합될 때 근접발달영역은 창출됩니다.

'교수'와 '학습'을 분리하는 이분법적 생각들은 의외로 많습니다.

'학습자 중심주의'도 이분법의 한 형태입니다. 학습자에게 변화를 가져오지 않는 공허한 일방적 가르침이 만연하다 보니 나온 관점과 방향이고 그래서 일견 매력적으로 보이지만 냉철히 보면 이 역시 '교수'와 '학습'을 분리하여 본 관점의 소산입니다. 교사 중심, 교과 중심의 전통적 교육에 대한 반대급부라고 이해해야 할 측면이 없지는 않지만 이론적, 실천적으로 허점이 많습니다. 그 출발은 교수와 학습의 불가분의, 상호 의존적인 역동적 '관계'를 부정하는 것입니다. 발달이 역동적 상호작용의 결실임을 부정하는 것과 별반 다르지 않습니다.

배움 중심, 학습자 중심 원리를 극한까지 밀어붙인 결과는 '면대면 학습의 부정'으로 웹 기반 학습이 가장 극단적인 형태이고, 그다음이 사이버 강의를 통한 학습이겠는데, 교수-학습의 역동성, 역동적인 교수-학습의 결과로 발달이 나타나게 됨을 부정한 결과입니다. 이런 형태의 교수-학습에서는 교수자가 학습자의 상태에 대응하여 능동적으로 상호작용을 해나가는 것이 원천적으로 불가능합니다.

교수-학습을 하나의 협력적 과정으로 볼 때는 함께하는 수업만이 아니라 따로 떨어져 있을 때도 협력이 지속되는 것으로 이해할 수 있습니다. 비고츠키는 심지어 어린이가 집에서 혼자 숙제를 하는 순간에도 협력이 이루어진다고 설명합니다. 학교에서 선생님과 함께한 것을 전제로 이루어지는 활동이기 때문에 그렇습니다.

비고츠키가 교수-학습의 발달적 의의를 강조한 이유는 지성화, 의식 고양에 있었습니다.

> 과학적 개념은 의식적 고양의 문을 열어젖힌다. 『생각과 말』, p. 427

비고츠키 교육학은 교수-학습 과정에서 다양한 교과 활동을 통해서만이 '의식적 파악과 의지적 사용(숙달)'이라는 중요한 심리적 토대를 형성할 수 있다고 강조합니다. 일상적이고 자연적인 과정을 통해서 형성되지 않는 것들이 바로 교수와 학습이 역동적으로 결합되어 발달을 이끄는 '오브체니'를 통해 인간은 비로소 본능과 습관을 넘어 자유의지를 행사하는 인간이 될 수 있다고 보았습니다. 그래서 개념적 사고를 강조한 것이고, 그것의 발달과정을 집중적으로 연구하기도 한 것입니다. 자유의지를 가진 주체적 존재로 인간이 발달하는 과정, 타인과의 협력과 교류를 통해 문화역사적 주체로 되는 과정은 자연발생적이고 일상적인 과정만이 아니라 의식적이고 의도적인 학교교육의 과정이 반드시 결합되어 양자가 통일될 때 가능하다고 본 것입니다.

2. '아하' 경험 : 발달 곡선과 학습 곡선은 불일치한다?

다음을 한번 생각해봅시다.

▶ 그날 배운 것 그날 다 이해하고 할 수 있다.
▶ 이해할 때까지, 할 수 있을 때까지 다음 내용으로 넘어가면 안 된다.
▶ 교육과정은 나선형보다 계단형으로 구성해야 맞다.

40~50분의 수업에 일희일비하는 교사들은 지금의 교육과정에서 진도 나가기를 넘어서려고 하는 순간 엄청난 난제에 부딪히고 맙니다. 모든 아이들을 하나도 놓치지 않고 함께 끌고 가보려고 하지만 만만치 않습니다. 보충이나 별도 지도 등 부가적 수업을 해도 잘 안 됩니

다. 물론 교육과정과 평가의 문제가 본질적으로 교사들의 발목을 잡습니다. 이런 와중에 '오늘 가르친 것=오늘 이해'라는 도식에 충실하다 보면 일주일도 못 가서 지쳐 나가떨어지거나 아이들을 원망하고 이전의 교육을 탓하게 됩니다.

그런데 여기에서 살짝만 벗어나는 관점을 가지면 여유가 생깁니다. "낱말 의미는 발달한다"는 비고츠키 교육학의 핵심 주장이 바로 명언처럼 들립니다. 이제 막 그 아이에게는 발달이 '시작'된 것입니다. 결코 완성된 것이 아닙니다. 어른들도 마찬가지입니다. 모든 현상의 본질을 단번에 파악하는 사람이 어디 있겠습니까. 지난한 과정을 거쳐서 올바른 인식에 도달할 수 있는 것이지요. 가르치자마자 완전한 이해, 완성을 기대하는 것이 애초에 무리입니다. 혹은 문제를 잘 푼다 할지라도 혹은 잘 암기했다 할지라도 그것을 완전히 내면화한 것이라고 착각해서도 안 됩니다. 비고츠키 교육학은 어떤 면에서는 이런 점을 여유 있게 바라보게 해줍니다. 비고츠키 교육학에서 새로운 모든 것은 처음에는 미숙할 수밖에 없다고 말하는 것은 '진리'입니다.

비고츠키 교육학은 교수-학습과 발달에는 각각의 결정적인 순간이 존재한다고 말합니다. 이런 결정적인 순간이 깨달음의 순간, 바로 비고츠키가 말하는 '아하 경험_{발달상의 변화}'의 순간입니다. 이 깨달음의 순간을 교사와 학생이 실시간으로 함께할 수는 없지만 어제 깨닫지 못한 것을 내일 깨닫거나 작년에 못한 것을 올해는 하게 되는 순간을 문득문득 발견하게 됩니다. 그래서 오늘 가르친 것을 다 이해하지 못해도 실망할 필요는 없습니다. '아하' 해야지요. '아하, 지금 가르친 것이 언젠가는 열매를 맺을 수 있겠구나'라고 생각할 수 있는 것입니다.

어떤 산술적 조작이나 과학적 개념이 습득된 순간 이러한 조작이나 개념의 발달 역시 완성과는 거리가 멀며 오직 시작되었을 뿐입니다.

예컨대 함수를 배워서 문제를 풀 수 있게 되었다고 해서 함수라는 개념이 완성된 형태로 습득되었다고 볼 수는 없습니다. 함수의 진개념에 도달할 때 진정하고 커다란 아하 경험의 순간이 도래할 것입니다. 물론 그전에도 작은 아하는 빈번하겠지요? 이처럼 교수-학습은 발달에 선행합니다. '낱말 의미는 발달'하듯이 어떤 개념이나 조작들도 과정 속에서 '발달'하는 것입니다.

따라서 교사들이든 학생들이든 교수-학습에 대해 일희일비할 필요는 없을 것입니다. 대개의 경우 기능적 숙달_{구구단의 의미를 파악해야 구구단을 사용할 수 있는 것은 아님}이 선행하고 이에 대한 완전한 개념적 사용은 후행합니다. 능숙하게 자연수 계산을 하는 어린이가 십진법의 의미를 파악했기 때문에 그렇게 하는 것은 아닙니다.

특히 초등 단계에서는 '기능적 숙달'의 가치를 낮게 볼 필요가 없습니다. '개념 학습', '사고력'을 하도 강조하다 보니 기능적인, 즉 외적인 것의 가치를 깎아내리는 경우가 있습니다. 그러나 외적 활동 없이 내적 기능이 발달할 수는 없습니다. 외공을 수련해야 내공도 쌓이는 법입니다. 아무리 창조적인 구상이 떠올라도 표현할 수 있는 기능이 없으면 실현되지 않는 망상이나 공상에 불과한 것이죠. 초중등학교에서 터득하는 많은 외적 기능들이 실은 아이들을 자라게 만듦을 비고츠키 교육학을 통해 이해할 수 있습니다.

3. ZPD 창출의 열쇠: 관계가 먼저다

"괜찮을 줄 알고 해봤는데 반응이 왜 이렇지?" 하는 상황이 종종 있습니다. 다른 데서, 다른 사람이 잘되었다고 해서 그것이 곧 우리 교실 상황에 맞는 것은 아닙니다. 심지어 이 반에서는 괜찮았는데 저 반에서는 영 아니다 싶은 경우도 허다합니다. 대체적으로 좋다고 할 만한 것은 있을지 몰라도 절대적인 수업 방법이나 기법, 소재는 없는 법입니다. 그렇다면 무엇이 핵심일까요?

기법과 소재 이전에 우선적인 것은 '관계'입니다. 비고츠키 교육학에서는 사회적 관계와 환경이 문화적 발달의 원천이라고 봅니다. 즉 인간은 관계 속에서 '나'로 발달해간다고 강조합니다. 따라서 교수-학습이 발달을 지향하는 의식적 행위라면 관계의 성격이 가장 중요합니다. 적대적, 대립적 관계에서는 발달은커녕 수업 자체가 성립되지 않습니다. 경험적, 상식적으로도 이는 당연한 일입니다. 교수-학습의 역동적 관계를 교사가 먼저 의식해야 합니다.

교육적인 관계 구축에서 관건이 되는 것이 바로 교사의 '발달에 대한 이해'입니다. 교수-학습의 장면을 떠나서 학생의 어떤 행위를 발달적 관점에서 진단하지 않으면예컨대, 선생님 앞에서 욕을 하거나 반말을 할 때, 이것이 반항하느라 그러는 것인지 기능의 미발달로 인한 부적절한 행동인지 겉만 보고는 판단하기 어려운 경우가 허다, 그다음 단계가 성립하기 어려우며 관계도 나빠지게 됩니다. 올바른 관계란 온정주의적인 이해를 기반으로 한 '좋은 관계'를 넘어서는 것입니다. 상호 이해와 소통이 가능한 '협력'의 관계가 발달을 위한 관계입니다. 즉 발달이라는 지향을 함께 가지고 교수-학습을 해나가는 관계를 구축하는 발달을 이끄는 교수-학습 과정이 근접발달영역 창출의 핵심입니다.

따라서 '학습자와의 관계'라는 변수가 고려되지 않으면 아무리 좋은 기법과 소재도 무의미하기 십상입니다. 교사의 스타일에 맞지 않고 학습자 집단의 상황에 맞지 않으면 근접발달영역을 창출하는 데 실패하게 됩니다. 이런 점에서 발달 단계와 발달 상황에 대한 이해는 매우 중요합니다. 모든 교사들은 새로운 아이들을 만날 때마다 느낍니다. 다만 의식적으로, 체계적으로 이를 자기화하지 않았을 뿐입니다.

잠재적이고 비의식적으로 이루어지던 근접발달영역의 창출을 좀 더 의식적, 의지적으로 창출하는 것으로 나아가야 합니다. 어찌 보면 근접발달영역 창출은 일상의 교수-학습 과정에서 늘 일어나는 일입니다. 대부분이 아이들이 이해할 수 있는 언어로 설명하려 하거나 이해를 돕기 위한 예시 도입을 궁리합니다. 다만 이를 의식하지 못하면서 체계적인 노력이 어려웠을 뿐입니다. 그러나 학습자의 발달 상황을 이해하면서 보다 의식적으로 근접발달영역을 창출하고자 노력한다면 상황은 크게 달라질 것입니다. 이것이 바로 '개념'의 힘이 아닐까요. 또한 협력적 관계 형성에 방해가 되는 조건이나 요소들에 대한 교사 스스로의 분석과 이를 헤쳐 나가는 실천, 이를테면 교과서의 양과 난이도를 학습자에 대한 진단을 기초로 재구성하는 등의 실천이 동반될 때 더욱 의미 있는 개선으로 나아갈 수 있을 것입니다.

4절 교과 교육, 왜 해야 하나?
-형식도야론과 전이의 문제

1. 교과의 '쓸모'를 도대체 어디서 찾아야 하나?

교수와 학습의 올바른 결합을 도모해야 발달에 의미 있는 교육이 됩니다. 지금까지의 경험에서 보면, 고교선택제 이후 일부 일반계고에서 수업 진행 자체가 어렵다는 한탄이 나오는 것은 어찌 보면 근접발달영역과 오브체니라는 개념에 비추어 보면 너무나도 당연한 결과입니다. 제대로 된 상호작용을 할, 교육적 관계를 형성할 토대가 없이 진도 나가기가 바쁜 현실에서 '발달을 이끄는 교수-학습'은 한가한 이야기라는 소리가 나올 만합니다. 이게 우리 교육 현실의 교수와 학습의 결합 양태입니다. 이런 상황에 처하면서 강화되는 것이 바로 '반지성주의'입니다. '실용주의'적 관점에 입각한 교육과정 구성입니다. 실제로도 교과 교육, 지식 교육, 심지어 학교에 대한 회의가 만연한데, 비고츠키 교육학에서는 교과 교수-학습을 금과옥조에 버금갈 정도로 중시합니다. 과연 무슨 생각으로 교과 교육과 학교를 이토록 중시하고 강조한 것일까요? 이번 절에서 살펴볼 문제입니다.

"국어, 영어, 수학…… 아이들의 흥미와 무관해 보이는 교과들. 아이들의 흥미에 따라 구성하면 좋지 않을까? 미적분, 분자가 뭔지 원자가 뭔지 가르쳐봤자, 써먹을 데도 없는데…… 실용적인 것, 흥미로운 것으로 교육과정을 재구성해야 하는 게 맞지 않을까? 어차피 이 중에 대부분은 몸으로 먹고 살아야 하는 거 아닌가?"

교육과정을 두고 전통주의와 실용주의는 항상 갈등을 해왔습니다. 교사들도 늘 '나 안의 나'와 싸웁니다. 비고츠키 교육학은 어떤 입장일까요? 놀랍게도 '전통주의'에 가까운 입장을 피력합니다. 과연 왜 그랬을까요? 나아가, 교과의 '쓸모'를 우리는 과연 어디서 찾아야 하는 것일까요?

2. 형식도야론을 비판적으로 수용한 비고츠키

'형식도야론'은 전통적인 교과 정당화 논리로서 교과를 통한 훈련이 기억, 주의, 이해 등 일반적 형식으로 '전이'된다고 주장합니다. 하지만 가장 중요한 근거인 전이는 신비화된 채로 남겨져 있습니다. 물론 전이에 대한 신봉이 비과학적이고 과도한 측면도 있습니다. 특정 교과를 훈련한다고 해서 모든 기능으로 다 전이되는 것은 아닙니다. 수학을 잘하는 능력과 외국어를 잘하는 능력은 상관관계는 있을지 모르나 백 퍼센트 일치하지는 않습니다. 그렇다고 해서 전이 자체를 부정하지는 못하는 것이 현대 교육학의 상황이기도 합니다. 그런데 이 '전이'의 문제를 가장 깊게 파고든 학자가 비고츠키입니다.

전통적인 도야론에 대한 비판과 반격을 살펴보겠습니다. 먼저 손다이크라는 학자의 주장입니다. 손다이크는 "구구단이 배우자를 잘 선택하는 데 또는 이야기를 더욱 잘 이해하는 데 영향을 미치는가?"라는 식으로 형식 교과 학습의 실효성_{일반 능력의 형성}에 문제를 제기합니다. 여러 가지 실험으로 교수가 발달에 영향을 미치거나 연쇄적 결과를 낳지 않음을 보이고자 노력함으로써 '전이'를 부정하고자 했습니다. 예컨대, 선분의 길이를 분별하는 학습을 실험 대상자들에게 시킨후 각도의 차이를 구분하는 능력에 어떻게 영향을 미치는지 실험하는 식이었습니다. 그러고는 둘 사이에 상관관계가 별로 없으므로 '전이는 없다'는 결론을 이끌어냅니다. 비고츠키는 이에 대해 비판합니다. '지각'에 의한 측정은 '저차적 기능'에 대한 실험에 불과한 것인 반면 학교에서의 교과 학습은 고차적 기능들과 관련된다고 지적합니다. 원래부터 전이의 영역이 아니었다는 것입니다.

> (손다이크는) 형식 교과 이론을 과도하게 희화화함으로써 형식 교과 이론이 발달시켜온 학교 학습과 발달 사이의 의존성을 완전히 부정하는 데 성공하였다.
> (중략) 학교의 학습은 고차적 심리기능들과 관련되어 있다. 손다이크는 고차적 기능의 활동과 연결된 학교 학습 영역에서의 형식 교과의 문제를 온전히 기초적 바탕을 과정으로 한 학습의 사례를 통해 스스로가 해결했다고 생각한 것이다._{『생각과 말』, pp. 450~451}

한편 20세기 교육학을 주도한 학자 중 한 사람인 듀이 역시 전이에 대해 상당히 부정적이었습니다. 듀이는 반복적 연습을 통한 형식의 훈련이라는 전통적 교육 방식 그리고 전통 교과_{심지어 죽은 언어인 라틴어}의 내용은 실제 삶과 유리되었다고 비판합니다. 나아가 전이 자체를 아예 부정합니다. 듀이가 생각한 전이는 학교에서 배운 것이 실생활 능력으로 발휘되느냐의 문제에 집중되었습니다. 전이에 대한 실용주의적 해석이라고 보면 될 듯합니다. 학교에서 배운 지식이 아무 '쓸모'가 없다고 듀이는 비판했습니다.

그러나 비고츠키는 놀랍게도 진보주의로 불리는 듀이의 입장과 상반될 뿐 아니라 도리어 전통주의자들의 견해를 수용하기까지 합니다. 물론 비고츠키는 고스란히 수용한 것은 아니었습니다. 형식도야론의 긍정적 측면을 비판적으로 수용했습니다. 비고츠키는 '형식 교과'라는 개념은 보수적인 교육과정예를 들면 죽은 언어를 교수과 연결되어왔지만 그것이 품고 있는 아이디어는 진보적인 교육과정이었고 더 높은 수준에서 다시 검토할 가치가 있다고 여겼습니다.

그 이유는 학교에서의 교과 교수-학습이 인간의 고등정신기능 발달과 '모종의 관계'가 있다고 파악했기 때문입니다.

3. 교과 학습을 통한 '의식의 고양'

비고츠키 교육학에서 의식의 고양이라 함은 의식적이고 의지적으로 어떤 심리기능을 수행한다는 의미입니다. 즉 주체적이 된다는 뜻입니다. 신발 끈을 묶을 때, 손을 씻을 때 우리는 그 행동에 대해 무의식적이지는 않습니다. 하지만 그 행동을 하는 나의 머릿속 작용에 대해서는 의식하지 않는 경우가 거의 대부분입니다. 거의 자동적으로 이루어집니다. 의식 고양은 이와 반대입니다. 자신의 생각에 대한 의식을 가지는 것, 의식과 의도를 가지고 행하는 상태입니다.

예를 들어, 학교에서 글말 학습을 통해 어린이는 어떻게 달라질까요? 어린이는 일상 속에서 자연스럽게 언어의 영역에서 어떤 기능들을 숙달했지만 그는 자신이 그 기능을 숙달했다는 것을 알지 못합니다. 비의지적, 무의식적인 사용 상태입니다.

어린이는 특히 글말과 문법 덕분에, 자신이 학교에서 하는 것을 의식적으로 파악하고 자신의 기능을 의도적으로 사용하는 것을 배운다. 어린이의 능력은 무의식적, 자동적인 측면에서 의지적, 의도적, 그리고 의식적인 측면으로 이동한다. 글말과 문법에 대한 교수-학습은 이러한 과정에서 근본적인 역할을 한다.

(중략) 모든 기본적인 학교 교과목에 대한 우리의 다른 모든 연구들은 우리를 동일한 결론으로 이끈다는 사실을 밝히고자 한다. 즉 교수-학습이 시작될 때 생각은 성숙되어 있지 않다. 그러나 이제 우리의 연구를 토대로 더 본질적인 결론을 맺을 수 있을 것이다. 학교 교수-학습을 심리적 측면에 따라 검토했을 때, 우리는 그것이 지속적으로 학령기의 기본적 신형성인 의식적 파악과 숙달을 축으로 돌고 있음을 볼 수 있다. 우리는 다양한 교수-학습의 교과들이 어린이의 심리 속에서 공통된 토대를 가지고 있고, 이러한 공통된 토대는 학습의 경로와 과정을 통한, 학령기의 이 근본적인 신형성의 발달과 성숙이지만 시작과 더불어 그 주기가 완성되지는 않는다는 것을 확립할 수 있을 것이다. 학교 교수-학습을 위한 심리적 기반의 발달은 교수-학습을 앞서지 않고, 그들은 교수-학습의 진전의 경로 속에서, 그와 분해 불가하며 내적인 연결 속에서 발생한다. 『생각과 말』, pp. 470~471

학교에서 이루어지는 교과 학습에서는 '의식적으로 할 것을 요구'합니다. "얘야, 정신 차려!"라고 할 때도 교과 교수-학습 과정에서 교사들은 교육과정을 매개로 아이들에게 의식적인 것을 끊임없이 주문하는 셈입니다. 굳이 말로 하지 않아도 자신의 의식 과정을 의식적으로 수행하지 않으면 안 되게끔 수업은 진행됩니다. 물론 이도 연령, 발달 단계에 따라 다릅니다. 이는 후에 살펴보겠습니다.

4. '전이'와 교육과정의 체계적 구성 : 분과냐 통합 교과냐, 경험이냐 지식이냐

기존의 혹은 널리 퍼진 '전이' 관념의 한계와 문제를 먼저 짚어보겠습니다. 많은 경우 전이에 대한 이해는 주로 적용 능력에 국한됩니다. 주로 A라는 상황에서 배운 것이 이와 비슷하나 다른 B 상황에서도 의미가 있는가라는 것입니다. 즉 '어떤 기능이나 지식의 실용적 장소 이전'을 의미합니다. 예컨대 학교에서 배운 지식이 구체적 상황, 실생활에서도 쓸모가 있느냐의 문제를 주로 보는 것입니다. 학교 교과 교수-학습 상황에서는 방정식을 푸는 법을 배웠는데 활용 문제를 풀 수 있는가를 전이로 간주합니다. '지도도 잘 못 보는데 지리는 배워서 뭐해.' 이런 식입니다. 가정 시간에는 요리와 바느질을 가르쳐야지…… 등등 많습니다. 도덕을 배웠으면 도덕적 행동이 즉각적으로 나타나야 그 학습이 실효성이 있다는 전제입니다. 이러한 전이 개념에 한정되면 반지성주의, 실용주의, 경험중심주의로 나아가게 됩니다.

비고츠키 교육학에서의 전이를 살펴보겠습니다. 이미 배운 용어인 내재화와 앞으로 배울 용어인 '신형성발달의 과정 속에서 새롭게 형성되는 정신기능. 예를 들면 입말을 알던 어린이가 글말을 하게 되면 새로운 기능인 글말은 신형성'과 관련이 있습니다. 비고츠키는 '기능의 내재화 과정'의 결과로서 새롭게 형성된 고차적인 기능, 즉 '신형성'을 설명할 때 전이라는 말을 사용합니다. 내면화는 '문화적 발생의 일반 법칙'으로 표현되는 것으로서, '외부에서 내부로', '사회에서 개인으로'라는 표현은 모두 내면화의 과정을 의미합니다. 현재 개인의 것이 된 어떤 기능은 한때 타인과의 협력 과정에서 수행하던 것으로서 내면화를 통해 이룩된 것입니다. 그 과정에서 사회(문화역사)적인 것이 개인화되는 일이 일어나는데, 이를 두고 비고츠키는 '전이'라고 지칭합니다. 즉 '신형성'이 있다면 그것은 어떤 정신기능이 외부에서 내부로, 사회에서 개인으로 '전이'된 것이라는 겁니다.

전이에 대한 좁은 이해 혹은 오해는 왜 생기는 것일까요. 고등정신기능의 총체적 연결을 이해하지 못하기 때문입니다. 비고츠키가 전이가 일어나는 영역으로 주로 본 것은 고등정신기능입니다. 왜냐하면 총체적으로 연결되어 있는 고등정신기능 영역에서는 기능들의 전환과 위치 바꿈, 즉 '전이'를 통해 발달이 진행되기 때문입니다. 각 기능들의 관계의 '체계'라는 고등정신기능의 '총체성'이 전제되어야 체계 내에서 기능의 전환, 위치 바꿈과 그를 통해 기능 체계의 질적 변화가 비롯된다는 것을 이해할 수 있습니다. 연결되어 있기 때문에 '전이'가 가능한 것이고, 전이를 통해 '질적 변화'가 일어납니다.

그렇다면 발달에 있어서 가치가 높은 교육 활동을 생각하지 않을 수가 없습니다. 우리의 주제는 '교육과 발달의 관계'니까요. 읽기는 읽기 기능일 뿐 다른 것과 관련 없다는 것이 손다이크의 주장, 즉 모든 것은 모든 것과 관련이 없다는 식이라면 모든 것을 다 배워야 한다는 결론에 도달하게 됩니다. 반면 비고츠키는 "문해는 기억, 주의, 이해를 전제로 한 것이다"라는 것입니다. 즉, 읽기는 그 토대가 되는 정신기능들을 필요로 합니다. 쓰기, 문법, 산수, 자연, 사회도 마찬가지입니다.

공통의 토대가 되는 정신기능들을 통해 이들은 연결되어 있으며, 그에 따라 전이의 가능성을 부여받게 됩니다.

마지막으로 교육과정 구성 원리로서의 '전이'입니다. 고등정신기능 발달에 대한 과학적, 실제적 분석은 분과 체제를 기본으로 주제 학습을 결합하는 것이 올바르다는 것으로 이어집니다. 분과 체제는 유의미합니다. 왜냐하면 각 교과의 내용은 현실을 여러 측면에서 바라보는 안목들_{양. 관계, 시간, 공간 등의 범주들}을 의미하기도 합니다. 이러한 안목들은 하나의 주제나 대상을 보면서 또한 체계적으로 결합되어야 의미를 가집니다. 훌륭한 교수-학습임을 전제로 문법을 100점 맞았다고 해서 반드시 동시에 산수도 100점, 음악도 100점, 사회도 100점이 보장되는 것은 아닙니다. 즉 서로 연결되어 있고, '전이'가 일어난다 하더라도 절대적 상관관계일 수는 없습니다. 다만 일정한 연관일 뿐입니다. 각 교과들의 학습에 필요한 혹은 학습을 통해 형성되는 공통의 심리적 토대가 있으며 이 측면을 통해 '전이'가 이루어진다고 보지만, 각 교과는 또한 정신 발달에서 각각의 독자적 의미를 지닙니다. 구체적 각 교과의 내용은 세계에 대한 다른 측면에서의 과학적 활동을 통한 지식입니다. 지식 교과로 분류되는 과목들은 특히 그러합니다. 수학은 논리적·추상적 사고와, 사회는 관계적 사고와, 지리는 공간적 사고와, 역사는 시간적 사고와 관련이 됩니다. 따라서 각 교과의 지식 체계가 주로 내포하는 범주를 내재화함으로써 인간적 사고의 다양한 측면들을 숙달하고 이것을 '주제' 학습을 통해 실현_{종합의 과정}해보는 것이 필요하다고 봅니다. 즉, 일정한 분과적 교과 학습과 이를 통합하는 주제 학습을 적절히 결합하는 것이 타당할 것입니다.

이와 관련해서 핀란드의 교육과정을 참조할 만합니다. 핀란드는 중등 후기, 즉 고등학교 시기의 공식적 교육과정에 현대 사회의 여러 문제를 다루는 '주제 학습'을 포함하고 있습니다. 분과 체제와 통합적 주제 학습이 공존하는 형태죠. 중등 초중기에 통합 교과 체제로 갈 경우 지식의 습득과 기능적 숙달이 이루어지지 않을 위험성이 크다고 보면 될 것입니다. 역시 발달을 고려한 교육과정은 어려우면서도 중요한 숙제입니다.

5절 일상적 개념과 과학적 개념의 결합

개념적 사고 형성은 비고츠키 교육학의 중심 문제로서 인간의 지성화뿐만 아니라 심미적 정서와 윤리적 감성 형성의 핵심적 계기로 간주됩니다. 지적 과정이 생략된 행동주의적 방식과 당위성에 입각한 도덕성 교육은 그 토대가 미약하기 마련이며, 지적 과정이 생략된 채 즉각적 느낌과 기술적 표현에 치중하는 예술 교육은 기능 숙달에 머무를 가능성이 큰 것입니다. 비고츠키 교육학에서는 개념적 사고는 일상적 개념과 과학적 개념의 (변증법적) 통일을 통해서 발달함을 강조합니다.

1. 일상적 개념과 과학적 개념

개념적 사고 형성과 관련하여 비고츠키가 확증한 중요한 사실은 '진개념'이 형성되려면 일상적 개념과 과학적 개념이 결합되어야 한다는 것입니다. 일상적 개념은 어린이가 스스로 일상생활에서 자연스럽게 습득해가는 개념이며, 과학적 개념은 학문과 이론 등에 의해 체계화된 개념입니다. 일상적 개념이 자연발생적 성격을 지닌 반면 과학적 개념은 비자연발생적이고 의식적인 성격을 갖습니다. 전자가 나무, 의자, 꽃, 형제와 같이 어린이가 이미 잘 알고 일상생활에서 무의식적으로 자연스럽게 사용하는 개념이라면, 후자는 대수, 사회구조, 아르키메데스의 원리와 같이 체계적인 교수-학습을 통해 언어적 정의로부터 도입되는 개념입니다.

과학적 개념의 본질적 속성 중 하나는 그것들의 구조, 즉 개념들이 위계적 체계로 조직된다는 사실입니다. 과학적 개념의 위계적 구조를 내재화하게 될 때, 생각 활동은 보다 체계화, 논리화되면서 새로운 차원으로 확장됩니다. 일상적 개념과 과학적 개념의 특성을 간략하게 비교, 정리하면 다음과 같습니다.

일상적 개념과 과학적 개념

	일상적 개념	과학적 개념
발생	자연발생적 (일상적 삶의 경험에서 형성)	비자연발생적(과학적 지식 체계를 교수-학습하는 과정에서 형성) 언어적 정의로부터의 시작
발달 노선	기초 → 고등정신기능 사물 → 개념 (즉각적으로 사물을 접하는 데서 시작) 구체적 경험 → 의식적 파악, 의지	고등 → 기초정신기능 개념 → 사물 (대상에 대해 매개된 관계로부터 시작) 의식적 파악, 의지 → 구체적 경험
구조의 특성	비의식적, 비의지적, 비체계성 대상을 향한 주의	의식적. 의지적. 체계성 생각의 작용을 향한 주의
내적 관계	과학적 개념 통해 상향 발전	일상적 개념 통해 하향 발전 일상적 개념 발달 수준에 의존
강점	풍부한 경험적 내용, 구체적 적용	추상적 조작, 논리적 체계화 개념의 고차적 특성(의식적 파악, 의지)
약점	추상화, 탈맥락화 어려움 논리적 모순 피하는 능력 결핍	구체성에 침투 어려움 빈곤한 경험적 내용
유추	모국어, 입말	외국어, 글말

손지희, 「비고츠키와 한국 중등교육」, 『왜 비고츠키인가?』(한국문화연구학회 교육문화 워크숍 자료집), 2012.

비고츠키가 이 두 개념을 구분한 것은 개념 발달의 경로를, 즉 그 내적 운동 과정을 과학적으로 분석하기 위한 방법론적 차원에서였습니다. 일상적 개념으로 혼용되어 사용되던 '꽃'과 '장미'가 〈식물-꽃-장미-흑장미〉라는 과학적 개념 체계로 재구성될 때 우리는 다양한 대상과 현상들을 보다 체계적이고 논리적으로 이해할 수 있게 됩니다. 또한 "저 꽃은 어떤 종류의 꽃이지?"라면서 그동안 일상생활에서 별다른 생각 없이 지나치던 것들도 좀 더 의식적으로 바라보게 됩니다. 이를 두고 비고츠키는 "과학적 개념은 의식적 고양의 문을 열어젖힌다"『생각과 말』, p. 427라고 말합니다.

2. '체계적인 교수-학습'과 개념적 사고의 발달

비고츠키에 따르면, 과학적 개념의 문제는 본질적으로 학습과 발달의 문제입니다.『생각과 말』, p. 411 왜냐하면 과학적 개념 형성은 학교교육에서 "어린이와 어른(교사)의 체계적 협력"을 통해서만 이루어지기 때문입니다. 어린이가 학교에 입학할 때 그들은 이미 많은 일상적 개념들, 즉 학교 수업의 맥락 밖에서 획득한 개념들을 알고 있습니다. 그러나 개념적 사고의 발달은 그러한 일상적 개념을 양적으로 누적한다고 되는 것이 아니라 과학적 개념에 대한 체계적 학습의 도움을 받아 의미 구조의 체계를 획득해나갈 때 가능합니다. 그러므로 체계적인 교수-학습은 어린이의 개념 발달을 이끄는 강력한 도약대라고 할 수 있습니다.

어린이가 일상생활에서 비의식적으로 사용하던 개념을 의식의 대상으로 삼게 되는 것은 그것을 과학적 개념으로 다룰 때인데, 이는 언어적 정의, 곧 의미 체계의 도입에서 비롯됩니다. 일상생활에서 '물건'이라는 낱말을 별 의식 없이 사용하던 아이가 과학 시간에 '물체'와 '물질'이라는 과학적 개념을 배움으로써 익숙하게 사용하던 '물건'이라는 낱말을 '물체'와 '물질'이라는 개념어에 견주어 의식적으로 생각하고 사용하게 되는 것입니다. 과학적 개념의 획득은 어떤 추상적 개념을 새롭게 이해하는 것 자체로 그치지 않으며 자연스럽게 무의식적으로 사용하던 일상적 개념에 대한 의식적 파악과 이해를 높이게 됩니다. 둘은 서로 연관되면서 서로를 심화시킵니다.

일상적 개념과 과학적 개념 간의 독특한 발달 경로에 관한 비고츠키의 논의는 학령기 개념 발달에 관한 쉬프shif라는 학자의 실험 연구를 토대로 하고 있습니다. 쉬프는 2학년과 4학년 학생들에게 '왜냐하면~'과 '비록 ~하지만'을 포함하는 짧은 문장을 완성하는 과제 제시 후 임상적 인터뷰를 실시했습니다.

'왜냐하면~'은 어린이들이 인과관계를 얼마나 이해하는지를 묻는 것이라 할 수 있습니다. 그런데 일상적 개념과 과학적 개념을 비교해 보면 통상적 예상과 달리 2학년 어린이들은 일상적 내용의 문장을 완성하는 것을 과학적 내용의 문장을 완성하는 것보다 더 어려워함을 볼 수 있습니다. 예를 들면, "그는 자전거를 타다 넘어졌다. 왜냐하면……"이라는 문장에 "그는 자전거를 타다 넘어졌다. 왜냐하면 (넘어졌기 때문이다)"라는 식으로 인과관계를 설명하지 못한 채 문장을 완성합니다. 왜 이러한 현상이 나타날까요? 그것은 과학적 개념을 묻는 문장은 설사 제대로 이해를 못한다 하더라도 학교에서 배운 것을 써넣어서 완성하는 반면, 일상적 개념을 묻는 문장을 제대로 완성하지 못하는 것은 실제로는 상황을 훨씬 구체적으로 이해하고 있지만 평소 의식적으로 인과관계를 생각하지 않고 지내기 때문입니다. 그래서 막상 의식적으로 문장을 완성하려면 학교에서 배운 것보다 더 어려운

■학령기 과학적 개념 발달과 일상적 개념 발달의 비교 연구-쉬프Shif

'왜냐하면~' 또는 '비록 ~하지만'을 포함하는 짧은 문장을 완성하는 과제 제시 후 임상적 인터뷰

• 과학적 개념: 초등학교 2학년과 4학년 사회과Civics에서 발췌
  (예) "소련에서 계획경제가 가능하다. 왜냐하면……."
     "비록 ……하지만, 아직도 신을 믿고 있는 노동자들이 있습니다."

• 일상적 개념: 일상생활의 단순한 상황 기술
  (예) "그는 자전거를 타다 넘어졌다. 왜냐하면……."
     "그 소녀는 비록 ……하지만 아직 읽지 못한다."

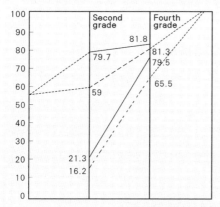

미완성 문장의 완성 비율(%)

문장 \ 구분	학년	2학년	4학년
왜냐하면~	과학적 개념	79.7	81.8
	일상적 개념	59.0	81.3
비록 ~하지만	과학적 개념	21.3	79.5
	일상적 개념	16.2	65.5

〈결과〉

• 2학년
과학적 영역: 정확한 대답 그러나 전형적인 설명.
일상적 영역: 정확한 대답 비율 낮고 덜 전형적이나 설명 어려워함.

• 4학년
과학적 대답에서 도식적인 측면 사라지고 주제 문제 완벽하게 이해.
⇒ 두 발달 곡선이 병합되는 시기.

『생각과 말』, p. 495.; R. W. Rieber & A. S. Carton, 『The Collected Works of L. S. Vygotsky』 vol. 1, 1987, Plenum Press, p. 214.

것입니다.

그런데 4학년에 이르면 과학적 내용의 문장 완성 비율은 완만하게 증가하는 반면 일상적 내용에 대한 문장 완성 비율이 급격히 증가하여 과학적 개념과 일상적 개념을 묻는 문장의 완성 정도에 차이가 없어집니다. 여기서 우리는 의외의 특징적 사실을 알 수 있습니다. 과학적 개념에 대한 이해는 조금씩 전진해가는 반면 학교에서 과학적 개념을 배우면서 일상적 현상에 대한 논리적 이해는 급격하게 높아진다는 것입니다. 그것은 아이들이 과학적 개념을 배우면서 형성된 논리적 사고력을 일상생활에도 적용하기 때문입니다. 그에 비해 과학적 개념 발달은 그것을 이해할 수 있는 토대인 아이들의 경험과 언어 발달 속에서 서서히 전진해갑니다.

쉬프의 연구는 단지 과학적 개념과 일상적 개념 발달의 차이를 보여주는 것을 넘어서서 사고 발달에 대한 과학적 개념 학습의 의의를 보여줍니다. 평소 일상적 상황에서 비논리적이고 무의적으로 사고하던 것이 과학적 개념 학습을 통해 논리적이고 의식적인 것으로 급격히 변화된다는 것입니다. 과학적 개념 학습은 평소의 생각구조(일상적 개념), 즉 기본적 생각구조를 재구조화한다는 것을 쉬프의 연구를 통해 알 수 있습니다. 이러한 사실은 성인이라 하더라도 과학적 개념 학습을 받지 않을 경우 논리적, 의식적 사고구조가 형성되기 어렵다는 사실과 비교할 때 더욱 명확해집니다.

다음은 비고츠키의 제자인 A. R. 루리야가 1931~1932년 우즈베키스탄 등 오지에서 인지구조에 관한 현장 조사를 실시하면서 오지의 성인들에게 제시했던 삼단논법 질문입니다.

1. 북극은 눈이 있는 곳이고 모든 곰의 털은 흰색이다.
   노바야젬랴는 북극에 있다.
   노바야젬랴에 있는 곰의 털은 (   )색이다.

2. 무명은 덥고 건조한 곳에서 잘 자란다.
   영국은 춥고 습한 곳이다.
   무명은 영국에서 (① 잘 자란다 / ② 못 자란다)

올바른 답은 '흰색'과 '못 자란다'입니다. 그런데 학교에서의 학습 경험이 없었던 피험자들은 많은 경우 "가보지 않은 곳이라서"라거나 "본 적이 없어서 알 수 없다"고 대답합니다. 때로는 "가본 사람에게 물어봐라"면서 화를 내기도 합니다.

또 다른 질문도 있었습니다. '유리잔-냄비-안경-병' 그림을 보여주고 "이들 중에서 어울리지 않는 것을 하나 골라보세요"라는 질문을 던집니다.

아마도 대부분의 사람들은 그릇(용기)에 속하지 않는 안경을 택할 것입니다. 또는 재질이 전혀 다른 냄비를 택하기도 하겠지요. 그러나 학습 경험이 없었던 성인들은 "여기에 어울리지 않는 게 뭔지 모르겠어요. 아마도 ……병이겠네요. 그렇지요? 유리잔으로는 차를 마실 수 있어요. 그건 유용한 것이지요. 안경도 유용하지요. 그런데 병에 보드카가 들어 있다면, 그건 나쁘지요"와 같은 대답들을 합니다.

위 실험에서 학습 경험이 없었던 성인들은 '복합체적 사고'에 머물러 있습니다. 삼단논법에서 제시된 세 문장 간의 논리적 추론을 하기 어려워했으며, 제시된 여러 물체들을 비교하면서 공통의 속성을 잘 파악하지 못했습니다. 대신에 자신이 본 것이나 직접 경험한 내용이 이해의 기준이 됩니다. 이 실험은 성인이라 하더라도 체계적인 학습을 하지 않을 경우 개념적 사고가 형성되지 않는다는 사실을 잘 보여줍니다. 개념적 사고는 추상적 사고가 가능한 일정한 발달 단계를 조건으로 할 뿐 아니라 체계적 학습을 통해서만 이루어질 수 있습니다. 포유류라는 개념을 알지 못한다면 고래는 아무리 봐도 '물고기'일 수밖에 없습니다.

학교에서 이루어지는 교사와의 체계적 협력을 통한 교수-학습은 어린이에게 과학적인 방식의 생각을 도입함으로써 개념적 사고를 발달시킵니다. 교사는 수업을 통해 학생들을 인과적 생각으로 인도하고 인과적 주장과 설명에 익숙해진 학생들은 과학적 사고추상에서 체계와 논리를 이해하게 되며 이러한 생각 방식을 일상적 삶구체에도 확장하게 됩니다. 요컨대 체계적인 교수-학습이 학생들의 개념적 사고 발달을 선도하는 것입니다.

3. 일상적 개념과 과학적 개념의 결합과
　　근접발달영역 창출

과학적 개념은 잘 구워진 비둘기 고기들이 하늘에서 떨어지듯이 완결된 형태로 어른의 생각 영역에서 어린이에게 전달되고 채택되는 것이 아닙니다. 어떤 과학적 개념을 이해할 수 있는 내용적 토대를 일상적 개념과 경험에서 가지고 있어야 하며, 교사와 어른은 어린이나 청소년이 이해할 수 있는 방식으로 이를 재구성해야 합니다. 과학적 개념은 일상적 개념의 성숙을 토대로 하며 그 풍부한 경험을 과학적 개념에 흡수해나감으로써 발달합니다. 따라서 과학적 개념이 일상적 개념의 발달 수준을 고려하지 않은 채 주어질 경우 '기계적 모방'이나 '피상적인 언어적 정의'에 그치게 됩니다.

풍부한 일상적 개념을 갖고 있는 어린이에게 교사는 과학적 개념, 즉 서로 연결된 전체로서 개념을 가르칩니다. 이러한 과정에서 일상적 개념과 과학적 개념의 두 발달 노선의 통합이 이루어지고, 이것이 곧 근접발달영역의 창출이라고 할 수 있습니다. 어린이의 구체적 경험과 교사가 설명하는 추상적 낱말의 연결! 이 과정에서 어린이는 특정 개념으로 일반화할 수 있는 생생한 현실, 구체적인 사례를 알아야 하고 그 개념 옆에 같은 수준으로 놓일 수 있는 또 다른 개념을 습득하며, 그 개념을 추상화한 상위 개념도 알게 됩니다.

일상적 개념은 과학적 개념과 만나 서로 상호작용하면서 발달의 다음 영역을 창출합니다. 일상적 개념은 과학적 개념을 통해 의식적 파악의 대상이 되며 추상적으로 상승하고, 과학적 개념은 일상적 개념과의 연결을 통해 구체적으로 상승_{변증법에서는 '추상에서 구체로 상승'하는 것으로 봅니다.}합니다. 즉 일상적 개념과 과학적 개념은 서로 상호작용하면서 '추상에서 구체로', '구체에서 추상으로'의 나선형적 상승 과정을 이루어나가는 두 계기점이라 할 수 있습니다.

> 우리 가정에 따르면 가장 순수한 형태의 비자연발생적 개념인 과학적 개념은 …… 발달의 실제 경로에 있어 앞뒤로 수시로 움직이기 때문이다. 우리가 미리 어떤 가정을 세워야 한다면, 이 가정은 자연발생적 개념과 과학적 개념의 발달이 밀접하게 연결된 과정이어서 이들이 서로 지속적으로 영향을 미친다는 것이어야만 한다. 『생각과 말』, p. 388

6절 외국어 교육과 글쓰기

최소한 하나의 외국어를 모르는 사람은 진정으로 모국어를 이해
하지 못하는 사람이다. _괴테

글말을 숙달하는 것은 어린이의 전반적인 문화적 발달에 결정적
인 전환점이 된다. _비고츠키

비고츠키에 따르면 모국어와 외국어의 발달은 언어 발달이라는 내
적 통합성을 가진 단일한 과정에 속하며 글말의 발달이라는 고유한
과정을 수반합니다. 이들은 대단히 복잡한 상호작용 속에 나타나며
그 발달 경로와 조건은 상이합니다. 마치 일상적 개념과 과학적 개념
발달처럼 말입니다.

1. 모국어 발달과 외국어 발달

외국어 발달은 모국어 발달과정을 반복할까요? 발달과정은 동일할

까요? 또는 서로 다를까요? 비고츠키는 낱말의 의미 발달에서 일상적 개념과 과학적 개념이 형성되는 최초 계기가 근본적으로 다르다는 논의를 확장하면서 외국어와 모국어 발달과정의 본질적인 차이를 다룹니다.

모국어는 어린이가 학령기 훨씬 이전부터 실제 생활에서 자연스럽게 접하면서 익히는 친숙한 언어입니다. 그러나 외국어는 일상생활 중에 빈번하게 접할 수 없는 다소 낯선 언어입니다. 그러므로 모국어는 의식적인 자각이나 의도 없이 배우게 되는 반면, 외국어는 의식적이고 의도적인 학습과 숙달 과정을 통해 배우게 됩니다. 모국어는 초보적인 언어 사용에서 고등한 음성구조와 문법 형식의 연결로 발달하고, 외국어는 그 구조와 형식을 의식적으로 습득한 후에야 자유로운 사용으로 발달합니다.

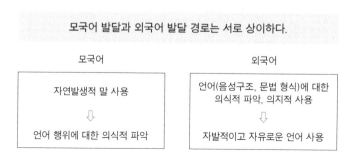

모국어 발달과 외국어 발달 경로는 서로 상이하다.

모국어	외국어
자연발생적 말 사용 ⇩ 언어 행위에 대한 의식적 파악	언어(음성구조, 문법 형식)에 대한 의식적 파악, 의지적 사용 ⇩ 자발적이고 자유로운 언어 사용

요컨대 모국어 발달과 외국어 발달과정은 서로 반대 방향입니다. 모국어의 발달은 밑에서 위로 이동합니다. 이에 반해 외국어의 발달은 위에서 밑으로 이동합니다. 모국어의 경우에 말의 기초적인 특징이 먼저 드러납니다. 그리고 모국어의 더 복잡한 형식은 모국어의 음성구조, 문법 형식에 대한 의식적 사용과 연결되어 나중에 발달합니다. 외국어의 경우에, 고등의 더 복잡한 말의 특징어형 변화, 문법적 변형이 먼저

발달하고, 이것들이 처음부터 의식적 자각과 의도와 연합합니다. 더 초보적인 말의 특징, 즉 말의 자발적이고 자유로운 사용과 연합된 특징은 오히려 나중에 발달합니다.

모국어 발달이 자연발생적인 과정을 거치는 데 반해 외국어 발달은 인위적인 비자연발생적 과정을 거친다. 획득된 개념 하나하나에 각기 상응하는 기호의 체계로서 외국어를 배우는 것이다. 그러므로 외국어의 숙달은 언어 형태의 파악, 언어 현상에 대한 일반화, 생각의 도구와 개념의 표현으로서 낱말의 더욱 의지적, 의식적 사용이라는 의미에서 모국어를 더 높은 단계로 고양시킨다. 『생각과 말』, p. 393

새로운 언어를 교수-학습할 수 있는 것은 모국어 습득에서 발생한 발달적 과정을 반복함으로써가 아니라, 오직 이전에 정교하게 다듬어진 개념, 그리고 대상들의 세계, 이 둘을 매개하는 관계에 의해서 가능하다. 그리고 개념 형성의 이 과정은 개념 체계 내에서의 자유로운 이동과 관련되고 앞서 형성된 일반화들을 일반화하는 것과 관련되며 똑같은 개념을 더 의식적으로 더 의도적으로 조작하는 것과 관련되는 사고의 완전히 다른 행위를 필요로 한다. 『생각과 말』, p. 395

모국어 발달이 자연발생적인 과정을 거치는 데 반해 외국어 발달은 인위적이고 비자연발생적인 과정을 거칩니다. 우리는 외국어를 획득된 개념 하나하나에 각기 상응하는 기호의 체계로서 배우는 것입니다. '나무'라는 개념이 먼저 있어야 'tree'라는 단어를 제대로 배울 수 있습니다. 그러므로 외국어 발달은 모국어 의미체계, 즉 발달된 단어 의미체계를 전제로 합니다. 외국어 학습의 토대가 되는 것은 어린이의 모국어에 대한 지식인 것입니다.

그런 의미에서 외국어의 숙달은 언어 형태의 파악, 언어 현상에 대한 일반화, 생각의 도구와 개념의 표현으로서 낱말의 더욱 의지적, 의식적 사용이라는 의미에서 모국어를 더 높은 단계로 고양시킵니다. 대수가 어린이를 구체적인 수량관계를 파악하는 것으로부터 해방시켜 더 추상적인 수준으로 향상시키는 것처럼 외국어의 발달은 어린이의 언어적 사고를 구체적인 언어적 형태와 현상으로부터 해방시키는 것이라 할 수 있습니다.

2. 외국어 교육의 필요성과 조기 영어 교육의 문제점

최근 몇 년 사이 미취학 아동인 유아를 대상으로 하는 영어 유치원이 우후죽순처럼 생겨나고 있습니다. 영어 유치원이 아이를 사립 초등학교나 외국인학교로 입학시키기 위한 필수 코스로 인식되면서 우리 사회에서 일정 수요를 확보하게 된 탓입니다. 실제로 전국의 영어 유치원 수는 2013년 기준 235개에 달하고 유아 대상 영어 학원 수는 306개로 이곳에서 유아들이 평균 4시간 40분의 교육을 받는다고 합니다. '영어'는 어느새 우리 사회에서 강력한 문화자본이 되어버린 것입니다.

최근에는 영어 유치원을 보내는 일이 삼천을 들여 자녀를 영어 유치원에 보낸다는 '신 맹모삼천지교孟母三遷之教'라는 말로 표현되고 있다. 이렇게 부모들이 막대한 비용을 감수하며 자녀들을 영어 유치원에 보내는 이유는 훌륭한 영어 능력을 갖출지도 모른다는 기대감 때문이다. 최근 한국개발연구원(KDI)이 발표한 「영어 교육 투자의 형평

성과 효율성」보고서에 따르면, 서울 강남 아이들의 절반(50%)은 초등학교에 들어가기 전에 영어 사교육을 시작한다.「^{영어 유치원 교육 과연 효과 있}

나? 일부 유치원서 아동 학대 논란까지 불거져」, 『투데이코리아』, 2013. 10. 4

이처럼 과도한 영어 열풍 사회에서 영어로 대표되는 외국어 교육은 왜 필요할까요? 교육적으로 어떤 의미가 있을까요? 그리고 외국어 교육은 언제 시작해야 할까요? 이에 대한 비고츠키의 논지를 따라가 봅니다.

똑같은 개념을 모국어로 표현하는 것보다 외국어로 표현하는 것은 훨씬 더 의식적이고 의도적인 생각작용이 필요합니다. 그러므로 외국어는 단지 의사소통의 도구일 뿐만 아니라 고등정신기능의 발달에 중요한 매개입니다. 그리고 이것이 비고츠키가 말하는 외국어 교육의 중요한 교육적 필요성입니다. 이런 맥락에서 "최소한 하나의 외국어를 모르는 사람은 진정으로 모국어를 이해하지 못하는 사람이다"라는 괴테의 말을 이해할 수 있겠습니다.

우리는 대수 학습이 어린이에게 모든 산술적 조작은 대수적 조작의 특정한 사례라는 것을 이해시킴으로써 어린이에게 구체적 양의 조작에 대한 더 자유롭고 더 추상적이며 더 일반화되어 있고 동시에 더욱 깊이 있고 풍부한 관점을 허용하므로 대수 학습이 어린이의 산술적 생각을 더 높은 단계로 고양시키듯이 외국어 학습은 어린이로 하여금 모국어 수준을 고양시킨다 말할 수 있을 것이다. 대수가 어린이를 구체적인 수량관계를 파악하는 것으로부터 해방시켜 더 추상적인 수준으로 향상시켰듯이 외국어의 발달은 어린이의 언어적 사고를 구체적인 언어적 형태와 현상으로부터 해방시킨다.「^{생각과 말}」, pp. 393~394

그런데 현재 한국의 외국어 교육의 실태는 어떠한가요? 공교육에서는 초등학교 3학년부터, 사교육에서는 일찌감치 유치원 시기부터 이루어지고 있는 영어 교육은 단지 실용적이고 도구적인 관점에서만 접근하고 있습니다. '내 자식이 다른 건 못해도 영어는 잘했으면.' 하는 바람에 투영되어 있는 '영어'는 의사소통 기술이라는 실용적인 면에 초점을 두고 있습니다.

영어 유치원으로 대표되는 조기 영어 교육은 '발달'이라는 관점에서 볼 때 교육적인 효과보다는 폐해가 더 큽니다. 이중 언어 환경이 아닌 경우, 두 개 언어를 동시에 강제적으로 배우게 되면 상호 경쟁으로 인해 두 언어 모두 효과적으로 받아들일 수 없습니다. 게다가 모국어보다 외국어를 지나치게 학습시키면 모국어 발달까지 지연될 수 있습니다. 실제로 영어 유치원 출신 초등학교 1학년 학생들이 교실 수업에서 교사의 설명과 지시 내용에 관한 이해와 수행 능력, 주의집중력 등이 현저히 떨어지는 현상이 감지됩니다.

최근 뇌과학의 연구 성과들은 이를 입증합니다. 연구에 따르면 만 6세까지는 전두엽이 빠른 속도로 발달하는 시기로 암기 위주의 과도한 학습은 좋지 않다고 합니다. 전두엽은 인간의 종합적인 사고와 창의력, 판단력, 주의집중력, 감정의 뇌를 조절할 뿐 아니라 인간성, 도덕성 등의 기능을 담당하기 때문입니다. 단순 반복과 암기를 강제하는 교육은 당장의 효과 자극-반응의 즉각적인 효과는 있을지 모르나 뇌의 일부 회로만 과도하게 자극하게 됩니다. 그리고 외국어 발달이 어린이의 모국어 체계에 의존함과 동시에 모국어 자체의 발달에도 영향을 준다는 점에서 두 마리 토끼를 동시에 욕심내다가 둘 다 놓치는 우를 범하지 말아야 할 것입니다.

「취학 전 조기 영어 교육 경험이 사회언어학적 능력 발달에 미치는 영향 연구」[김민진, 2012]는 조기 영어 교육의 폐해를 지적하고 있습니다. 영어 학원 재원 기간이 늘어날수록 수업 참여 방식, 말 차례, 화제 등 사회언어학적 능력sociolinguisic competence, 즉 언어 소통 능력이 낮다는 것입니다. 이는 교실 수업 현장에서 특히 영어 유치원 출신의 초등학교 1학년 학생들에게서 두드러지게 관찰되는 것이기도 합니다. 의사소통 수단인 입말의 발달 지체는 언어 이해력 부족과 사회적 관계 형성 미흡으로 나타나고 정서적 불안을 야기하며 수업 중 수행 능력과 주의집중력 부족으로 이어져 종국에는 학습 부진으로 귀결된다는 점에서 심각한 문제입니다.

그렇다면 외국어 교육은 언제 시작해야 할까요? 단적으로 말하자면, 외국어 교육은 모국어가 충분히 숙달되고 그것을 의식적으로 사용할 수 있는 단계에서 시작해야 합니다. 앞에서 살펴보았듯이 외국어 학습은 모국어의 발달 수준에 의존하며 고차적인 형태의 모국어 숙달의 길을 열어주기 때문입니다. 모국어에 토대를 둔 외국어의 발달은 언어 현상의 추상화와 언어적 조작의 의식적 파악을, 즉 의식적·의지적이 된 언어의 고차적 측면으로의 전이를 이끄는 것입니다. 도구적 측면의 일면적 강조에서 벗어나 개념적 사고 발달의 과정으로, 그리고 다양한 문화를 이해하는 통로로서 외국어 교육을 새롭게 재정립할 필요가 있습니다. 다음의 글은 외국어 공부의 진정한 즐거움을 짚고 있습니다.

외국어를 공부하는 것은 모국어에 기초한 구체적 텍스트를 상대화할 뿐만 아니라, 내 삶의 콘텍스트에 관한 통찰을 가능케 한다. 요즘 내가 일어 공부를 '자발적'으로 시작하며 피부로 느끼는 경험이다. 순수한 관심에서 이렇게 외국어를 공부해보긴 처음이다. 학창 시절 입시를 위해 억지로 영어를 익힐 때나, 독일 유학 시절 어떻게든 살아남기 위해 '데어 데스 뎀 덴'을 반복해서 외울 때와는 질적으로 다른 경험이다. 아주 사소한 문법의 차이, 혹은 한국어에는 존재하지 않는 단어를 익힐 때마다 내가 살고 있는 문화적 콘텍스트에 대한 새로운 통찰이 생긴다. 왜 이들은 이렇게 생각하고, 왜 우리는 그렇게 살고 있을까에 관해 끊임없이 생각하게 된다. 아주 즐겁다.^{김정운,}

「내가 외국어를 공부하는 이유」, 『한겨레신문』, 2012. 4. 10

3. 글말 발달과 글쓰기 교육

선생님이 나더러 글을 쓰라고 한다. 그런데 나는 정말 글쓰기가 싫다. 이렇게 쓰기 싫은 글을 왜 쓰라고 할까? 나는 강요하는 부모님도 밉고 선생님도 싫다. 진짜 싫다. 모두 모두 싫다. 나는 글쓰기가 정말 싫다. 아이고 싫어, 나 글쓰기 싫어!

요즘 아이들에게 글쓰기는 그야말로 곤욕입니다. 최근에 '자기 소개서' 등 내러티브narrative에 대한 강조로 더욱 주목받게 된 글쓰기 교육을 글말 발달이라는 관점에서 살펴보겠습니다.

비고츠키에 따르면, 글말은 언어의 대수이자 말의 가장 확장된 형태입니다. 입말은 자연적이고 비의지적으로 일상생활 속에서 익힐 수 있는 반면 글말은 의식적인 학습과 의지적인 숙달 과정을 통해 습득되고 발달하는 것이지요. 입말을 능숙하게 하는 어린이라도 글말을 능숙하게 구사하기까지는 많은 학습과 시간이 필요합니다.

그런데 글말의 습득은 입말의 습득 과정을 반복하는 것이 아닙니다. 글말을 배우는 것은 소리를 글씨로 옮기거나 단순히 쓰기 기능을 배우는 것이 아닙니다. 왜냐하면 글말 발달의 아주 낮은 단계에서조차 높은 수준의 추상화가 요구되기 때문입니다.

글말 습득은 입말 습득의 반복이 아니다.	
입말	**글말**
자연발생적 비의지적 비의식적	상징, 기호체계 추상적, 의식적 활동 고도의 추상화

첫 번째 추상화는 소리로부터 추상화입니다. 글말은 입말과 달리 물리적 재료를 갖지 않은 생각과 표상의 언어입니다. 입말을 통해 어린이가 객관적 세계에 대해 어느 정도의 추상성을 획득하였다면 글말을 통해서는 말 자체의 물리적 측면을 추상화해야 하는 과업에 당면하는 것입니다.

두 번째 추상화는 대화자로부터 추상화입니다. 글말은 대화자가 없는 담화입니다. 입말은 주어진 대화 상황을 전제로 하므로 발화 동기를 만들어낼 필요가 없지만, 글말은 대화 상황을 창조하고 사고로 표현해야 하는 것입니다. 따라서 글말은 입말보다 훨씬 자유롭고 창조적이며 의지적입니다.

글말은 내적 말의 존재를 전제로 합니다. 하지만 내적 말이 고도로 축약되고 생략으로 가득 차 있는 반면 글말은 최대한 전개되어 있으며 완성적인 형태로 표현됩니다. 왜냐하면 글말은 상대방에게 이해되려면 최대한 상황을 자세하고 명확하게 표현해야 하기 때문입니다. 입말은 무의식적으로 학습되고 사용되지만, 글말의 사용은 더욱 지성적으로 행동할 것을 요구합니다. 이런 의미에서 비고츠키는 어린이에게 글자 쓰는 것the writing of letters을 가르칠 것이 아니라 글말written language을 가르쳐야 한다고 말합니다.『마인드 인 소사이어티』, p. 185 그런데 글말에 대한 교수-학습이 시작될 때 기초정신기능들은 아직 다 발달한 상태가 아닙니다. 오히려 글말 교육, 즉 문법과 글쓰기를 배우고 익히는 과정에서 자발적 주의, 논리적 기억, 판단, 의지 등 고등정신기능이 총체적으로 작동하고 발달하게 되는 것입니다.

글말로의 이동은 지각적 사고에서 추상적 사고로의 이동입니다. 어린이는 낱말의 음성적 구조에 대해 인식해야 하며, 그것을 분해하여 의지적으로 시각적 기호로 재구성해야 합니다. 이러한 글말은 내적 말의 존재를 전제로 하면서도 내적 말과 가장 다릅니다. 내적 말이 고도로 축약되고 생략으로 가득 차 있는 반면, 글말은 최대한 자세하게 서술하고 완성된 형태로 명확하게 표현해야 하기 때문입니다. 이것이 바로 글말이 어려운 까닭이고, 이러한 글말의 의도적인 조작 과정에서 고등정신기능이 역동적으로 발달하는 것입니다. 글말을 이해하는 것은 처음에는 입말을 통해서이지만 점차 이러한 통로는 끊어지고 매개 고리로서의 입말은 사라지게 됩니다.

비고츠키는 상상적 놀이, 그리기, 글쓰기가 서로 다른 지점에서 생겨났지만 총체적인 글말 발달과정의 일부라고 간주합니다.『마인드 인 소사이어티』, p. 181 그리고 그 시초를 시각적 기호로서 어린이가 손가락으로 특정한 물건을 가리키는 제스처에서 찾습니다.

글말의 전사前史

제스처	허공에 쓴 글
낙서	연필로 보여주는 제스처의 고정
상상 놀이	대상에 이름 붙이기. 사물 글쓰기

글쓰기는 복잡한 문화적 활동입니다. 그렇다면 이러한 글쓰기를 어떻게 가르쳐야 할까요? 비고츠키는 다음과 같이 제안하고 있습니다.

① 글쓰기가 어떤 중요한 것을 위해 필요한 것으로 조직되어야 한다.
② 글쓰기가 아이들에게 의미 있어야 한다. 마음속에서 내적 필요가 생겨나게 해야 하며, 아이들 생활에 필수적이고 적절한 과업 속으로 통합되어야 한다.
③ 글쓰기가 자연스럽게 습득되어야 한다. 글쓰기를 학습이기보다는 자연스러운 발달과정으로 여기도록 환경을 조정해야 한다.『마인드 인 소사이어티』, pp. 182~185

글쓰기 교육에 관한 그의 제안은 흥미롭게도 이오덕의 '삶을 가꾸는 글쓰기', 곧 삶을 성찰하는 글쓰기 교육과 닿아 있습니다. 이오덕은 말재주와 모방이 아닌 인간을 키워가는 글쓰기 교육을 주장합니다. 아이들의 현실 경험에서 비롯된 생각의 표현, 즉 삶에 밀착된 글쓰기와 글을 쓰고 싶은 마음을 불러일으키기, 글쓰기 전 지도로 자유로운 표현이 가능한 민주적인 학급 분위기 조성, 아이들의 발달에 적합한 글쓰기 지도를 강조합니다.

아이들이 글을 쓰는 과정을 살펴보면 맨 처음 그 무엇을 쓰고 싶어 하는 마음을 갖는 것이 무엇보다도 중요하다. (……) 글을 쓰고 싶어 하는 마음은 사람마다 그 알맹이가 다르고 그 절실함의 정도가 다르다. (……) 아이들에게 글을 쓰게 하는 교사는 아이들이 이러한 '쓰고 싶은 마음', '쓰고 싶은 것'을 마음대로 붙잡아 쓸 수 있게 도와주어야 한다. 이것이 글쓰기 지도의 첫 단계이자 가장 주요한 단계인 것이다.『삶을 가꾸는 글쓰기 교육』, pp. 27~28

글쓰기는 국어과의 한 작은 갈래가 아니다. 글쓰기는 모든 교과와 삶에 이어지고, 모든 교과와 삶을 하나로 모으는 중심 교과다. (……) 삶의 문제를 생각하고, 삶의 문제를 풀어가고, 그래서 삶을 높여가는 모든 활동이 글쓰기 교육에 이어지는 것이지만, 지금 우리나라 같이 아이들이 모조리 삶을 빼앗긴 형편에서는 삶-일(놀이)하는 자체가 글쓰기 교육의 바탕이 되고 과정이 된다고 아니할 수 없다.『글쓰기 어떻게 가르칠까』, p. 70

대학 입시 논술과 입학사정관제의 도입 이후로 글쓰기가 주목받고 있습니다. 그러나 이마저도 또 하나의 입시 상품으로 전락하여 초등학생에게 논술 쓰기를 강제하는 형국입니다. 그런데 글말의 숙달은 단지 기계적이고 외적인 방법으로는 성취할 수 없습니다. 기호체계의 숙달은 아동 내부에서 복잡한 고등정신기능들의 오랜 발달과정이 축적된 결과로 이루어지기 때문입니다. '온 정신을 기울여서 한꺼번에' 자기 말로 쓰는 글쓰기는 자발적인 주체의 의지를 끌어내는 데서 시작해야 할 것입니다.

5장

인간 발달의 역동적 과정: 유아에서 청소년까지

앞서 발달을 잘 이해해야 근접발달영역을 올바로 창출할 수 있다는 논의를 한 바 있습니다. 여기서는 '발달과정'에 대해 논의하고자 합니다.

지학, 이립, 불혹, 이순, 지천명 등의 나이별 이칭 등 발달 단계를 구분하거나 그 나이에 해야 할 과업을 정하는 관습은 다양하게 있었습니다. 그런데 삐딱하게 문제를 던져 봅니다. 과연 발달 단계라는 것이 존재할까요? 구분했다면 그 이유나 근거는 무엇이었을까요? 발달과정을 이해하는 것이 교육에서 중요한 것인지를 따지기 전에 '발달 단계'에 대한 다음의 문답을 살펴봅니다.

알쏭달쏭합니다. 학교교육과정을 생각하면 당연히 고려해야 할 문제인 것도 같고 아니면 차별의 논리로 악용될 소지도 없지 않아 보입니다. 과연 우리는 발달과정을 어떻게 이해해야 할까요? 이것이 이번 장의 핵심 주제입니다.

1절 발달에 대한 관념과 발달의 시기 구분

1. '남녀칠세부동석'에서 '발달의 최적기'까지

플라톤은 6세가 되면 "남자아이들은 남자아이들끼리 놀게 하고, 여자아이들은 여자아이들끼리 놀게 하라"고 하면서 성의 분리를 주장한 바 있습니다. 발달에 대한 관념은 '남녀칠세부동석'에서 보이듯 주로 신체적, 성적 성숙 등의 가시적 특성을 기준으로 '사회 통념'의 형태로 존재해왔습니다. 아동기라는 개념이 보편화된 것은 비교적 최근의 일로서 17세기 이전까지는 아동을 '성인의 축소판' 정도로 간주했습니다. 그러다 보니 지금의 상식으로 보면 아동과 청소년에 대해 가혹할 정도의 '착취와 폭력'이 당연시되었던 적도 있었습니다. 이처럼 성장 단계를 구분하고 연령에 따라 행동을 규제한 것은 아주 오래전부터 있었던 일이지만 과학적 근거를 가지고 '질적 단계'로 엄밀히 구분하게 된 것은 비교적 최근입니다.

발달에 대한 이론과 관점이 과거에 비해 상당히 발전한 지금은 각 발달 단계에 맞는 경험이 중요하다는 인식이 많이 보편화된 상태입니다. 예컨대 유아기에는 양육자와의 애착 관계 형성이 중요하다는 '애착 이론', 아동의 성장과정에서 시기적절한 경험과 자극의 중요성을 인지한 '민감한 시기' 강조 등이 그러합니다.

2. 피아제, 인지 발달의 4단계 주장

인간의 인지는 크게 네 단계의 질적으로 다른 단계를 거치며 순서대로 발달한다고 피아제1896~1980는 주장했습니다. 질적으로 다른 단계들이 정해진 순서대로 진행되고, 단계가 높아질수록 복잡성이 증대합니다. 이러한 단계들은 (1) 불변적인 순서를 따라 전개되고, (2) 질적으로 다른 패턴을 보이며, (3) 사고의 일반적인 속성들을 나타내고, (4) 위계적 통합을 나타내며, (5) 모든 문화에 걸쳐 보편적이라고 주장했습니다. 그런데 특히 (5)를 보면 과연 그럴까라는 의문이 듭니다.

▶ 피아제의 인지 발달 4단계
- 감각운동기(신생아~2세경): 감각에 대한 자극에 운동적으로 반응.
- 전前 조작기(2세~7세): 논리적 조작이 가능하지 않음. 자기중심적 사고(타인의 입장을 고려하지 못함). 물활론적 사고 등.
- 구체적 조작기(7세~11, 12세경): 실제 행위가 가해질 수 있는 구체적인 사물들에 대해서만 논리적이고 체계적으로 사고. "만약 Joe가 Bob보다 작고 Alex보다 클 때, 누가 가장 클까?"라고 질문하면, 구체적 조작기의 아동들은 실제로 사람들을 세워놓고 키를 비교해야만 이 문제를 풀 수 있고 이를 넘어서면 단지 추측할 뿐임.
- 형식적 조작기(11세 이후 청소년기): 구체적 대상이 눈앞에 주어지지 않아도 생각을 마음속으로도 배열.

피아제는 생물학적 요인을 발달의 중심 요인으로, 교수-학습과 발달은 상호 독립적이라고 간주했습니다. '단계'에 대해 세심하게 주의를 기울인 반면, 다른 단계로의 '이행'에 대해서는 별로 주목하지 않았다는 것이 피아제 인지 발달 이론에 대한 주된 비판입니다. 루소가 자연의 시간을 따라야 한다고 했듯이 피아제는 생물학적 성숙이 '발달'에 중요한 구실을 한다고 보았고, 환경은 중요하지만 부분적으로만 그러할 뿐이라는 견해를 피력했습니다. '평형화'라는 용어로 인간의 유기체로서의 존재적 특성에 입각해서 발달을 설명하고자 했습니다.

문제는 피아제는 '순수한' 인지 발달을 연구하고자 한 까닭에 어린이 발달을 연구하는 과정에서 어린이가 학교에서 배운 주제를 회피했다는 점입니다. 어린이 자신의 생각 수준과 관련 없는 학교 지식(학문적 개념)에 근거한 미리 제시된 대답들을 얻게 되는 것을 회피했습니다. 앞에서 다루었던 용어대로 하면, 피아제는 자연발생적(일상적) 개념들에 관심을 가진 반면 어린이가 사용하는 과학적 개념에는 관심을 가지지 않았다고 합니다. "인지와 지식은 독립적인 것"이라고 가정하기 때문이었습니다.

"쟤 초딩이냐?" 불과 1년 전까지만 해도 자신도 초등학생이었던 중학생 아이들이 친구가 나이에 맞지 않는 유치한 행동을 한다 싶으면 흔히 하는 말입니다. 이를 두고 좀 더 생각해보면 나이를 먹는다고 해서 자연적으로 그 연령다운 행동을 하게 되지는 않는다는 의미를 담고 있습니다. 따라서 연령의 문제는 '생물학적 나이' 외에 '문화적 발달'의 의미가 내포되어 두 가지가 조화를 이루는 행동을 보일 때 안정적 발달을 이루고 있는 것으로 파악해야 할 것입니다.

3. 발달의 시기 구분:
'삶에 대한 총체적 이해'를 전제로

비고츠키는 질적으로 다른 발달의 시기들이 진행된다는 전제하에 발달의 시기 구분은 "삶에 대한 총체적 이해"에 기반해야 한다고 주장했습니다.

단일한 기준이든 그 이상이든 아동 발달의 구체적 시기를 그것으로 결정할 수 없으며 인격personality과 활동의 새로운 구조 형태를 이해해야만 한다. 그것은 어떤 연령에서 나타나는 사회적·심리적 변화, 발달 주체가 환경과 맺는 관계, 그의 내적·외적 삶을 총체적으로 이해하는 것이어야 한다.

발달의 시기를 구분하는 것만으로 충분치 않다. 연령의 역동, 연령 간의 이행의 역동까지 고려해야만 한다. 블론스키는 급작스럽고 위기적인 변화의 시기와 점진적·미시적 변화 시기로 구분(혁명적 변화의 시기와 안정적 시기)했는데 이를 고려해야 할 필요가 있다.

지금까지는 주로 발달의 안정적 시기에 주목하는 경향이 크다. 위기적 시기는 발달의 정상적 경로를 이탈한 것처럼 보이기 때문에 '병리'로 간주되어온 것이다. 위기적 시기의 존재를 부정하는 연구자들은 없지만 위기의 중요성을 이론적으로 실현한 부르주아 연구자들은 없었다. 위기를 이론적으로 체계화하고 아동 발달의 일반적 패턴 속에 포함시키는 것은 첫 번째 시도이다. 아동기 가장 초기의 발달에서도 위기는 등장한다. 그것으로 인한 변화는 짧지만 강렬한, 전환기적 성격을 갖는 사회 혁명적 과정과 유사하다.「연령의 문제」, 영문판 비고츠키 선집 5권 6장

그렇다면 삶에 대한 총체적 이해, 인격의 총체적 발달이라 함은 무엇일까요? 삶에 대한 총체적 이해는 간단하게 표현하면 삶을 구성하는 여러 측면을 함께 고려해야 한다는 의미입니다. 생물학적 측면, 인지적 측면, 정서적 측면 등이 있을 수 있고 비고츠키 교육학에서 강조하는 문화역사로 대별되는 인간의 삶을 둘러싸고 있는 환경이라는 측면도 있을 것입니다. 이에 대해 비고츠키는 발달 요인의 문제에 있어서 주체와 환경으로 크게 두 가지로 범주화한 셈입니다. 둘 사이의 상호작용의 결과가 발달이며 그 과정이 인생 역정인 것입니다. 주체와 환경의 상호작용의 과정에서 일면적인 변화가 아닌 여러 기능들이 서로 얽힌 기능적 관계의 총체가 함께 변화를 겪게 됩니다. 이 점에서 인격의 변화는 어떤 특정한 측면이 우선적으로 변화했다 하더라도 그 부분만 변화하는 것이 아니라 전체적 연관 속에서 '총체적'인 변화를 겪게 된다는 의미로 해석 가능합니다. 총체적 이해라는 말이 참 어렵게 들리지만 고등정신기능의 총체성에서 배웠듯이 정서와 지성과 의지는 서로 분리된 것이 아닙니다. 따라서 예전의 신체적 증상에 따른 연령대 구분이 나름의 타당성을 가진 것도 이해가 됩니다. 하지만 가시적인 현상만을 보고 비과학적으로 구분하는 것과 서로가 어떤 관계 속에서 어떻게 총체적으로 맞물려 변화하는지를 알고 구분하는 것은 매우 다릅니다. 비고츠키는 '총체적 이해' 속에서 구분해야 의미 있는 실천을 낳을 수 있다고 강조한 것입니다. 이러한 총체가 바로 '인격'입니다. 인격은 '형성되는 것'입니다. 결국 '인격'이란 인간 발달의 결과인 것입니다.

여기서 잠깐 '인간 발달'과 '인격'에 대한 비고츠키의 논의를 간략히 살펴보겠습니다. 비고츠키는 '인간 발달'을 기본적으로 "생물학적 존재에서 사회적 관계를 토대로 문화역사적인 인격적 주체가 되어가는 과정"으로 봅니다.

그렇다면 과연 무엇이 발달하는 것일까요? 고등정신기능이 총체적으로 발달해간다고 봅니다. 인격은 정서적, 지적, 의지적 측면의 고등정신기능들의 통일체입니다. 발달과정에서 '원초적이고 본능적인 감정'에서 '미적 범주 인식에 의한 심미적 윤리적 정서'로 변화해갑니다. 언어와 생각이 분리된 채 '시각장의 지배를 받는 실행 지능'에서 시각장을 뛰어넘는 '말로 하는 생각'으로 변화해갑니다. 외부 자극에 대해 '충동적이고 직접적인 반응'에서 기호를 매개로 '능동적으로 행위를 선택하는 의지'로 바뀌어갑니다.

비고츠키 교육학에서 '인격personality 혹은 charater'은 고등정신기능들의 총체를 의미합니다. 교육학 용어 사전에 따르면 "인격character은 개인의 지적知的·정적情的·의지적 특징 등을 포괄하는 정신적 특성을 나타내는 말"입니다. 흔히 성격 혹은 개성personality과 같은 뜻으로 사용되는 경우도 있으나, 성격은 천성적 특징과 우연적으로 형성된 특징까지를 포함한 보다 넓은 범주의 말임에 비해 인격은 개체의 노력 혹은 수양에 의해서 형성된 특징에 한정하여 사용하는 말로서 이해되고 있습니다. 그러므로 성격은 도덕적 평가의 대상이 되지는 않으나 인격은 도덕적으로 평가를 받아 칭찬이나 비난에서 언급되는 대상이 됩니다.

비고츠키 교육학에서 '인격'은 '개성'의 의미까지 포함합니다. '타고난 개성'이라는 것의 실체가 무엇인지 명확히 하기는 어려우나 생물학적으로 유전된 특성이라 할지라도 그 자질을 가진 개체가 사회적 관계 및 환경과의 상호작용 속에서 애초의 모습 그대로가 아니라 끊임없이 변화되어간다는 점에서 비고츠키는 '인격'을 곧 어떤 인간의 삶의 총체로 규정합니다. 비고츠키는 이러한 인격의 총체적 발달을 '고등정신기능'이라는 개념을 가지고서 크게 지성, 의지, 정서의 측면으로 나누어 분석하고자 했습니다. 하지만 각 측면은 항상 결합됩니다. 여기에서 결합의 매개가 되는 것이 바로 '기호'이며 그중에서도 특히 '인간의 말'을 핵심적인 것으로 본 것입니다. 특정 발달의 시기에 인격을 이루는 여러 측면 중에서 발달의 전면에 나서는 기능들이 있고 각 기능들의 관계가 역동적으로 변화하는 과정을 밝히고자 하는 것이 바로 비고츠키 교육학이라 할 수 있습니다.

인격: 고등정신기능들의 총체(정서적, 의지적, 지적 측면)

고등정신기능
범주적 지각, 언어화된 기억, 자발적 주의, 언어적 사고, 윤리적-심미적 정서, 의지적 행위

기초정신기능을 토대로
기호의 매개에 의해
새로운 심리구조 발생

기초정신기능
직접적 지각, 자연적 기억, 반응적 주의, 지각 의존적인 실행적 사고, 본능적인 기초적 정서

현대에는 교육기관 역시 보편적 발달 단계와 대체로 조응되어 유아, 초등, 중등으로 구분되어 교육이 이루어지고 있습니다. 많이 발전한 셈입니다. 하지만 교육기관의 구분이 곧 발달에 맞는 교육을 보장하지 않는 것이 문제입니다. 부모로서 아이를 키울 때도 시기에 맞게 아이를 대하고 아이와 소통하는 것은 참으로 어려운 일입니다. 외적 변화는 눈에 잘 보이기에 어느 정도 대처가 가능하지만 '내적 변화'를 읽기란 쉽지 않기 때문이고 교육은 행동의 변화를 포함하여 인간의 총체적 변화를 추구하기 때문입니다. 즉 교육은 '인격 형성'을 목표로 하는 행위이므로 '발달 단계'의 문제에 더욱 민감해야 할 것입니다.

2절 | 인간 발달의 역동성: 발달의 '위기'와 신형성

1. 양이냐 질이냐

발달은 연속적인 양적 누적일까요, 불연속적인 질적 변화일까요? 다음을 살펴봅시다.

> A: 어린아이도 어른과 마찬가지로 기억도 하고 생각도 할 수 있다. 다만 아직 어휘가 부족하고 경험이 적을 뿐이다. 질적인 차이는 없다. 발달은 연속적인 양적 변화일 뿐이다.
>
> B: 아니다. 어린아이들의 기억이 시각적인 기억이라면 어른들의 기억은 언어적이고 논리적인 기억이다. 성장 과정에서는 새로운 것들이 출현하고 형성된다. 질적으로 다른 단계를 거친다. 발달에는 누적적인 양적 변화도 있지만 새로운 것이 등장하는 급격한 불연속의 시기가 반드시 있다.

A는 연합주의 심리학자인 손다이크로 대표되는 견해이고, B는 현대 교육학에서는 정설로 수용된 견해입니다. 하지만 알게 모르게 만연하

고 있는 관점은 A입니다. 학업성취도(이른바 시험 점수)를 발달의 지표로 삼는다든가 언어 발달을 어휘 수 증가와 동일시하는 것이 그러합니다.

B와 같은 입장에 큰 기여를 한 학자 중 한 사람이 앞서 살펴본 피아제입니다. 피아제는 특히 인지 발달에서 엄격한 단계 이론을 전개했습니다. 비고츠키 역시 여러 질적으로 다른 단계들을 거친다고 보았으며 '다른 단계로의 도약과 이행'의 문제에 깊은 관심을 기울였습니다. 비고츠키는 '발달에서의 위기'를 당시 학자들이 '병리적인 것'으로 취급했던 것에 반대 입장을 취하면서 위기의 시기는 곧 질적으로 다른 단계로 이행하는 도약과 이행의 과정이라고 설명했습니다.

2. '발달의 위기' 그리고 '신형성'

아이를 키우다 보면, 그리고 '무서운 중2', '미운 네 살'처럼 사회 통념으로 존재하는 특정 연령에 대한 인식을 어떻게 이해해야 하는지에 대해 비고츠키는 발달에서의 '위기이른바 다루기 힘든 나이'라는 것으로 새롭게 개념화했고 이에 대한 긍정적 관점을 제시했습니다. 모든 어린이와 청소년은 반드시 몇 차례 위기의 시기를 거치면서 성장합니다.

발달에서 위기적 시기를 인식한 것이 비고츠키가 처음은 아니었습니다. 다만 대부분의 학자들은 이를 '병리'로 간주한 반면 이와 달리 비고츠키는 '위기'를 인간의 보편적인 발달과정에서 반드시 나타나는 것으로 정식화했습니다. 또한 일생에 단 한 번도 아닙니다. 위기적 시기는 가장 격렬하게 진행되는 사춘기에 접어들 때만 나타나는 것이 아닙니다. 위기를 경유하면서 어린이는 질적 변화를 거쳐 다시 안정적 시기를 경유합니다. 비고츠키가 발달에 있어서 위기를 논의하면서 제시한 발달의 시기 구분은 다음과 같습니다.

▶ 비고츠키 교육학의 발달 시기 구분
신생아의 위기
유아기(생후 2개월에서 한 살까지)
한 살의 위기
초기 유년기(한 살에서 세 살까지)
세 살의 위기
전前 학령기(세 살에서 일곱 살까지)
일곱 살의 위기
학령기(여덟 살에서 열두 살까지)
열세 살의 위기
사춘기(열네 살에서 열여덟 살까지)
열일곱 살의 위기

위와 같은 시기 흐름 규정 가운데 지금까지의 발달 단계 이론들에서 찾아볼 수 없었던 개념이 바로 '발달의 위기'입니다. 위기에 대한 비고츠키의 논의를 좀 더 자세히 살펴보겠습니다.

신생아는 의사소통의 수단이 없다는 사실로 인해 언어를 외적으로 흉내 내는 '옹알이'를 하게 됩니다. 옹알이밖에 하지 못하는 시기의 어린이는 발달에서 위기로 접어들게 되지만 옹알이는 어린이 말 발달의 토대가 되며 1세부터 3세에 걸쳐 안정적인 언어 발달이 일어납니다. 이 시기의 언어적, 신체적 발달로 인해 어린이는 이전에는 성인에 의존했던 활동들을 부분적으로 혼자서 할 수 있게 됩니다. 그러나 온전한 자아를 깨닫기 전에 독립적인 활동을 지향하는 어린이는 어른과는 동일한 행동을 할 수 없으며 자기 자신의 행동을 아직 스스로 통제할 수도 없습니다. 이러한 위기 국면에서 어린이는 역할극이나 상상 놀이를 통해 자기 규제를 기능적으로 획득하며 자기중심적 말(혼잣말)이 출현하여 이후 내적 말로 가는 경로를 개척합니다. 이 시기에 어린이는 말의 기능적 사용으로 보다 덜 충동적이 되며 상황으로부터 훨씬 자유로울 수 있게 됩니다. 놀이를 통해 어린이는 자기 규제 기능과 함께 언어를 대상과 분리시키는 활동을 함으로써 이후 기호를 상징으로 이해할 수 있는 토대를 획득할 수 있습니다. 혼잣말 기능과 자기 규제 기능, 대상과 의미의 분리를 시작하게 된 어린이는 학령기 학교 학습을 통해 의식적 파악과 의지적 숙달 기능을 획득하기 시작하며 청소년기로 접어듭니다. 하지만 여전히 어린이는 낱말을 개념으로 사용할 수 없으며 아직 어린이의 사고는 '복합체'로서 구체적이며 지각에 의존합니다.

3. '신형성': 위기를 거치면서 등장

위기를 겪는 각 결정적 연령들에서 '신형성'이 '출현'합니다. 옹알이에서 입말로, 입말에서 글말로, 외적 말에서 자기중심적 말로, 자기중심적 말에서 내적 말로 나아갑니다. 또한 구체적이고 시각적인 사고에서 추상적이고 논리적인 사고로 나아갑니다. 그리고 어린 시절의 놀이는 청소년기 상상으로, 손가락 수 세기는 암산으로 나아갑니다. 이들 새로운 기능의 출현은 양적 누적으로만 설명될 수 없는 '질적으로 새로운' 탄생들입니다. 옹알이가 양적으로 확대된 형태가 입말인 것은 아닙니다.

새로운 연령으로의 이행은 동시에 이전 연령기의 소멸을 의미하며 이러한 소멸과 생성이 교차하는 시기가 바로 발달에서 위기의 시기입니다. 비고츠키는 "모든 삶life은 동시에 죽음dying"이라는 엥겔스의 말을 인용하면서, 삶의 총체로서의 아동 발달과정 역시 새로운 것의 출현은 반드시 과거의 것의 소멸을 의미한다고 진술했습니다.

이처럼 발달의 위기는 누구나 겪는 보편적 과정이지만 구체적인 양태는 개인마다 다릅니다. 이를테면 사춘기를 온갖 사고를 쳐가며 유난스럽게 보내는 경우도 있지만 상당수일부에서는 80% 이상으로 봄는 비교적 무난하게 넘어간다고 합니다. 언제 그랬느냐는 듯 어느 날 갑자기 철이 든 것처럼 행동하는 아이들! 중학교 때는 교복을 그렇게 줄여 입고 다니더니, 고등학생 돼서는 "애들 왜 저래요?" 그럽니다. 그래서 비고츠키는 청소년들 보고 마치 '기억상실'을 겪는 듯하다고 표현하기도 했습니다. 보편적 발달 단계와 과정이 있는 동시에 개인이 처한 환경과 기질이 어떻게 만나느냐에 따라 엄청나게 다양하게 펼쳐지는 '발달의 개인사'가 있는 법입니다. 이런 과정에서 '개성'을 지닌 존재가 되어가는 것입니다.

4. 발달 시기별 선도 기능과 선도 활동

'놀이'를 한번 생각해봅니다. '공부'를 한번 생각해봅니다. 15세 청소년의 놀이와 7세 어린이의 놀이는 어떻게 다를까요? 형태는 물론 다릅니다. 그리고 발달의 의미도 생각해봐야 합니다. '학습'도 마찬가지입니다. 5세 유아에게 5시간 수업을 시키는 것은 과연 올바른 것일까요? 이처럼 발달의 시기마다 각 활동들이 발달에서 차지하는 의미는 다를 수 있습니다. 발달의 시기와 위기, 신형성에 대해 살펴본 것에 이어 저절로 혼자 하는 것이 발달이 아니라면, 연령별 발달에서 중심이 되는 활동을 살펴볼 필요가 있을 것입니다.

그런데 연령별 발달 특성을 이해해야 연령에 맞는 활동, 발달의 다음 영역으로 이끄는 활동이 무엇인지 파악할 수 있습니다. 이와 관련해 비고츠키는 지각, 주의, 기억, 사고 등의 중심적인 정신기능들이 나란히 따로 발달해간다고 보지 않았습니다. '관계'가 바뀌어간다고 보았습니다. 그리고 각 연령대별로 발달의 전면에 나서는 기능들이 있다고 보았습니다.

발달의 시기마다 인격은 총체적으로 변화하지만 각 발달 단계마다 이러한 총체적 변화의 문을 여는 열쇠의 구실을 하는 '중심 기능'이 있고 발달의 다음 영역으로 이끄는 '선도 활동'이 있습니다.

상상적 영역과 상상적 상황 속에서의 행동, 의도적 계획의 수립, 실제 삶의 계획과 의지적 동기의 형성, 이 모든 것이 놀이에서 나타나 놀이를 취학 전 발달의 최고 수준으로 만든다. 아동은 근본적으로 놀이 활동을 통해서 앞으로 나아간다. 오직 이러한 의미에서 놀이는 아동 발달을 결정하는 선도적인 활동으로 간주될 수 있다.『마인드 인 소사이어티』, p. 160

우리가 아동의 필요와 아동을 행동하게 하는 데 효과적인 유인 체계를 무시한다면, 우리는 어떤 발달 단계에서 다음 발달 단계로 아동이 어떻게 전진해나가는지 결코 이해하지 못하게 될 것이다.『마인드 인 소사이어티』, p. 144

지각, 주의, 기억, 사고 등의 주요 정신기능의 관계는 발달과정에서 역동적으로 변화하고 구조를 이루는데, 유아기에는 지각, 학령기 어린

교육 단계별 선도 활동(비고츠키의 논의를 레온티에프가 정리)

교육 단계	비고츠키의 선도적 교육 활동
유아원	정서적 반응/대상 중심적 활동
유치원	사회 역할극/놀이 활동
초등학교	학교에서의 학습 활동
중·고등학교	동료와의 협력 활동
대학과 직장	직장에서의 노동 활동

이는 기억과 주의, 청소년기에는 생각이 발달의 전면에 나서서 다른 기능들의 변화와 기능 간의 관계(즉 구조)의 변화를 이끄는 구실을 합니다.

'위기'의 시기는 교육적 배려와 이해가 특히 필요한 때입니다. 위기의 시기에 출현하는 '신형성'이 안정적 시기와 다른 점은 과도적 성격을 갖는다는 것입니다. 이전의 것과 혼재된 상태입니다. 예컨대 대수적 사고가 아직 불안정할 때 배운 대로 하지 않고 자꾸 숫자를 대입해서, 즉 구체적 상황을 만들어서 문제를 해결하려 든다든가 합니다. 어떤 새로운 것이든 출현하는 시점에서는 이전의 것과 혼재되어 안정적이지 못하지만 안정적인 국면으로 가는 필수적인 단계인 만큼 새로운 기능의 출현과 구조적 변화가 성공적으로 정착하려면 이 시기를 잘 이해하는 것이 중요하다고 비고츠키는 강조합니다. 과거의 것이 양적으로는 지배적으로 나타나지만 위기의 시기에는 새로운 형태가 이제 막 발달의 첫 모습을 드러내면서 안정적이지 않지만 과거의 것을 지양해가면서 고양의 과정으로 나아가게 되는 것이라고 설명합니다. '성장통위기'을 앓고 있는 아이들은 나비가 되어 창공을 날기 위해 거치는 애벌레의 시기와도 비슷합니다. 위기 뒤에는 환골탈태가 기다리고 있음을 아이들에게도 알려줄 필요가 있습니다. 위기를 좋은 관계 속에서 잘 겪어나가는 것이 잘 성장하는 길입니다.

'선도 활동'과 '선도 기능'의 문제는 곧 교육에서는 교육과정의 문제 입니다. 각 연령별 발달의 특성, 즉 발달을 이끄는 기능이 무엇인지, 그리고 어떤 활동이 발달을 선두에서 이끄는지 알아야 과학적인 교육 과정 구성이 가능할 것입니다.

3절 유아기(전前 학령기) : 놀이와 발달

1. 유아관의 변화

발달 시기를 구분하는 것은 발달에서의 '질적 차이'를 전제하는 것입니다. 이것이 차별이 아니라 발달을 위한 교육적 배려로 향하려면 각 시기별로 발달의 특성을 보다 자세히 아는 것이 중요합니다. 앞서 발달 시기별 발달을 선두에서 이끄는 '선도 기능'과 '선도 활동'을 알아보았습니다. 과연 유아에게 형식적 학습을 부여하는 것은 발달적인 관점에서 타당한 일일까요?

교사 1인이 감당해야 하는 원아 수 28명. 오전 5시간 수업 강제, 오후 방과 후 학습 등 수업 중심 누리교육과정. 어차피 학교 들어가면 겪을 일인데 미리 연습시키는 게 맞지 않을까라는 생각이 없지 않습니다. 하루라도 빨리 시작해야 좋다는데 영어 유치원에 없는 돈이라도 마련해서 보내야 하는 게 아닐까? 떨어지기 싫어하는 아이 아침 일찍 간신히 떼어놓고 저녁 늦게야 눈치 보며 찾으러 달려가는 것도 하루 이틀. 맘 편히 오래 맡길 곳 어디 없을까? 육아가 시작되는 순간 한국 사회에서 부딪히는 문제입니다. 초중고 아이들과 교사들은 유아기 발달과 과연 무관할까요? 유아기 돌봄의 공백과 이로 인한 발달의 공백이 사회적 문제로 떠오르고 있습니다. 낱말을 개념으로 사용하지 못하는 중학생, 선생님에게 혼이 나면 이유는 이해하지 못하고 선생님이 '나한테 화낸다, 나만 미워한다'고 생각하는 초딩 같은 청소년…… 후속 시기 흔히 경험하는 어린이, 청소년 발달 지연 문제의 '발생적 원인'이 혹시 유아기에서부터 시작되는 것은 아닐까요?

'발달적 관점'에서 이런 문제들에 대해 판단하지 않으면 안 됩니다. 이를 위해서는 유아기 발달 특성과 발달을 선도하는 활동이 무엇인지, 사회적 관계와 상호작용은 어떤 점에서 중요한지 알아야 합니다.

매우 오랜 시간 동안 유아와 아동을 성인의 축소판으로 보는 인식이 고대에서 중세에 이르기까지 지배적이었습니다. 대체로는 성인의 준비기 정도로 인식했습니다. 독립적 아동관 정립은 루소에서부터 본격화되어 이후 페스탈로치, 프뢰벨 등 아동교육자들을 통해 성립하고 체계화되었습니다. 아동을 성인의 축소판으로 보았던 극단적인 예로는 그리스의 스파르타가 있습니다. 7세부터 군사훈련의 준비 기간으로 규정했으며 적합하지 않다고 판단될 경우 영아 살해나 유기가 행해지기까지 했다고 합니다. 체벌을 유아교육의 중요한 부분으로 여기기도 했습니다. 이런 유아에 대한 인식을 시대착오적이라고 보기에는 우리 사회 역시 아직 부끄러운 수준인 것도 사실입니다. 여전히 현대적 유아관을 모든 사회에서 수용하고 있는 것은 아닙니다. 중세적 인식이 한편에 있다면 우리나라처럼 선행 학습, 조기 교육의 희생양이 되는 경우도 있습니다. 한글은 기본, 영어도 이제는 필수라고 외치고 있습니다.

2. 유아기 발달은 생애 발달의 기초를 형성

유아기는 신체, 정서, 인지, 사회성 등이 급격히 발달함으로써 인격 형성의 기초가 마련되는 시기입니다. 이른바 '폭풍 성장'을 합니다. 신체, 운동 기능과 인지 발달의 기초가 되는 여러 감각기능이 발달합니다. 애착, 즐거움, 분노, 불안 등 기본 정서도 사람과의 관계 속에서 얻게 되는 경험을 통해 형성합니다. 성인과의 의사소통을 통해 언어 발달이 이루어지며, 사물과의 활발하고 다양한 접촉을 통해 지각도 크게 발달합니다. 여기에서 양육자의 반응은 정서적 측면과 언어 발달의 측면 모두에서 매우 중요합니다.

비고츠키는 탁아소에 맡겨져 성장하는 어린이들과 형제자매, 부모와 함께 가정에서 성장하는 어린이들을 비교·관찰하고 각각 유아 발달에서 전자는 규율과 사회성 면에서는 잘 발달하나 언어 발달이 후자에 비해 지연되는 반면, 후자는 전자에 비해 언어 발달이 잘 이루어진다는 결론을 얻었습니다. 즉, 어른들이나 나이가 든 형제자매와 충분한 상호작용이 있는 조건이 유아의 언어 발달에 호의적이라는 것입니다. 따라서 정서 및 언어 발달과 사회성 발달을 함께 잘 도모하려면 가정의 양육을 우선적으로 보면서 기관의 질 높고 적절한 보살핌이 이루어지도록 해야 합니다. 어린 영아들은 물론이고 3~5세의 유아들을 지나치게 오랜 시간 기관에 맡기는 것은 결코 좋은 일이 아닙니다. 적당한 시간 떨어져서 선생님의 지도와 돌봄 아래 친구들과 놀다가 집에 돌아가 부모와 함께 지내는 것이 이상적입니다.

또한 TV나 컴퓨터는 유아에게 해롭습니다. 그런 기사들이 최근에 많이 쏟아지고 있습니다. TV나 컴퓨터 같은 매체들은 상호작용보다는 직접적 반응을 요구할 뿐이고 감각을 두루 발달시키는 데에도 이롭지

않다는 것이 전문가들의 견해입니다.

유아기는 특히 정서 발달이 매우 중요한 시기입니다. 구체적으로는 애착 형성이 중요합니다. 애착 형성은 독립적 인격체로 발달하기 위한 가장 기초적 토대입니다. 애착은 아이와 양육자 사이의 정서적 유대가 맺어지는 것을 의미합니다. 보호받는다는 안정감과 신뢰감을 형성하게 됩니다. 정서적으로 매우 중요하며 6, 7개월쯤 분리불안, 8~12개월 사이에 낯가림이 나타나다가 이 시기가 지나 애착이 확립되면 서서히 사라진다고 합니다. 양육자와의 애착과 기본적 신뢰감은 영아기의 기본적인 발달 특성이자 이후 자존감과 자율성 형성의 기초입니다. 애착과 기본적 신뢰가 잘 형성된 아동은 안정적 정서를 조건으로 새로운 탐색과 행동을 보다 적극적으로 할 수 있습니다. 영유아기에 애착과 신뢰감 형성이 제대로 안 되면 이후 연령에서 분리불안과 의존적 성향이 나타나서 독립적, 자율적인 활동에 큰 어려움이 초래됩니다.

유아기에는 언어가 놀라운 속도로 발달합니다. 그런데 핵심적인 질적인 변화의 순간은 의사소통을 위한 말에서 자기중심적 말 발달의 등장입니다. 말의 새로운 기능이 출현합니다. 의사소통을 위한 말에서 지적인 기능을 하는 말이 분화되어 나타나는 것입니다. 어린 아동은 그림을 그린 후 제목을 붙이는데행동 후 말 좀 더 나이를 먹은 아동은 이것이 뒤바뀌어서 제목을 먼저 붙이고 그림을 그립니다. 이전에는 행동이 먼저이고 말이 뒤에 나왔는데 이제 말이 행동의 앞으로 이동해서 계획의 기능을 수행하기 시작하는 것입니다. 의사소통과 표현을 위한 말에서 유아의 활동을 통해 지적 기능이 분화되기 시작합니다. 따라서 적절한 활동은 발달에서 중요합니다.

3. 아동은 놀이를 통해 앞으로 나아간다

놀이는 연령대가 높아지면서 그 형태나 의미가 달라집니다. 달리 말해, 청소년과 유아에게 있어서 놀이가 갖는 '발달적 의미'는 다릅니다. 비고츠키는 유아기 놀이의 발달적 의미와 그 중요성을 명확히 밝혔는데, 놀이는 유아의 발달을 '선도'하고 발달의 다음 영역을 창출합니다. 유아들은 놀이를 통해 '자기 규제'를 터득하고 '대상으로부터 의미를 분리하기 시작상징적 언어활동으로 가는 경로의 개척'합니다. 놀이 과정에서 벌어지는 난관은 '자기중심적 말'이 발달하는 기폭제 구실을 합니다. 자기 규제가 제대로 형성되지 않으면 '지연 능력어떤 행동을 참았다가 나중에 하는 능력', '자발적 주의집중'이 생기지 않아서 학교의 학습 과정에서 매우 곤란을 겪을 수 있습니다.

비고츠키는 어린이들의 놀이, 특히 규칙을 기반으로 한 놀이긴 막대기를 이용한 말타기놀이, 소꿉장난, 숨바꼭질, 그 외에 다양한 역할놀이가 발달에서 아주 중요한 역할을 한다고 보았습니다.

첫째, 상상적 상황 속의 놀이는 아동을 제약으로부터 해방시키는 새로운 형태의 행동입니다. 아주 어린 아동에게는 '사물'이 아동에게 무엇을 해야 하는지를 지시합니다. 아이에게 문은 열거나 닫으라고 요구하고, 계단은 오르내리라고, 벨은 울리라고 요구합니다. 즉 사물과 환경, 상황 등의 외적 규제를 받는 상태인 것입니다. 아주 어린 아동에게는 보이는 것과 그것의 의미가 매우 긴밀하게 결합되어 있습니다. 그러다가 유치원 시기에 의미장과 시각장이 처음으로 분리됩니다. 아주 어린 아동에게 나무 막대기는 나무 막대기일 뿐이지만 유치원 아동에게 말타기 놀이에서 나무 막대기가 말馬이 될 수 있고 소꿉놀이에서 잎사귀는 접시가 됩니다. 구체적, 직접적 상황과 아동의 관계에 역전이 일어나는 것입니다. 사물과 낱말의 의미를 일대일의 대응관계로만 여기다가 사물로부터 낱말 의미를 분리시킬 수 있게 됩니다. 사실 이는 굉장히 어려운 일입니다. 그런데 바로 놀이를 통해 이런 분리가 일어납니다. 막대기가 실제 말馬로부터 의미를 분리하기 위한 매개가 됩니다. 이런 식으로 놀이는 새로운 발달적 전환을 제공하는 중요한 활동이지만 이런 분리는 아직 완전한 것은 아닙니다. 실제 사물과 대체물의 속성 간에 유사성_{말과 막대기는 둘 다 길며 탈 수 있다}이 있어야 가능합니다. 달리 말해 컵을 말이라고 가정하지는 못합니다. 놀이는 사물로부터 그 의미를 분리해낼 수 있는 시작이며 따라서 발달에서 매우 중요한 역할을 합니다. 성인은 사물로부터 그 사물의 의미를 자유롭게 분리할 수 있지만 상황 구속성에서 완전히 자유로울 수 있는 이러한 단계는 바로 놀이로부터 시작되는 것입니다.

비고츠키는 이러한 상상적 상황의 창조가 아동의 삶에서 결코 사소한 일이 아니라고 보았습니다. 왜냐하면 그 중대성은 "상황적 제약으로부터 자유를 획득하는 첫 번째 조짐"_{『마인드 인 소사이어티』, p. 154}이기 때문입니다.

여기서 발달에서 놀이가 하는 두 번째 역할이 나타나는데, 그것은 '자기 규제'를 위한 첫 출발이 놀이를 통해 시작된다는 사실입니다. 아동은 놀이를 즐거워합니다. 하지만 그 즐거움을 얻으려면 놀이의 규칙을 따라야 합니다. 의사가 아니지만 의사가 될 수 있고 그리고 의사답게 놀이 속에서 행동해야 합니다. 숨바꼭질을 할 때는 규칙을 어기고 나가면 게임에서 지기 때문에 움직이고 싶은 것을 꾹 참고 게임이 끝날 때까지 기다려야 합니다. 보통의 일상에서 아동은 그렇게 행동하지 않습니다. 놀이이기 때문에 아동은 그렇게 행동하는 것입니다. 비고츠키에 따르면, 아동에게 놀이는 자발성과 자유의 영역입니다. 이런 놀이의 규칙들은 외적인 물리법칙에 복종하는 규칙이 아니라 자기 절제와 자기 규제의 규칙입니다. 비고츠키는 놀이를 통한 이러한 성취들은 "장래에 아동의 실제 행동과 도덕의 기본 수준이 될 것"이라며 그 중요성을 강조하였습니다.

요컨대 놀이는 아동 발달의 다음 영역을 창출합니다. 규칙에 대한

엄격한 종속은 아동의 삶에서는 거의 불가능하지만, 놀이에서는 가능해집니다. 비고츠키는 "우리는 가상 놀이를 이차적 상징체계인 문자언어의 발달에서 주요 공헌자로 본다"『마인드 인 소사이어티』, p. 172고 했습니다. 이렇듯 구체적 사물로부터 그 의미를 분리해내는 것과 놀이 규칙에의 종속을 통해 최대한의 즐거움을 얻음으로써 자기 규제력을 획득하는 일련의 과정을 거치는 것은 직접적으로는 발달의 다음 시기인 학령기 학습을 위한 매우 중요한 토대가 됩니다. 이런 과정을 거친 어린이는 '놀이'라는 상황이 아닌 학교의 학습 상황에서 '자발적 주의집중', '도덕적 자기 규제'를 할 수 있게 됩니다.

4. 영유아기 양육과 돌봄의 공백이 초래할 더 큰 위기

유아기에는 지각과 기억 기능이 상당히 발달하고 놀이를 통해 자기 규제와 상징 활동의 경로를 개척함으로써 이후 학교의 학습을 통해 더 큰 발달을 이루게 됩니다. 하지만 ADHD가 날로 증가한다거나 초중고에서 정서행동 발달상의 문제행동 학생 비율이 크게 증가하는 것은 '돌봄'이 핵심인 영유아기 교육의 문제와 결코 무관하지 않습니다.

현재 한국에서 영유아기 양육과 보육 실태는 위험 수위를 넘어섰으며 이는 더 큰 교육 위기를 불러올 것입니다. 어른과의 상호작용이 축소되고 있으며, 장시간의 기관 탁아, TV, 컴퓨터, 스마트폰 등 비대면적 매체에 대한 과도한 노출, 발달 단계에 맞지 않는 선행 학습의 유행 등 많은 문제가 있습니다. 열악한 영유아 보육, 교육기관의 상황과 발달 단계를 무시한 누리교육과정도 문제를 더합니다. 이러한 문제들은 안정적인 정서와 인지 발달을 가로막습니다. 언어 발달에도 악영향을 미치고 자율성보다는 타율적 강압에 익숙해지기 쉬운 조건이기도 합니다. 부모들의 돌봄 시간 부족은 이런 문제를 더욱 악화시킵니다. 지각 발달에도 안 좋은데, 노동에 시달리는 부모가 상호작용 대신 아이를 '조용하게 있도록 하기 위해' 비디오를 틀어주거나 스마트폰을 쥐어주거나 위험하다는 이유로 마음대로 움직이면서 사물을 만지지 못하게 하는 등 통제가 주를 이루게 되는 상황이 적지 않습니다. 부모의 돌봄 권리와 영유아 교육기관의 질 높은 돌봄의 조건을 사회적으로 보장해주지 않으면 더 큰 교육의 위기, 발달의 위기로 이어질 수 있습니다.

4절 학령기 : 학습과 발달

1. 학교 교수-학습 과정을 통한
   글말과 산술 발달의 의미

학령기 어린이에게 가장 큰 변화는 '학교에서의 교수-학습'에서 초래됩니다. 그래서 비고츠키는 그냥 어린이라고 하지 않고 항상 '학령기'라는 말을 붙여서 이 시기를 지칭합니다. 학령기에 일어나는 여러 변화를 주도하는 것은 학교에서의 교수-학습임을 비고츠키는 여러 차례에 걸쳐 표현하는데, 그 중심에는 기본적인 교과목들의 학습이 자리하고 있습니다. 여기에서 교과 교육을 왜 중시하는지 다시 구체적으로 파악할 수 있습니다.

글말은 어린이가 더욱 지성적으로 행동하도록 압력을 가한다. …… 그것은 말하는 과정 그 자체에 대한 의식적 파악을 요구한다. 『생각과 말』, p. 467

문법과 글말에 대한 교수-학습을 분석해보면, 그것이 어린이 사고

의 일반적 발달을 위해 엄청난 중요성을 가지고 있다는 것을 발견하게 된다.『생각과 말』, p. 469

글쓰기 학습은 학교 교육의 최초부터 가장 중요한 교과목 중 하나이며 이것은 어린이에게서 아직 성숙하지 않은 모든 기능의 발달을 야기함을 알 수 있다.『생각과 말』, p. 481

첫째, 학령기 어린이의 발달에서 결정적인 구실을 하는 외적 활동은 '글말 배우기'입니다. 학령기에는 유아기 입말구어-비의지적, 자연적의 발달을 토대로 글말문어-비자연적, 의지적이 발달되는 단계입니다. 어린이는 글말 학습을 통해서 새로운 정신기능을 형성합니다. 글말은 단지 소리를 종이 위에 옮기는 것 이상의 의미를 가집니다. 아직 미성숙한 심리적 과정을 토대로 글말의 교수-학습이 시작되어 글말이 요구하는 심리과정의 특성추상화, 지성화, 의지적에 의해 이러한 정신기능들이 글쓰기 교수-학습의 과정에서 형성되는 것입니다. 이것이 바로 근접발달영역 창출을 통해 "교수-학습이 발달을 이끈다"는 의미에 해당하는 것입니다.

한편, 학령기 어린이는 직접적으로 양을 지각하는 단계에서 '수'를 통해 양을 지각하고 생각하는 단계를 거칩니다. 양을 비교하고 수를 이용하여 셈하고 나아가 '암산'까지 하는 능숙한 단계에 이릅니다. 이를 거쳐 청소년기의 '대수' 학습으로 나아가는 것입니다. 수 개념에 숙달되지 않은 어린이에게 문자식을 가르침으로써 근접발달영역을 창출할 수는 없습니다. 따라서 수에 대한 충분한 숙달이 중요한 시기입니다.

그리고 학령기에는 일상에서 쓰던 바와 달리 학교에서 많은 낱말을 습득합니다. 물론 아직 그 추상적 의미에 충분히 도달하지 못했으며 개념 간의 관계를 파악할 수 있는 단계는 아닙니다. 하지만 다양한 어휘에 대한 사전적 의미를 알고 이를 일상에서 접한 경험과 연결 짓는 일을 해봐야만 이후 청소년기에 추상적 개념에 대한 언어적 사고가 가능해집니다.

앞서 말한 대로 비고츠키는 글말과 산술, 문법 학습을 강조했는데, 그중에서도 글쓰기에 대해 특히 강조했습니다. 글말은 입말과 심리적으로 다른 모종의 특성이 있다고 누차 강조하면서 구체적으로 풀어냅니다. 앞에서도 논의한 바가 있지만 글말을 익히는 것은 자연스럽게 입말을 배우게 되는 것과 달리 의지적이고 의식적이고 지적인 과정입니다. 달리 말해 입말을 종이에 글씨로 옮겨 그대로 옮겨놓는 것이 글쓰기가 아닌 것이며, 글말의 발달은 입말 발달의 반복이 아닙니다. 비고츠키에 따르면 글말을 배우는 것은 단순히 쓰기 기능을 배우는 그 이상의 의미가 있는데, 그 이유는 글말 발달의 아주 낮은 단계에서조차 높은 수준의 추상화가 요구되기 때문입니다. 근본적으로는 글자 자체가 엄청난 추상입니다. 의미와 연결시키지 못하면 그저 의미 없는 선들의 나열에 불과합니다. 낯선 언어를 쓰는 외국에 갔다고 상상해보십시오. 글이 얼마나 굉장한 추상인지 그리고 이것을 배워서 쓰게 된다는 것에는 그저 손가락을 놀려 흰 종이를 채우는 이상의 대단한 의미가 있다는 것을 깨달을 것입니다. 이처럼 글말은 '추상화'인데, (1) 소리로부터의 추상화, (2) 대화자로부터의 추상화로 이중의 추상화입니다.

글말은 대화자가 없는 담화입니다. 비고츠키는 글말을 통해 '말로 하는 생각', 즉 내적 말의 발달을 추동하게 될 것이라고 내다봅니다. 이런 점에 비추어 보면 유아기에 글쓰기 학습을 시키는 것은 부적절합니다. 아직 신체적으로 펜을 손에 쥐고 힘을 적절히 글씨 쓰기에 사용할 정도의 신체 발달도 되지 않은 상태입니다. 또한 입말 발달이 어느 정도 되어야 글말 발달이 가능합니다. 일상적 개념을 토대로 과학적 개념이 그와 만나야 하는 것과 마찬가지입니다. 한편으로 글말을 통해 추상화의 능력이 발달합니다. 이런 점에서 입말의 근접발달영역, 즉 발달의 다음 영역은 글말입니다.

그런데 글말은 참 어렵습니다. 자연스럽게 터득할 수 있는 것이 아닙니다. 대수가 산술보다 어려운 만큼이나 글말은 입말보다 어렵습니다. 입말을 능숙하게 구사할 수 있는 어린이일지라도 글말을 능숙하게 구사하기까지는, 즉 입말 발달 수준에 도달하기까지는 꽤 오랜 시간(6~8년 정도)이 걸립니다. 실제로 어린이들은 글말을 어려워합니다. 처음 외국어를 배울 때 (일본어) '아리가또 고자이마쓰'라는 소리를 따라 말을 하고 그 의미를 아는 것은 비교적 쉽지만 이를 일본어 글자로 쓰는 것은 엄청나게 어렵습니다. 그만큼 다른 '내적 기능'을 요구하는 과정이며 이 과정을 통해 역으로 그러한 내적 기능이 촉발된다고 생각하면 되겠습니다. 요컨대 이렇게 어려운 일을 우리 초등학생들이 겉으로 보기에 무리 없이 거의 모두 해내고 있습니다. 어떻게 보면 참으로 기특한 일이고 신기한 일입니다. 글씨를 쓸 줄 알게 되어 일기도 쓰고 다른 글도 쓰게 된 어린이는 그전의 어린이와 다른 새로운 존재가 된 것입니다. 이것이 교육에 의해 일어난 발달적 변화입니다.

비고츠키는 글말과 문법의 교수-학습에서 글을 쓸 수 있게 되는 것 이상의 의미를 찾아냈습니다. 어린이는 글말과 문법 덕분에 자신이 학교에서 하는 것을 의식적으로 파악하고 자신의 기능을 의도적으로 사용하는 것을 배웁니다. 이렇게 어린이의 능력이 무의식적, 자동적인 측면에서 의지적, 의도적, 그리고 의식적인 측면으로 이동하는 데 결정적인 역할을 하는 것이 바로 글말과 문법의 교수-학습인 것입니다. 점점 더 '주체'가 되어갑니다.

2. 의식적 파악과 의지적 숙달(통제)이 형성되고 기억과 주의가 발달의 전면으로

유아기 후반에 '자기중심적 말'의 발달로 내적 말로 가는 경로가 개척되어 말의 지적 기능이 강화되었으나 아직 학령이 어린이의 사고는 구체적이고 경험적이며 기억에 따라 생각합니다. '기억'이 이 시기 지성의 중심입니다. 즉 생각은 기억에 의존합니다. 어린이에게 생각한 것을 말하라고 요구하면 흔히 '기억나는 것'을 이야기합니다. 하지만 이때의 기억은 이전의 기억과는 조금 다릅니다. 언어적인 기억을 합니다. 시각장의 노예를 벗어나 기억을 배열하는 데 언어를 도구로 사용할 수 있습니다. 이 시기 학습은 기억 기능을 통해 어느 정도 '커버'가 가능합니다. 아직은 구체적인 내용을 기억 작용으로 조작하는 것이 대부분이며 또한 그런 정도의 기능이 이 시기에 적합합니다. 사고력 훈련을 한답시고 선행 학습을 해도 이 시기 어린이들이 의존하는 기능은 '기억'입니다.

가장 중요한 것은 학령기 어린이는 학교 학습을 통해 자신의 기억과 지각, 주의에 대한 의식적 파악과 의지적 숙달 기능을 획득한다는 사실이며 학교 학습을 통해 어휘력을 늘리면서 아직 이해에 도달하지 못했을지라도 많은 낱말을 뜻을 알게 되고 이것이 기초가 되어 이후 개념들 간의 연관을 파악할 수 있게 된다는 것입니다. 이러한 학령기의 발달들은 후속하는 발달의 시기인 청소년기에 개념적 사고 발달로 나아가기 위한 심리적, 기능적 토대가 됩니다.

또한 전반적으로는 기호를 "외적으로 조작하는 단계", 즉 외적 기능이 내면화되는 중간 단계이고 순수한 언어적 사고에 아직은 취약합니다. 메타포도 아직 잘 이해하지 못합니다. 구체적 시각적 사고가 강하기 때문에 농담이나 비유적 표현을 잘 이해하지 못합니다. 이런 이유로 교수-학습 과정에서 말로만 하는 설명은 상당히 어렵게 느낄 수 있습니다. 다양한 구체물들이 유용하게 구실하므로 교수-학습과정에서 '매개'를 고안하고 직접 조작하게 해보고 이를 배운 것과 구체적인 지점에서 연결할 수 있도록 안내하는 교사의 지도가 필요한 시기입니다.

5절 청소년기: 개념적 사고 발달과 협력 활동

1. 전통적 관점의 청소년기 인식에 대한 비고츠키의 비판

신체적, 성적 성숙이 급격하게 진행되고 호르몬의 영향으로 정서가 요동치는 시기…… 이것이 전부일까요? 외적인 변화는 확연해 보입니다. '준'성인입니다. 행위도 어른을 따라서 하려고 합니다. 그런데 비고츠키는 청소년기 '내적 변화'에 주목하자고 제안하고 이를 강조합니다. 예나 지금이나 청소년기는 굳이 묘사하자면 '어둠'에 가깝습니다. 뭔가 불안하고 안정되지 못한 시기. 사회적으로나 정신적으로나 그렇게 보입니다. 그런데 이 시기 '빛나는 발달'이 일어납니다. 그것은 바로 '지적 혁명'이라고 비고츠키는 이야기합니다.

어린이와 청소년의 사고 양식은 같을까요, 다를까요? 이것이 비고츠키가 제기하는 질문입니다. 이미 피아제 등의 학자들도 청소년기에는 다른 생각의 양식을 갖게 된다고 연구 결과를 발표했습니다. 루소나 로크 등 예전의 사상가들도 과학적 근거는 취약하지만 경험적으로 청소년기는 '이성이 발달하는 시기'라고 못 박기도 했었습니다. 오히려 현대에 와서 이런 인식이 희박해진 것은 아닌가라는 생각도 해봅니다.

전통적 관점에서는 청소년기의 신형성을 거부하고 3세 어린이의 생각 양식의 연속선에서 강화, 심화되는 것으로 규정한다.「청소년기 생각 발달과 개념 형성」, 영문판 비고츠키 선집 5권 2장, p. 30

즉, 전통적 관점에서는 청소년과 그 이전 시기의 생각 발달에 대해 양적인 변화일 뿐 질적인 차이는 없는 것으로 규정하고 있음을 비고츠키는 지적합니다. 질적인 차이를 인식하지 않으면 '발달을 고려한 교육'을 하지 않게 됩니다. 선행 학습, 어린이에게 추상적인 개념 학습을 강요하는 것이 그래서 무효과를 넘어서 역효과를 내는 것이 이와 무관하지 않습니다.

그러나 비고츠키는 청소년기를 '지적 혁명'이 일어나는 시기로 규정합니다. 청소년기는 뇌 발달과정에서 대대적 공사가 진행 중인 시기입니다. 청소년기에는 이성적 사고력을 관장하는 전두엽이 활성화됩니다. 불과 얼마 전인 1990년대 초반까지만 해도 뇌의 성장은 5, 6세에 거의 완성된다고 보기도 했습니다. 그러나 뇌과학이 발전하면서 청소년기 뇌 발달의 특성과 인간의 뇌는 정도는 다르지만 끊임없이 변화해나감이 밝혀졌습니다. 예컨대 어린이 지성의 주된 토대가 주의를 기반으로 한 '기억'이었다면 청소년기에 지성의 주된 토대는 사고입니다. 엄청난 변화입니다. 이 시기 기억과 사고의 관계가 바뀌게 됩니다. 기억 의존적 생각에서 생각에 의한 기억으로 변화한다고 합니다. 자연적 기억은 12세 정도에 최고조라고 합니다어린이들은 어른에 비해 자기가 본 것, 들은 것을 생생하게 재생할 수 있음. 그런데 '문화적 발달'을 통해 기억 기능에서 질적인 변화가 초래됩니다.

'13세의 위기'에서 시작해 청소년은 앞선 발달을 토대로 하되 엄청난 변화, 인격의 총체적 발달의 여정을 겪습니다. 그러나 모든 청소년기에 등장하는 신형성이 아직은 과도적입니다. 예컨대 청소년은 낱말을 개념으로 사용하지만 복합체로 정의합니다.

비고츠키 교육학에서 위기의 시기라고 규정한 13세우리로 치면 초6에서 중1 시기는 왠지 퇴행적으로 보이기도 하는 연령입니다. 말도 안 듣고, 기억도 깜빡깜빡하고, 성적도 초등 때보다 못하고중1 아이들은 대부분 성적이 떨어졌다고 한탄 그렇습니다. 청소년에게 요구되는 중등교육과정의 '추상적, 논리적 사고'가 아직 정착되지 않은 상태이기 때문입니다. 예컨대 산술에서 대수로 넘어가는 과정이 사실은 굉장히 어려운 일입니다. 여타 교과에서도 모든 낱말은 의미의 이해를 요구합니다. 더 이상 기억으로 승부를 볼 수가 없습니다. 이해를 하지 못하면 기억도 잘 할 수 없게 됩니다. 낱말을 '총집합(범주적 개념)'으로 사용하는 교수-학습 과정이 시작되기 때문입니다. 더 이상 구체적, 시각적, 경험적 사고만으로는 수행이 되지 않습니다. 그래서 '일시적 저하 현상'은 당연한 것이기도 합니다. 이 시기 진도 빨리 나가고 힘들어하는 아이에게 왜 못하느냐고 구박하면 안 됩니다. 당연히 모든 것이 어려운 시기입니다.

13세의 위기에서, 이 시기 학생들의 정신 활동의 생산성이 감소하는 것은 주의로부터 이해와 추론(연역)으로의 변화에서 기인한다. 보다 고차적인 지적 활동 형태로의 전환은 작업 능력의 일시적인 감퇴를 동반한다. 이 또한 위기의 부정적 징후로 단정되곤 하지만, 모든 부정적 징후의 이면에는 새롭고 고차적인 형태로의 이행 과정 속에 항상 포함되는 긍정적인 내용이 숨어 있다.「연령의 문제」, 영문판 비고츠키 선집 5권 6장, p. 194

2. 생각의 내용과 양식의 관계,
   생각 발달을 이끄는 교육 내용

전통적 이론은 청소년기 생각 양식이 3세 유아와 본질적으로 다를 바 없다고 보았습니다. 혹은 차이를 인정하더라도 청소년기 생각에서 내용 변화는 문화적 발달의 결과로, 생각 양식 변화는 생물학적 변화의 결과로 여기면서 둘로 쪼개어 다른 요인을 가진다고 여겼습니다. 그러나 비고츠키는 생각의 내용과 양식은 분리 불가분한 상호 의존적 관계에 있다고 말합니다. 뇌의 성장과 같은 생물학적 변화와 함께 생각 내용이라는 문화적 요인이 결합되어야 생각 양식도 바뀔 수 있는 것입니다. 이를테면 수학, 과학 등의 학문적 지식(내용)은 논리적, 언어적 사고(양식)와 뗄 수 없습니다. 구체적이고 시각적인 사고로 중등 교육과정의 추상적 논리적 내용을 생각하고 문제를 해결하는 것은 불가능합니다. 앞서 말했듯이, 이런 점에서 많은 중학교 1학년 아이들이 학습에서 어려움을 겪는 것은 어찌 보면 당연한 것입니다. 어려움을 겪지만 대부분은 이를 극복하면서 체계적인 학문적 지식들을 접하고 새로운 사고 양식으로 나아갑니다. 다는 이해하지 못해도 학년이 올라갈수록 이해 수준도 높아지고 할 수 있는 것도 많아집니다.

하지만 이전 연령의 어린이들에게 이런 추상적이고 논리적인 내용을 학습거리로 제시하면 위기를 겪다가 도약하는 것이 아니라 수렁으로 빠지게 됩니다. 또 논리적이고 추상적인 사고가 가능해졌다고 해서 '상대성 원리' 등을 청소년들에게 들이미는 것도 근접발달영역 창출에 실패하는 길입니다. 교육과정을 구성하는 내용의 성격에 대한 이해와 근접발달영역에 대한 교사들의 의식적이고 의도적인 태도는 그래서 중요한 것입니다.

개념에도 '위계'가 있습니다. 추상성과 일반성의 정도가 개념에 따라 다른 법입니다. '생명이 뭔지 정의하시오'라는 문제를 과연 어느 누가 쉽게 서술할 수 있겠습니까. 이 시기는 개념 간의 관계를 파악하는 시기입니다. 9는 3의 배수이다 등등도 단순하지만 일종의 개념 간의 관계인 것입니다. 관계 속에서 개념의 의미를 파악하는 것이 이전 시기와 크게 달라지는 점입니다. 그래서 '개념적 사고'가 가능해지는 것입니다. 핀란드는 중학교에서 생물을 가르치고 고등학교에서 생물학, 즉 학분적 체계(개념들 간의 관계)를 가르치는 식으로 개념적 사고를 위한 학습을 해서 교과를 분화하고 내용을 위계화하여 교육과정 구성을 한다고 합니다. 발달을 고려할 뿐만 아니라 발달을 이끌기 위한 교육을 위해 교육과정을 구성한 셈입니다.

3. 청소년기의 신형성의 열쇠, '개념적 사고'

'새로운 사고 양식'이 출현하여 여러 정신기능들이 한층 '고차화', 즉 보다 지성화되기 시작합니다. 청소년기에 비로소 낱말을 '진개념'으로 사용할 수 있게 됩니다. 물론 앞선 발달의식적 파악과 숙달. 그리고 체계적이지 않지만 많은 개념들을 학교에서 배웠고 이제 개념을 가지고 생각할 가능성이 마련된 셈을 토대로 학교에서 체계적인 교수-학습을 통해 일어나는 일입니다. 일상적 개념(경험)과 학문적 개념(지식)의 결합이 교수-학습에서 근접발달영역을 창출하는데, '과학적 지식'은 개념에 대한 숙달의식적 파악과 의지적 사용을 요구합니다.

개념적 사고가 청소년기 다른 기능의 발달을 맨 앞에서 이끄는 선도적 역할을 한다는 점에서 비고츠키는 이를 매우 강조합니다. 낱말을 '개념'으로 사용하는 청소년의 지각, 기억, 주의, 상상도 새롭게 재편됩니다. 세상을 '경험'하던(겪던) 어린이가 이제는 보다 분명한 '자아'를 가지고 세계를 '인식'하는 청소년이 되는 것입니다. 즉 앞선 발달을 토대로 주체가 되어가는 인생의 아프면서 찬란한 시기가 바로 청소년기입니다. 개념적 사고가 왜 발달을 이끄는 중심 기능인지 비고츠키는 지각, 주의, 기억, 상상과 창조에서의 변화 등을 살피면서 설명합니다.

(1) 지각과 개념적 사고: 범주적 지각의 형성

인간은 대상을 개념으로 창조함으로써 즉각적 상황으로부터 자유를 획득하게 됩니다. 낱말의 도움을 통해 어린이는 사물들을 인식할 수 있으며 어린이는 낱말의 도움이 있어야만 비로소 대상을 실재적이고 지적으로 지각할 수 있습니다. 청소년의 시각적 사고는 추상적 사고, 개념으로 생각하는 것을 포함하는데 청소년은 그가 지각한 실재를 개념 속에서 종합할 수 있게 됩니다. 즉 청소년은 시각적 지각 행위 속에서 구체적 사고와 추상적인 사고를 결합합니다. 이것이 복합체로 사고하는 어린이와 개념으로 사고하는 청소년의 지각에서의 차이이며, 개념적 사고를 통해 청소년은 범주적 지각을 할 수 있게 되며 지각보다 생각을 통해 더 많이 기억하게 됩니다.

(2) 기억과 개념적 사고: 논리적 기억의 발달

자연적 기억 능력이 학령기 막바지에 최고조로 달하는 것은 맞지만, 지성과 기억의 종합을 토대로 하는 논리적 기억은 오직 청소년기에 진정으로 성취됩니다. 학령기 초기 어린이의 지성은 기억에 의존합니다. 즉 기억에 의해 생각합니다. 어린이에게는 생각한 것을 이야기해라고 요구해도 기억한 것을 이야기합니다. 어린이의 사고는 구체적이라는 특징이 있으며 기억, 경험, 심상에 의존하며 어린이 지성의 주된 토대는 기억인 것입니다.

그런데 학령기가 주로 기억에 의해 지적 활동이 지배되던 시기였다면 청소년기 발달의 과정에 접어들면 기억과 지성의 관계가 뒤바뀌기 시작합니다. 청소년의 기억은 사고에 의존합니다. 어린이가 경험적으로 지각한 이미지를 기억하고 기억을 통해 사고를 하는 반면, 개념적 사고와 추상적 사고를 할 수 있는 청소년은 지각한 것을 논리적으로 종합하여 기억합니다. 즉 지각한 이미지를 기억하는 것이 아니라 관념을 기억하게 됩니다. 직접적이고, 직관적이고, 자연적인 기억은 청소년기에는 매개된 형태의 문화적인 기억으로 전이됩니다. 낱말을 상징으로 사용하고 낱말을 매개로 기억을 하는 것은 그보다 이른 시기에 시작되지만 이것만으로 문화적 기억이 발생하는 것은 아닙니다. 자신의 기억을 스스로 통제할 수 있는 기호의 기능적 사용 즉 인류가 기억술을 만들어내면서 자신의 기억을 통제하였듯이 어린이의 기억 발달과정도 마찬가지입니다. 청소년기에는 개념을 통해 기억합니다. 청소년의 기억은 직접적이고 직관적인 이미지로부터 자유로우며 개념으로 기억하는 논리적 기억입니다. 청소년기에는 내적 말이 외적 말로부터 완전히 떨어져 나와 강력하게 발달하는 가운데, 내적 말에 의존하는 언어적 기억 그 자체는 지적 기능의 일환으로 전환되고 기억과 사고의 이전 단계의 관계는 완벽하게 뒤집어집니다. 논리적 기억은 매개된 기억의 내적 형태입니다. 어린이에서 청소년으로 성숙하는 과도기에 일어나는 내적 기억으로의 이행은 내적 말의 강력한 발달과 연결되어 있습니다. 외적 기능의 내적 기능으로의 전이의 법칙은 여기에서도 마찬가지입니다.

(3) 주의와 개념적 사고 : 자발적 주의의 발생

주의도 기억과 마찬가지로 지성화됩니다. 자신의 주의를 어떻게 스스로 통제하는지 모르는 동물들은 시각장의 노예나 마찬가지입니다. 이 때문에 시각장의 구조의 영향으로부터 자유로울 수가 없습니다. 어린이의 사고는 주의에 종속되지만 생각이 발달하면서 주의는 사고에 의존하게 됩니다. 그래서 자발적 주의가 형성되기 시작합니다.

능동적이고 의지적인 (자발적) 주의의 일차적인 특징은 그것이 생각과 결합되었다는 점입니다. 주의의 발달과 개념의 발달은 상호 관련됩니다. 주의의 발달이 개념의 발달에 앞서 개념 발달을 이끌며 개념의 발달은 주의를 더욱 높은 수준으로 고양시켜나갑니다 _{자발적 주의는 학령기에 그 맹아가 발생하기 시작하여 개념적 사고가 형성되는 청소년기에 주된 양식으로 발달.}

어린이는 성인보다 풍부하고 세밀하게 대상을 지각합니다 _{예를 들어 대체로 어린이들은 처음 가본 길의 풍경을 어른보다 훨씬 구체적이고 세밀하게 기억.} 이러한 어린이 지각의 특성의 이면에는 협소하고 비자발적인 주의가 있습니다 _{그래서 지각의 자극을 받은 풍경들은 더 잘 기억하지만 전체 길의 경로를 파악하는 것은 어른보다 못함.} 어린이는 아직 자신의 의지하에 과정과 대상을 통제하는 주의의 기제를 가지지 못한 상태입니다. 어린이의 주의는 직접적이고 비의지적(비자발적)이며 외부에 의해 통제됩니다. 주체와 대상의 관계에서 대상의 지배를 받습니다. 대상이 주체의 주의를 흩트리거나 주의를 끄는 것입니다. 달리 말해 어린이는 자신의 주의를 끄는 대상에 주의를 기울입니다. 반면 청소년 시기에는 사고의 발달과 개념적 사고를 통해 고차적 형태의 매개된 주의가 발달합니다.

주의 발달은 두 가지 기본적인 발생적 단면을 경과합니다. 첫째는 외부의 통제를 받는 단계입니다. 두 번째는 내적(자율적) 통제의 단계입니다. 학령기 어린이가 첫 번째 단계에 해당하며 청소년기가 두 번째 단계에 해당합니다. 청소년기라는 과도적 시기에 외적 통제로부터 내적 통제로의 내적 혁명이 일어납니다. 외적 기호의 조작이 없이도 내적인 조작을 통해 스스로 주의를 조절할 수 있게 되는 것입니다. 고차적 주의는 개념적 사고에 기능적으로 의존합니다.

(4) 청소년의 상상과 개념적 사고: 창조적 상상의 발생

'상상'의 문제와 관련하여 비고츠키는 병리적 퇴행 현상으로부터 안티테제를 끌어냅니다. 어떤 원인에 의해 고차적 정신기능이 붕괴된 환자들은 상상을 전혀 하지 못합니다. 이는 통념과 다릅니다. 환각과 상상에 빠져 현실감이 없을 거라고 여기는 대부분의 경우나 어린이가 상상이 더 자유롭고 풍부할 것이라는 일반적 견해와 반대되는 것입니다.

비고츠키의 사례 관찰에 따르면, 정신적 병리 현상을 겪는 고등정신기능이 붕괴한 환자는 상상을 전혀 하지 못합니다. 그들은 지각에 종속되어 철저히 구체에 속박된 사고를 함으로써 사고 기능에서 상상을 할 수가 없었습니다. 고차적 정신기능은 개념적 사고와 말을 토대로 구축되지만 이것이 붕괴된 환자는 직접적이고 구체적인 지각에 완벽히 의존하는 상태가 된 것입니다. 예컨대 어떤 환자는 갈증을 느끼지 않는 상태에서는 컵에 물을 붓지 못했습니다. 오른손을 쓸 수 없게 된 어떤 환자는 "나는 오른쪽 손으로 글씨를 아주 잘 쓸 수 있다"는 문장을 그대로 따라 하지 못했습니다. 번번이 '오른쪽' 대신에 '왼쪽'이라는 단어로 바꾸어 따라 했습니다. 이 모든 경우는 구체적 상황에 행위, 사고, 지각, 행동이 완전히 의존하고 있음을 보여주는 것으로서, 이러한 구체적 상황에의 종속은 고차적 정신기능들이 붕괴되었을 때 나타나는 퇴행적 결과이며 개념으로 생각하는 메커니즘이 붕괴되어 발생적으로 초기의 형태인 구체적 사고가 그것을 대체하게 된 것입니다.「청소년의 상상과 창조」, 영문판 비고츠키 선집 5권 4장, p. 151

상상과 창조는 경험한 것들을 자유롭게 처리하고 자유롭게 결합하는 것입니다. 상상과 창조는 "구체적 상황과 직접적 지각으로부터 자유로울 수 있을" 때 비로소 가능합니다. 사고와 행동, 인식의 내적 자유가 상상과 창조가 가능한 전제 조건입니다. 이러한 구체적 상황의 구속으로부터 벗어난 생각의 내적 자유는 개념 형성을 숙달하게 되었을 때 비로소 획득됩니다.

기존의 견해에서는 상상을 정서하고만 연결시키고 지적 영역과의 연결을 배제했습니다. 그러나 비고츠키에게 있어서 상상은 특별한 상황과 활동에서만 필요하고 발휘되는 것이 아니라 인간의 정서적, 지적 활동 모두에서 보편적으로 필요한 것이며 누구나가 획득할 수 있는 능력으로 규정됩니다. 푸시킨도 "상상은 시에서만 필요한 것이 아니라 기하학에서도 반드시 필요하다"라고 한 바 있습니다.

당대의 학자들이 상상과 개념적 사고를 독립적이고 심지어 대립적이라고 본 것과 반대로, 비고츠키에 따르면 청소년기의 상상 역시 기억, 주의, 지각, 의지와 마찬가지로 개념적 생각과 연결됩니다. 아동기 기억 영역에서 작동하던 직관적 심상은 청소년기에 기억 영역으로부터 상상과 창조의 영역으로 이동합니다. 아동기의 놀이는 청소년기의 상상으로 전환됩니다. 그러나 아직 청소년기의 상상은 구체가 뒷받침되어야 합니다. 시각적이고 구체적인 사고는 청소년의 지적 삶에서 사라지지 않으며 다만 상상의 영역으로 이동하여 다른 기능들이 그러하듯이 고차적인 수준으로 상승합니다.

청소년기에는 기초적 형태의 창조가 발생하는데, 청소년의 상상은 어린이의 상상에 비하면 창조적이지만 아직 어른의 상상보다는 덜 창조적입니다. 그러나 상상이 창조적인 형태로 나타나는 첫 시기가 청소년기라는 데 큰 의미가 있습니다. 여기에서 청소년의 지성과 상상의 관계는 명백합니다. 병리적 현상에서 보았듯이 구체적 상황으로부터의 자유가 전제되지 않는 한 상상은 불가능합니다. 이러한 자유는 오직 개념으로 사고할 수 있을 때만이 가능합니다. 이렇게 볼 때 청소년기 창조적 상상을 형성하는 가장 핵심적인 요소는 개념적 사고라 할 수 있습니다.

4. 청소년기의 발달을 이끄는 선도적 활동과 협력 기능의 발달

> 제레미 리프킨은 21세기를 '공감의 시대'라고 했다. 우리의 지능 가운데 인간 친화 지능과 자기 성찰 지능이 중요한 역할을 하게 되며, 사회경제적으로도 교류 양식의 변화가 일어나고, 닥쳐올 위기들 또한 협업을 통해 극복될 수 있을 것이다. 「문명. 그 길을 묻다-세계 지성과의 대화 (3)
하워드 가드너 미국 하버드대 교수」, 『경향신문』, 2014. 1. 27

청소년기는 협력 기능이 고차화될 수 있는 토대를 갖춘 시기입니다. 직접적인 대면 관계를 기반으로 한 비체계적이고 외부의 규율이 우세한 아동기의 비주체적 협력 형태로부터 사회적 관계에 대해 보다 확대된 인식을 토대로 한 체계적이고 조직적인 주체 간의 협력으로 나아가는 과도기적 과정이 청소년기에 펼쳐진다고 볼 수 있습니다. 대체로 청소년 전기에서 후기로 갈수록 협력의 역량과 형태는 점점 발달합니다.

청소년기 협력 기능의 발달은 청소년의 집단과 세계에 대한 관심, 흥미와 관련되는데, 청소년기는 기존의 관계보다는 새로운 또래 집단에 대한 관심과 흥미가 매우 높아지고 그 영향력이 과잉되는 시기입니다. 이는 이전 연령에 비해 동료들과 더 나은 협력을 할 수 있고 협력 활동을 통해 전진할 가능성을 의미하는 동시에 '선도적 활동과 성인의 지도'가 결여될 경우 왜곡된 '또래 문화'나 '패거리 의식'에 머무르는 것으로 왜곡될 수도 있음을 의미합니다. 간혹 공식적 학교 문화에 대한 청소년들의 대항 그 자체를 잘못된 지배체제에 대한 저항으로 오해하는 경우가 있습니다. 그러나 비고츠키는 진정한 저항에는 개념적 사고가 내재되어야 한다고 봅니다. 예를 들어 폴 윌리스가 『학교와 계급 재생산』이라는 책에서 다룬 연구에 보면 '싸나이들'이 나옵니다. '싸나이들'은 어차피 노동계급이 될 자신들의 현실을 '간파'하고 공식적인 학교 문화와 규율에서 벗어나 비공식적인 자신들만의 거친 문화-음주, 흡연, 거친 복장과 말투, 학습 경시, 수업 이탈과 방해, 마초적 행동 등을 행하는 청소년 집단을 가리킵니다. 반면에 선생님 말 잘 듣고 숙제 잘 해오는 착실한 학생 집단우리로 치면 범생이을 '귓구멍이들'로 부릅니다. 이들은 나중에 어떻게 되었을까요? 학교 공식 문화에 저항했던 아이들이 커서도 지배체제에 더 저항적일 것이라 생각할 수도 있지만 이들에 대한 추적 조사 연구의 결과는 그렇지 않았습니다. '싸나이들'은 음주, 마초, 스포츠 문화에 젖어든 채 지배체제에 순응심지어 구사대로도 활약해갔던 반면 노동운동 활동가들은 오히려 '귓구멍이들'에게서 배출되었습니다. 이 사례는 진정한 저항의식에는 사회구조를 주체적으로 바라볼 수 있는 개념적 사고가 내재되어야 하며 개념적 사고를 발달시키는 체계적 학습이 필요함을 보여줍니다. 그래서 폴 윌리스는 '싸나이들'의 '대항적 문화'가 자본주의 지배체제를 극복하기보다는 오히려 재생산하는 데 기여하는 구조적 제약 속에 놓여 있다고 분석하고 있습니다.

청소년기에 부각되는 '집단 속에서 인정받는 나'에 대한 지향과 관심은 아직 물론 '과도적 시기'이기 때문에 완성을 기대해서는 안 되지만 청소년기를 경유하면서 협력 역량이 형성되는 것이라고 보아야 합니다. 이는 '공감의 시대'라는 문화역사적 미래의 창조에서도 중요합니다. 청소년기는 '사회적 협력'이라는 '신형성'의 토대가 형성되는 시기입니다. 청소년기는 감정이입이 가능해지고 논리적, 추상적 사고가 발달하는 시기라는 점이 협력의 발달과 관련되어 중요합니다. 내적 말과 개념적 사고의 발달, 경험의 확대를 통해 공감 능력이 한 단계 질적으로 도약하게 됩니다. 직접적 관계주변의 가족, 친구, 어른에 한정된 공감으로부터 간접적으로 접하는 타인에 대한 것으로 확장이 가능해지는 시기입니다. 어린아이라면 엄마가 울고 있는 모습을 보고 위로의 의미로 과자나 아끼는 장난감을 줄 테지만객관적 사고가 형성되기 이전. 피아제에 따르면 자기중심적 생각의 시기, 청소년은 이와 다른 행동을 할 가능성이 생기는 때입니다.

패거리 의식과는 구별되는 집단의식의 형성은 '공동체적 경험'만으로 이루어지지 않는다는 것이 비고츠키의 냉철한 판단이었습니다. 이는 당대 러시아 이론가들이 혁명 이후 '집단의식'을 중시하면서 그 조건으로 '공동체 활동'에 매몰되는 양상을 비판하는 의미도 담겨 있습니다. 집단적 활동에 대한 청소년의 관심과 흥미는 개념적 사고, 공동의 실천의 과정을 경유하고 이 둘이 결합되어야 사회적 의식으로 나아갈 수 있다고 비고츠키는 보았습니다.

이런 점에서 교육과정의 중요한 또 하나의 축이 있습니다. 교과 활동 외에 청소년들이 협력적 집단 활동을 할 수 있는 장이 마련되어야 합니다. 문화역사적 주체로서 청소년이 배우고 누려야 할 교육과정과 경험의 측면에서 '동아리', '학생회', '학급자치회' 등의 조직적 틀을 매개로 협력적 활동을 수행할 수 있도록 하는 것입니다. 이런 활동은 민주주의의 훈련이라는 의미도 지닙니다. 자연발생적-비의식적인 일상적-과정만으로는 협력 기능이 고차화될 수 없습니다. 의식적이고 체계적인 형태로 개념적 사고 형성과 함께 협력 활동을 수행할 수 있도록 하는 것이 필요합니다. 그래야 성인이 되었을 때 협력적 노동 활동과 사회 활동이 내재화되어 그 기능을 올바로 발휘할 수 있습니다. 청소년의 관심과 흥미와 맞아떨어지는 학급 행사, 학교 축제, 동아리 공연 발표 등은 '고차적 협력 기능'으로 나아가는 근접발달영역을 창출하는 활동들입니다. 동기와 목적으로 결합된 집단의 과업을 공동으로 수행해내고 난 후 한층 성장한 모습이 청소년들에게서 발견됩니다. 물론 이 과정에서 조직적이고 체계적인 협력으로 상승시키는 것은 교사의 몫이라고 하겠습니다.

협력과 주체성은 상호 의존적인 관계에 놓여 있습니다. 협력 없이 주체 없고 주체 없이는 협력 또한 없습니다. 협력을 통한 발달과정은 곧 '주체화'의 과정입니다. 그리고 주체가 될 때 비로소 사회적 협력으로 나아갈 수 있습니다. 협력은 '주체' 간의 관계와 상호작용을 의미합니다. 협력은 집단에 대한 개인의 희생과 협조 개인은 수동적 구성원에 불과하며 타 집단에 대해 배타적이고 심지어 적대적이며 집단 내부의 관계는 비민주적인 경우를 의미하지 않습니다. 협력의 발달이 정체되면 인격의 지속적 발달에도 문제가 발생합니다. 사회적 협력을 통해 기능을 내면화하는 것이 인간 발달의 본질임에 비추어 볼 때 협력 기능의 정체는 곧 지속적 인격 발달에 큰 장애물이 생김을 의미합니다.

5. 발달 지연과 문화적 원시성

개념적 사고를 열쇠로 하는 청소년의 인격(인성)의 총체적 발달은 '자연발생적'으로 이루어지지 않는다는 것이 비고츠키가 강조한 바입니다. 비고츠키는 발달 지연의 문제를 생물학적 결핍이 원인이 된 '장애'와 구분하여 문화적 결핍이 원인이 되어 나타나는 것이라며 '원시성'으로 지칭하였습니다.

가끔 나이로 보나 몸으로 보나 어엿한 청소년인데 초등학생과 같은 생각과 행동을 하는 경우들이 있습니다. 또한 유아 및 아동기에 형성되었어야 할 '자기 규제', '주의집중' 등의 기능 발달이 미약하여 학습 상황 자체를 어려워하는 청소년들도 제법 됩니다. 이러한 현상은 대부분 장애로 인한 것이 아니라 문화적 발달이 결여된 발달 지연 현상이라 할 수 있습니다. 그런데 개념적 사고 발달과 관련하여 본다면 한국 청소년의 경우 발달 지연의 문제는 일부의 문제만이 아니라 전반적인 문제라 볼 수 있습니다. 과도한 양과 난이도의 교육과정으로 학습 포기자들이 양산되고 있으며, 암기식·문제풀이식 입시 교육 속에서 공부를 열심히 하는 청소년들도 개념에 대한 형식적 이해만 쌓일 뿐 '진개념'으로 나아가지 못합니다. 구조적 경쟁 속에 협력, 공감 기능의 발달도 미약하며 스스로 판단하고 실천하는 주체성 발달은 심각한 결여 상태에 있습니다.

이러한 청소년의 발달 지연의 문제는 한 개인의 인생사 측면에서는 물론이거니와 사회적, 역사적 문제로도 연결됩니다. 문화적 역량의 감퇴는 물론이고 사회적 의사소통과 민주주의의 역량이 약화될 것입니다. 이는 문화역사적 발전의 동력이 되는 사회 역량의 퇴보를 의미합니다. 자라나는 아동, 청소년들의 주체적 삶을 위해서나 문화역사의 발전을 위해서나 '개념적 사고를 기반으로 한 주체적 인간' 발달을 위한 교육으로 재구성되어야 할 것입니다.

6장
비고츠키 교육학의
실천적 적용

이 장에서는 비고츠키 교육학의 적용 문제를 다룹니다. 이미 비고츠키 교육학은 많은 나라에서 이론과 실천에 적용되고 있으며 국내에서도 시도되고 있습니다. 비고츠키 교육학은 관점과 방향, 원리, 실천을 포함하는 일련의 총체적인 교육철학 및 이론 체제입니다. 그래서 관심에 따라, 그 해석의 관점에 따라 매우 다양한 스펙트럼을 보입니다. 먼저 1~2절에서는 국내외의 적용 사례를 살펴보고 3~5절에서는 우리 교육 문제속에서 실천적 적용의 문제를 논의해보고자 합니다.

1절 비고츠키 교육학의 적용 1 : 세계

비고츠키 교육학을 적용한 세계의 사례로 국가의 교육 체제 혁신을 꾀한 핀란드의 국가교육과정과 수업 혁신에 적용한 사토 마나부의 배움의 공동체와 기타 교수-학습 사례들, 그리고 OECD 생애핵심역량 등을 소개해봅니다.

1. 핀란드 국가교육과정

최근 교육계를 중심으로 핀란드 등 북유럽 교육 탐방과 관련 세미나가 유행입니다. 핀란드 교육에 대한 관심은 질 높고 여유로운 교육을 하면서도 국제학업성취도 평가인 PISA[1]에서 2000년대 이후 연달아 최상위권을 보이면서 촉발되었습니다. 경쟁, 서열을 교육적으로 금기시하는 핀란드에서는 막상 별다른 의미를 부여하지 않지만, 이러한 사실은 핀란드 교육의 발달적 성과를 간접적으로 보여주는 것이라 할 수

---

1. OECD에서 각국 교육정책을 수립하는 기초 자료로 제공하기 위해 3년 주기로 시행하는 평가 프로그램Programme for International Student Assessment. 만 15세 학생들의 독해력, 수학, 과학 성적을 테스트함.

있습니다.

핀란드에서는 그들의 교육 성공을 1963년 이후 지속적으로 이루어져온 '종합학교개혁'[2]에서 찾습니다. 초등 및 전기 중등교육까지 모든 학생에게 동일한 기초 교육을 제공하는 것을 골자로 한 개혁은 사회 평등을 강화하고 이러한 교육 개선을 통해 경제 발전을 이룰 것이라는 사회적 합의에 기초해서 진행되었는데, 이러한 핀란드 교육개혁은 비고츠키 교육학을 기반으로 하고 있습니다.

핀란드 공교육 학제

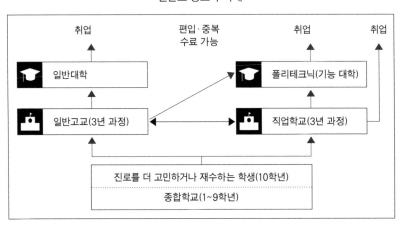

다음은 PISA 2003의 높은 성취에 대한 핀란드 국가교육위원회의 공식적인 논평입니다.

■ PISA 2003의 높은 성취에 대한 핀란드 국가교육위원회의 공식적인 논평
1. 가정, 성, 경제력, 모국어와 관계없이 교육 기회가 평등하다.
2. 어떤 지역에서도 교육에 대한 접근이 가능하다.

2. 이윤미, 「핀란드 교육 성공의 역사」, 『핀란드 교육혁명』, 살림터, 2012, p. 168. 이 개혁의 결과로 이전까지는 11세에 공민학교와 문법학교로 분화되던 체제가 전기 중등교육까지 통합된 모델로 바뀌었고, 의무교육 연한도 9년으로 늘어남.

3. 성별에 따른 분리를 부정한다.
4. 모든 교육을 무상으로 실시한다.
5. 종합제로 선별하지 않는 기초 교육.
6. 전체는 중앙에서 조정하지만 실행은 지역에서 맡을 수 있도록 교육행정이 유연하게 지원한다.
7. 모든 교육 단계에서 서로에게 영향을 주고 협력하는 점. 동료의식 함양.
8. 학생의 학습과 복지에 대해 개인별로 맞춤 지원한다.
9. 시험과 서열을 없애고 발달의 관점으로 학생을 평가한다.
10. 자신의 생각에 따라 행동하는, 전문성이 높은 교사
11. 사회구성주의적인[3] 학습 개념

후쿠타 세이지, 『핀란드 교실 혁명』, 2007, pp. 69~70.

보다시피 교육에 대한 평등, 무상교육 등 복지 이념을 표명하는 가운데 비고츠키 교육학의 핵심 방향인 '발달의 관점', '협력'의 강조가 두드러집니다. 여기서 강조하고 있는 협력과 발달의 관점, 학습 등은 교육과정에서 더욱 구체적으로 나타납니다.

■ 핀란드 초등교육과정의 특징
• 교육과정의 편성·운영 지침이 없음.
• 특별한 지원이 필요한 학생에 대한 교육과 다양한 지원 방안 설명.
• 학습: 학습의 개념, 학습 환경, 학교 문화, 효과적인 학습 방법, 학습 계획 서술.
• 평가: 학업성취도 수준을 매 학기, 매 학년 단위로 설정하지 않음.
　　국어는 3회(2학년 말, 5학년 말, 9학년 말), 음악은 2회(4학년 말, 9학년 말) 2회, 9학년 말-대학 진학을 위한 총괄 평가 8등급 기준 제시.
• 교과 내용에 대한 진술이 우리 교육과정에 비해 매우 간략함.

배희철, 『비고츠키와 교육이론』, 2012, p. 131.

우선 교육과정 구성 및 운영이 매우 유연하며 간략합니다. 교육과

---

3. 초기에 비고츠키를 사회적 구성주의로 분류했던 상황 때문에 핀란드 교육 관료들은 사회적 구성주의가 핀란드 교육과정의 이론적 토대라고 표명함. 그러나 핀란드 학자들은 비고츠키의 문화·역사적 활동 이론이라고 이론적 지평을 분명히 밝힘.

정 편성, 운영 지침이 없으며 매 학기, 매 학년 단위로 학업 성취 기준을 설정하지 않습니다. 게다가 교과 내용 진술도 간략하고 많은 부분이 학교와 교사의 상황적 재량에 맡겨집니다. 국가교육과정에서는 기본적인 방향과 주제, 목표만 제시됩니다. 이렇게 교육과정을 유연하고 간략하게 제시하는 이유는 학습자와 교사, 지역 등 다양한 조건에 따라 '근접발달영역'을 효과적으로 창출할 수 있도록 재량을 부여하기 위함입니다. 교육과정이 한국처럼 꽉 짜여 있다면 진도, 시험에 매여 상황에 적합한 교수-학습을 펼쳐나가기 어렵습니다.

그리고 교육과정의 유연성과 연동하여 공식적인 평가를 최소화합니다. 교과와 학생들의 특성을 고려하여 몇 년 단위로 평가가 이루어지며 교과마다 시기도 다릅니다. 국어과의 경우 2학년 말, 5학년 말, 9학년 말 3회에 걸쳐 평가가 이루어집니다. 그리고 평가는 결코 서열식으로 이루어지지 않습니다. 기초학교 단계인 16세까지는 다른 학생과 비교하기 위한 시험이 없고, '표준Standard'이라는 용어도 피합니다. 그렇다고 평소에 평가가 전혀 없는 것은 아닙니다. 오히려 평가는 기본적으로 교수-학습 과정의 일부로서 수시로 다양한 방법으로 진행됩니다. 왜냐하면 평가는 발달 가능성을 진단하고 효과적인 도움을 주기 위한 피드백 과정이기 때문입니다. 그래서 교수-학습을 위한 교사의 참고 자료가 되지만 공식적인 평가 기록으로 남지 않습니다. 평가의 의미가 한국과는 전혀 다릅니다.

이는 핀란드의 교육이 아이들의 능력 발달에 틀을 씌우는 일을 무엇보다도 우려하기 때문입니다. 발달에 대한 이러한 관점은 입학 전 프리스쿨preschool 활동에도 반영됩니다. 아이들이 충분한 놀이와 수면을 취하고, 형식 교과는 나중에야 도입됩니다. 이것이 오히려 발달의 최적기에 빠르고 풍부한 언어 학습을 가능케 하는 추동력이 되는 것이지요.

한편, '학습'에 대한 서술에는 비고츠키의 협력과 인간 발달관이 보다 명료하게 담겨 있습니다. 다음은 핀란드 교육과정에서 제시되고 있는 '학습의 개념'입니다.

▶ 학습의 개념
- 학습이 지식과 기능을 형성하는 개별적이며 공동체적인 과정이라는 개념을 바탕으로 하고 있다. 이런 과정을 통해 문화 개입이 일어난다.
- 학습은 교사의 안내에 따라 혹은 독자적으로 혹은 교사 및 또래 집단과의 상호작용 등 다양한 환경에서 일어나는 유목적적 활동이다.
- 새로운 지식과 기능뿐만 아니라 평생 학습을 위한 도구의 역할을 하게 될 '학습하는 습관'도 학습되어야 한다.
- 학습은 학생의 능동적이고 목적 있는 활동의 결과이다. 그 활동을 통해 학습자는 기존 지식 구조를 바탕으로 학습해야 할 자료를 처리하고 해석한다. 학습의 일반적인 원리는 모든 사람에게 똑같지만, 학습은 학습자의 선행 지식과 동기, 학습 습관에 따라 달라진다.
- 상호 협력을 통해 일어나는 학습은 개별 학습에 도움이 된다. 모든 형태의 학습은 독립적 혹은 집단적으로 문제를 해결해가는 능동적이고 목표 지향적인 과정이다. 개개인이 처한 상황이 학습의 출발점이므로 다양한 학습 상황에 주목해야 한다. 학습은 문화와 그 문화가 지닌 의미를 이해하고 사회 활동에 참여할 수 있는 새로운 가능성을 열어준다.

배희철, 『비고츠키와 교육이론』, p. 132.

먼저 학교 학습이 지식과 기능을 형성하는 '개별적인 동시에 공동체적'인 과정임을 명시하고 있습니다. 발달을 '고등정신기능'의 형성 과정으로 보고, '개인화'와 '협력'을 함께 보면서 교사 및 또래와의 상호작용을 중시하는 비고츠키 교육학의 관점이 그대로 녹아들어 있는 것이지요. '문화 개입'은 비고츠키의 '문화적 발달' 원리와 연결되며, 학습에서의 '능동적이고 목적 있는 활동'은 '자기 규제', '자발적 주의', '범주적 지각', '개념적 사고' 등 모든 고등정신기능의 발달에서 비고츠키가 공통적 속성으로 강조하는 '의식성'을 강조한 것입니다. 발달과 협력에 대한 비고츠키 교육학의 핵심 개념과 원리들이 담겨 있는 것입니다.

한편 핀란드에서는 '개별 학습 계획'이라는 것이 있습니다. '개별 학습 계획'은 이전 학년의 학습을 기초로 교사, 학생, 학부모가 함께 학기 초에 수립합니다. 이는 학생의 개별적 발달 상황에 근거하여 근접발달영역을 효과적으로 창출하고 학습자의 능동적이고 목적의식적인 학습을 돕기 위한 것입니다. 학습 계획에는 선택 가능한 학습과 강조할 학습, 보충 학습 등 개별 학생에 관한 지원 사항들이 기록됩니다. 이는 개별 학습과 집단 학습의 결합이라는 차원에서 진행되는 것이며, 개인주의를 강조하는 '개별화 교육'과는 다릅니다. 개인적 발달과 집단적 발달을 결합하면서 함께 도모하는 것입니다.

개별 교과에서는 발달 단계를 고려한 고등정신기능 형성을 중심으로 학습 목표와 주제를 설정합니다. 특히 문화적 도구 중에서 의사소통 도구로 사용되는 언어에 대한 강조가 핀란드 교육과정에 도드라지게 표현되고 있습니다. 예시에 나오는 국어과의 경우 '의사소통 기능'과 '상호작용 능력'을 단계별로 구체화하며 시기별 특징과 학업 성취도 수준을 간략하게 제시합니다. 그리고 의사소통과 주의집중, 학습을 통한 만족과 기쁨, 협력적 활동, 생각하는 습관은 모든 교과에서 공통적으로 강조됩니다.

1) 국어

가. 모국어로서 핀란드어

국어와 문학 교육의 기본 목적은 언어, 문학 및 상호작용에 대한 학생의 흥미를 유발하는 것이다. 국어와 문학 교육은 공동체 지향적인 언어관에 기초해야 한다. 즉 지역사회 구성원의 언어 사용 방식대로 언어를 사용할 때 지역사회 구성원으로서의 의식과 지식이 생겨난다. 학생에게 언어, 문화 능력과 경험에 바탕을 둔 교육을 해야 하며 다양한 의사소통의 기회와 읽기, 쓰기 기회를 제공해야 한다. 이를 통해 학생은 자신의 정체성과 자아 존중감을 기를 수 있기 때문이다. 모국어 교육의 목표는 학생이 사회의 구성원으로서 문화의 형성에 기여하며 사회에 참여하여 영향력을 행사하는 능동적이며 윤리적인 책임감을 지닌 화자이자 독자가 되도록 하는 것이다. 국어와 문학 교육을 통해 학생은 언어적 용어로 세상과 자신의 생각에 접근할 수 있는 경험을 배운다. 그리고 현실을 분석하는 수단뿐만 아니라 현실을 뛰어넘어 새로운 세계를 구축하고 사물을 새로운 상황에 연결시키는 가능성을 습득한다.

나. 시기별 특징
  (a) 1~2학년: 가정과 초기 교육 특히 취학 전 교육에서 시작된 언어 학습을 지속.
  (b) 3~5학년: 언어의 기본 능력을 기르는 것.
  (c) 6~9학년: 학생의 독해 능력을 넓히는 것.
          자신의 목표를 이해하고 자신을 언어 사용자로서 더욱 인식하게 되는 것.

다. 학업 성취도 수준–2학년 말
  (a) 상호작용 기능 발달
  (b) 읽기와 쓰기 능력 개발
  (c) 문학과 언어의 관계의 구체화

라. 학업 성취도 수준–5학년 말
  (a) 상호작용 능력 개발
  (b) 다양한 글을 해석하고 활용하는 능력 개발
  (c) 글을 쓰고 여러 가지 목적으로 그 글을 활용하는 능력 개발
  (d) 언어, 문학, 타 문화와의 관계 발전

배희철, 『비고츠키와 교육이론』, 2012, pp. 138~145.

이상에서 살펴본 것처럼 핀란드 교육과정은 비고츠키 이론을 토대로 수립되었습니다. 그 바탕에는 헬싱키 대학 등 핀란드 교육학계_{핀란드에는 '문화역사적 이론'의 한 조류인 '활동이론'으로 유명한 헬싱키 대학의 엥게스트롬 교수 등 비고츠키 교육학에 대한 연구가 활발함}의 체계적인 비고츠키 교육학 연구와 현장 교사의 실천적 노력이 있습니다. 뿐만 아니라 발달을 선도하는 교육 활동에 대한 인식은 교육과정을 넘어 사회 전반의 정책에 반영되고 있습니다. 예를 들면 보호자와 정서적 기반의 대상 지향 활동

이 이루어지는 시기에 가능한 '3년 유급 휴직'과 노동 현장의 학습권 보장을 들 수 있습니다. 올바른 발달을 위해 사회적 복지와 교육개혁이 함께 추구되고 있는 것입니다.

2. 사토 마나부-배움의 공동체

사토 마나부의 배움의 공동체는 비고츠키 교육학을 학교 개혁 및 교수-학습론에 적용한 사례입니다. 사토 마나부는 21세기 학교의 지향점을 '배움의 공동체'로 설정하고 이를 위해서는 아이들만이 아니라 교사들도 동료와 함께 배우는 전문적인 교육 실천가가 되어야 하며 지역 주민, 학부모, 교육 관료들도 학교를 거점으로 함께 배우고 성장해야 함을 역설합니다. 이런 맥락에서 학교 개혁의 우선 과제로 교실에서의 배움을 개인적인 경험을 기반으로 하는 공동체적인 실천으로 재구성할 것과 교사들 상호 간에 전문가로 성장하기 위한 동료성 구축을 강조합니다.

배움의 공동체가 추구하는 배움은 대화적 실천으로서의 배움, 발돋움과 도약jump, (서로 들어주는 관계를 바탕으로) 서로 배우는 관계, 교사의 동료성으로 구성되는데, 여기에 '사회적 협력', '언어와 매개', '근접발달영역 창출', '반성적 활동' 등 몇 가지 주요한 비고츠키 교육학의 개념이 원용되고 있습니다. 교과 학습 개혁의 중심은 공부로부터 '배움'으로의 전환입니다. 공부가 누구와의 만남과 대화도 필요 없이 지식이 아닌 정보를 획득하고 의미 없는 활동 그 자체에 매몰된 것이라면, 배움은 이와 반대입니다.

배움이란 교육 내용인 대상 세계(사물)와의 만남과 대화이며, 그 과정에서 수행되는 다른 학습자의 인식이나 교사의 인식과의 만남과 대화이며, 새로운 자기 자신과의 만남과 대화이다. 배움은 세계 만들기(인지적 실천)와 친구 만들기(대인적 실천)와 자기 만들기(자기 내적 실천)의 세 가지 대화적 실천에 의해서 수행되는 것이다.[사토 마나부, 『수업이 바뀌면 학교가 바뀐다』, 2012, p. 147]

사토 마나부는 만남과 대화를 강조하는 자신의 배움 개념이 비고츠키의 교수-학습 이론에 근거한다고 밝히고 있습니다.

■Vygotsky의 배움의 이론에 근거:
'심리적 도구'로서의 언어에 의한 의미의 구성
발달은 우선 사회적인 차원에서의 '외언'의 획득으로 성립하고 다음으로 심리적인 차원에서의 '내언'으로 '내화'하면서 진행
– 학습자의 배움이 '근접발달영역'에서 사회적으로 구성되는 것
– 언어를 매개로 한 활동적이고 협동적인 배움을 위한 협동 학습이나 동료 지도
  peer tutoring
– 사물에 대해 의문을 제기하는 대상적 활동과 친구와 의사소통을 전개하는 대인관계와 자기 사고를 구성하는 자기 내 관계로 구성
「비고츠키 교육학의 실천적 적용」, 『진보교육』 46호, 2012.

사토 마나부의 배움 개념에서 '대화'는 배움을 일으키고 깊게 하는 데 중요한 도구입니다. 배움의 공동체에서 대화적 실천은 대상(교재)과 만나고 친구와 주제를 탐구하며 스스로를 표현하는 데 필수적입니다. 서로의 생각을 잇는 대화적 실천으로서의 '배움'은 언어를 의사소통의 도구이자 생각 발달의 중요한 매개로 보았던 비고츠키의 논리와 맥이 닿아 있습니다. '학습자 주체성 신화'와 '자학자습'을 비판하는 사토 마나부에게 수업은 아이, 교사, 교재, 학습 환경의 네 가지로 구

성됩니다.[4] 여기서 교사의 역할은 이들을 조직하여 '만남'과 '관계'를 만들어내는 것입니다. 공동체 수업 방법론이 된 4인 모둠 활동과 ㄷ자형 책상 배치, 점프 학습 과제, 협동 활동 학습지는 이러한 수업을 위한 도구적 장치입니다.

배움의 경험이 협소하고 획일적인 계단형 교육과정에 대한 대안으로 그가 제안하는 '주제-탐구-표현'의 등산형 교육과정은 비고츠키의 나선형 교육과정 개념과 유사합니다. 그리고 "활동적이고 협동적이고 반성적인 배움"을 위한 매개적 활동과 협동 활동은 교수-학습에서 언어의 매개성과 협력, 근접발달영역의 창출을 강조한 비고츠키 이론을 적용한 것입니다.

▶ 활동적인 배움, 협동적인 배움, 표현적인 배움
① 활동적인 배움: 주변 사물과의 접촉, 다양한 체험 활동 등을 통해 학습 의욕을 고취.
② 협동적인 배움: 모둠을 중심으로 모둠원 간의 사회적 상호작용으로 학습 효과 극대화.
③ 표현적인 배움: 다른 사람의 표현에 집중함으로써 자신의 생각을 비추어 보고 서로 배우는 일.
　　　　　　　'모놀로그(독백)'에서 '다이얼로그(대화)'로 전환하도록 하는 것.

▶ 활동·협동·표현의 수업 만들기
1. 활동적인 배움
　•수업에 '주변 사물과의 접촉', '구체물의 조작', '체험'을 포함시킬 것.
　•소재(텍스트)와 몇 번이고 만나게 하기.
2. 협동적인 배움
　•개인과 개인의 생각을 서로 조정하는 협동적인 탐구.
　•상호 교류, ㄷ자형 책상 배치, 남녀 혼합 4인 모둠 구성.
3. 표현적인 배움
　•'집단 속의 나' 발견하기

---

4. '학습자 주체성 신화'란 아이들의 관심과 의욕과 태도 등을 교사와의 관계나 교재나 학습 환경과 떼어내어 아이들 자신의 성향에 따라 주체성을 구하는 신화, 아이들 내면의 주체성에 따라 수행된 학습을 이상화하는 신화임. 사토 마나부, 『수업이 바뀌면 학교가 바뀐다』, p. 35.

- 자기답게 배우기
- 친구로부터 촉발된 표현

*수업 사례 교내 연수: 수업 관찰 및 기록, 일상적인 수업 공개. 사전 검토보다 사후 반성 강조.
*수업에서의 교사의 역할: 듣기, 연결 짓기, 되돌리기 등 이에 대한 구체적 지침.
*배움의 공동체의 완성: 학습 참가(학부모, 지역 주민 등) ☞ 관계성 변화, 수업 성찰의 기회.

손우정, 「배움의 공동체와 학교 혁신」(2010), 『배움의 공동체』, 2012.

배움의 공동체는 수업을 공개하고 피드백하는 일을 중시합니다. 교사들의 협력을 통해 수업을 바꾸고 나아가 학교를 바꾸는 전략을 채택한 것입니다. 이는 사토 마나부가 현재의 교육 체제에서 가능한 개혁을 그 출발점으로 잡고 있는 데서 기인합니다. 배움의 공동체는 획일적 교육 풍토에서 학습 포기자가 양산되는 상황을 극복하자는 데 초점이 있습니다. 실제로 일제식, 강의식 수업이 지배적인 일본과 한국에서 획기적인 바람을 일으키기도 했습니다.

그러나 핀란드가 국가적 차원에서 교육철학을 비롯해서 거시적 제도에서부터 미시적 수업에 이르기까지 비고츠키 교육학을 핵심적 원리로 설정하면서 적용한 것이라면 사토 마나부의 배움의 공동체는 '수업'과 '교사 조직 개혁'에 주안점을 둔 부분적 적용이라 할 수 있습니다. 그리고 비고츠키 교육학의 원리 전반에 입각하기보다는 '매개', '만남과 대화' 등 일부 원리에 집중한 제한적 적용인 것이지요. 그러므로, 사토 마나부의 논의에서는 비고츠키 교육학의 주요한 개념과 원리들인 '발달 단계와 위기', '고등정신기능과 기능들 간의 관계' 등 주요한 비고츠키의 핵심 원리들이 빠져 있습니다.

또한 비고츠키 관점에서는 교사-학생 간 협력과 교사의 선도적 역할이 중요한데, 배움의 공동체에서 교사는 지원자 내지 조력자로 언급되면서 그 선도적 역할을 미약하게 보는 경향이 있기도 합니다. 그래서 배움의 공동체를 협소하게 이해한 경우에는 학습의 대부분을 학습지 해결을 위한 또래들 간의 협동 학습에 의존하는 형국으로 나타나기도 합니다. 이러한 부분은 '교수-학습'을 통일된 것으로 보는 비고츠키 교육학의 관점과 달리 학습자를 중심으로 보는 구성주의의 영향이라 생각됩니다. 실제로 사토 마나부는 자신과 비고츠키 교육학을 사회적 구성주의로 규정하고 있습니다. 배움의 공동체는 부분적, 제한적이지만 교사의 역할을 조금 더 강화하고 상황에 맞게 유연하게 적용한다면 한국적 상황에서 의미 있는 실천적 방안의 하나가 될 수 있겠습니다. 배움의 공동체의 방법론을 정식화된 모델로 경직되게 바라보기보다는 구체적인 수업 상황을 과학적으로 관찰하고, 이를 토대로 협력, 매개, 활동 등의 주요 개념과 원리를 실제 상황에 맞게 적용하려는 노력이 중요할 것입니다.

3. 교수-학습 모델들

비고츠키 교육학의 주요 개념을 수업에 적용한 교수-학습 모델로는 워치의 대화학습법, 러고프의 도제학습법, 말라구치의 소집단 프로젝트 학습 등이 있습니다.

워치J. V. Wertsch의 '대화학습법'은 언어의 창조적 기능을 중요하게 생각합니다. 교수-학습 과정에서 교사의 정형화된 질문이 아니라 새로운 사고를 생성하는 대화를 주요 도구로 활용하여 역동적인 상호작용을 유도합니다.

러고프B. Rogoff의 '도제학습법'은 비고츠키의 근접발달영역을 원용하여 교사의 안내자 역할에 주안점을 둡니다. 그러므로 교수-학습 과정은 교사가 시범을 보여주는 시연 단계, 문제 해결을 위해 인지적 틀을 제시하는 도움 제시 단계, 그리고 학습자가 스스로 문제 해결을 할 수 있도록 교수적인 도움을 중지하는 단계로 이루어집니다. 처음에는 남의 도움을 충분히 받아서 주어진 과제를 해결하나 점차로 도움의 정도를 줄여가며 궁극에는 혼자만의 힘으로 과제를 해결하는 단계에 이르게 하는 것입니다.

말라구치Loris Malaguzzi의 '소집단 프로젝트 학습'은 학습자들의 상호관계에 주목합니다. 그는 어린이가 도약을 위한 준비와 기대를 보일 때 성인이 중요한 역할을 한다고 봅니다. 교수-학습 과정은 활동에 관한 흥미도 등 주제를 평가한 후 친구들과 협력하여 프로젝트 과제를 해결하고, 전시회와 발표회 등의 표현 활동으로 작업을 마무리하는 것입니다.

이러한 교수-학습 모형들은 비고츠키 교육학 중 언어, 협력, 근접발달영역 등 일부 원리들이 적용된 것들입니다. '상황에 맞게 적절하게' 활용된다면 매우 의미 있는 실천적 적용이 될 수 있습니다. 그러나 비고츠키 교육학의 관점에서는 어떤 좋은 수업 모형도 만병통치약이 될 수 없다는 사실을 분명히 해야 합니다.

왜냐하면 모든 교사와 모든 학생, 모든 교과 및 주제 영역에 맞는 정식화된 교수-학습 모델이란 있을 수 없기 때문입니다. 비고츠키는 "모든 상황에 적용될 수 있는 교수-학습 모델은 없다"고 말합니다. 실제로 중요한 것은 "교수-학습 상황에 적절한 방법"을 설정하는 것입니다. 그것은 어떤 새로운 모형을 도입하는 것이 될 수도 있고, 기존의 방법을 조금 변형하는 것이 될 수도 있으며 다양한 방법을 결합하는 것이 될 수도 있습니다. 모델 자체보다는 '적절함에 대한 판단' 문제가 더 중요합니다. 적절한 방법을 원활히 도입하려면 학습자의 발달 상황을 이해해야 하며, 긍정적 상호작용이 활발할 수 있는 관계 형성이 필요합니다. 강의식이든, 대화식이든, 모둠 수업이든, 도제식이든, 프로젝트 학습이든 교사와 학생들의 구체적 상황, 교과 및 주제의 성격에 맞게 수업 방식을 마련해야 합니다. 동일한 수업 모형도 상황에 따라 천당이 될 수도 지옥이 될 수도 있는 것입니다.

4. OECD의 생애핵심역량

2003년에 간행된 OECD의 『생애핵심역량DeSeCo 보고서』는 이른바 학력의 세계 표준이 되었습니다. 핵심역량 보고서는 명제적 지식이 아니라 심리·정신기능들을 활용할 수 있는 능력을 강조합니다. 보고서에서는 '역량' 개념에 대해 커다란 전환적 규정을 제출합니다. 핵심역량을 "사회의 구체적인 사태와 대상을 한 개인의 과업이 아니라 다양한 인간관계 가운데에서 협력하고 몰두할 수 있는 능력"[5]으로 간주합니다. 즉, 고립된 개인의 능력이 아니라 협력을 이끌어내고 협력 속에서 발휘되는 능력인 것이지요. 지식에서 역량으로의 대전환에 따라 교사도 기억하기 위한 지식을 제공하는 이가 아니라 학생의 역량 구축 과정을 지원하는 이로 재설정됩니다.

흥미롭게도 핵심역량 보고서가 제시하는 역량 개념은 비고츠키의 고등정신기능 개념과 유사합니다. 지식이 아니라 '역량'을 강조하는 것 자체도 그렇지만 역량의 내용도 '문화적 도구 활용 능력', '상호 교류',

5. 후쿠타 세이지, 박찬영 외 옮김, 『영국 교육의 실패와 핀란드의 성공』, 북스힐, 2007, p. 191. 이하의 서술은 이 책을 중심으로 OECD 생애핵심역량 보고서 관련 자료들을 참조하여 정리한 것임.

'타인과 관계 맺고 협력하기' 등 비고츠키가 강조하는 고등정신기능들입니다. 입말과 글말로 대표되는 소통 도구로서의 언어 습득, 다양한 친구들 간 학습의 교류로 성취되는 상호작용 능력, 협력적인 활동에서 수행을 통해 내재화되는 관계 형성과 갈등 해결 능력이 강조됩니다.

〈OECD가 제시한 생애핵심역량〉

핵심역량	하위 역량	이유(필요성)
상호 교류적으로 도구를 활용하는 능력 (Use tools interactively)	① 언어, 상징, 텍스트 등 다양한 소동 도구 활용하기 ② 지식과 정보를 상호 교류하며 사용하기 ③ 기술을 상호 교류하여 사용하기	• 최신 기술에 뒤떨어지지 않기 위해 • 자신의 목적에 도구를 적용하기 위해 • 세계와 적극적으로 교류하기 위해
이질 집단에서 상호작용하는 능력 (Interact in heterogeneous groups)	④ 타인과 원만한 관계 맺기 ⑤ 팀을 짜서 협력하는 능력 ⑥ 갈등 관리 및 해결 능력	• 다원적 사회에서 다양한 것을 취급하기 • 공감의 중요성 • 사회 자본의 필요성
자율적으로 행동하는 능력 (Act autonomously)	⑦ 전체적 조망 속에서 행동하기 ⑧ 생애 계획을 수립하고 실행하기 ⑨ 자신의 권리, 이익, 한계, 요구를 주장하고 지키기	• 복잡한 세계에서 자신의 정체성과 목표를 설정하기 • 권리를 실행하고 책임을 질 필요성 • 자신의 환경과 그 기능을 이해하기

OECD-Definition and Selection of Competencies

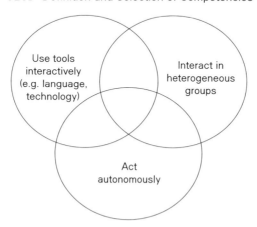

DeSeCo, admin. ch, 2005, p. 5.

그리고 '자율적 주체로서 행동하는 능력'에서 '전체적 조망 속에서 행동하기'를 강조하는 것은 '주체성'이 '개념적 사고'를 기반으로 한다는 비고츠키의 설명과 연결됩니다.

국가별 보고서에서 언급된 핵심역량 영역들 중 빈도수가 가장 높은 것들은 사회적 역량협력, 문해 능력지적이고 응용적인 지식, 학습력평생 학습, 의사소통 역량이었는데, 이것들 역시 비고츠키가 인간 주체의 전면적인 발달의 핵심적인 기능으로 설정했던 것입니다. 핵심역량 논의에는 비고츠키 교육학의 고등정신기능에 대한 논의가 직간접적인 영향을 미쳤고, 또한 '역량'에 대한 논의 자체가 내적으로 발전해가고 있기도 합니다.

세계 각국은 이러한 논의에 기초해 핵심역량에 중심을 두는 교육과정 논의를 진행하고 있습니다. 한국에서도 '미래형 교육과정' 논의를 하면서 '역량 중심 교육과정'이라는 방향이 제출되고, 핵심역량 논의가 중심 의제로 부상하고 있습니다.

핵심역량 논의에는 '지식'에서 '역량'으로의 전환이라는 교육 담론의 중심적 준거 변화의 커다란 의의가 있습니다. 학습과 발달을 지식의 양적 누적으로 바라보면서 아동과 청소년을 쥐어짜는 교육관의 변화가 기대됩니다. 뿐만 아니라 협력, 의사소통, 관계 맺기와 상호 교류, 주체성의 형성 등 이미 상당히 긍정적이고 타당한 내용들이 그 방향과 주요 역량으로 제시되고 있습니다.

그러나 현재의 핵심역량 논의에는 주체의 발달 가능성과 그 실현이라는 인간적인 가치보다는 경제적인 생산성에 주안점을 두는 관점도 상당히 내포되어 있습니다. OECD의 핵심역량과 이를 기반으로 한 '역량 중심혹은 역량 기반 교육과정'은 다분히 복잡한 사회에 걸맞은 노동력의 재생산이라는 관점에서 비롯된 것이며, 역량을 시간표에 따라 달성해야 할 결과물로 보는 시각이 우세한 것이 사실입니다. 한국에서의 논의는 역량 개념 자체에 대한 이해가 전반적으로 부실합니다. 교육 목적 및 핵심 기능으로 언급되고 있는 주요 역량들이 경제적 생산성과 실용적 차원의 창의력, 문제 해결력, 자기 관리, 기초 학습, 직업 준비, 다문화_{문화} 감수성에 그치고 있습니다. 타인과 관계 맺고 협력하는 능력과 공감의 중요성이나 언어를 사고의 도구로 인식하는 수준에는 아직 충분히 이르지 못하고 있습니다. 그럼에도 핵심역량이 사회 속의 주체 형성이라는 관점에서 협력과 관계, 공감의 능력을 강조하는 것은 이전보다 일단 진일보한 것이라 볼 수 있습니다. 나아가 비고츠키 교육학의 관점 속에서 올바른 방향과 내용으로 구성해나가는 것이 필요합니다.

2절 비고츠키 교육학의 적용 2 : 한국의 교육 실천 운동

비고츠키 교육학은 최근 몇 년간 국내의 교육 담론에서도 자주 거론되고 있습니다. 2011년 『생각과 말』의 번역 발간 이후로 다양한 연구 모임과 현장 학습 모임 등이 만들어지면서 이론을 교육 현장에 적용하려는 다양한 시도들이 진행되고 있습니다. 이러한 확산에는 이상적 모델로서 등장한 핀란드 등 북유럽 교육, 배움의 공동체 수업 실천, 진보적이면서도 과학적인 교수-학습 이론에 대한 갈망, 피폐화된 한국 교육에 대한 대안 모색 등 다양한 요인이 그 배경이 됩니다. 게다가 기존 교육에 대한 비판을 넘어서 새로운 교육을 상상할 수 있는 인식론적 전환을 이끌어내는 생산적인 힘이 비고츠키 교육학에 내재되어 있습니다.

이런 상황에서 아직 미약하지만 국내에서도 비고츠키 교육학의 실천적 적용이 조금씩 시도되고 확산되어가고 있습니다. 혁신학교운동 등에서 새로운 교육 실천과 접목이 시도되기도 하고, 기존 교육개혁운동의 담론과 안목을 풍부히 하는 것으로 연결되고 있기도 합니다.

1. 학교를 혁신하다: 혁신학교운동

2009년 9월 경기도의 13개 학교를 시작으로 이후 진보 교육감 지역을 중심으로 광범하게 확산되면서 진보 교육의 상징이 된 혁신학교는 한국 교육의 패러다임 전환을 열어나가고 있습니다.[1] 혁신학교는 경쟁과 시장논리 중심의 신자유주의 교육개혁이 공교육을 오히려 황폐화시킨 현실에 대한 대항적 산물이면서 보다 풍부하고 인간적인 교육을 실현하고자 하는 지향의 표현입니다. 이광호는 혁신학교운동에서 패러다임 전환의 방향을 다음과 같이 요약하고 있습니다.

---

1. 2014년 9월 현재 6개 시·도 626개교(초 347, 중 211, 고 68)가 운영되고 있음. 강원의 행복 더하기 학교, 혁신학교(경기, 전북), 서울형 혁신학교, 광주의 빛고을 혁신학교, 전남의 무지개학교가 이에 해당됨.

혁신학교를 통한 패러다임 전환

구 패러다임	신 패러다임
선발 효과	학교 효과
경쟁	협력
위로부터 아래로의 개혁	아래로부터의 개혁
고립	네트워크
사부담	공부담
진학	진로
분절성	총체성

『혁신학교 성과 분석 및 확산 방안 연구』, 경기도교육청, 2012, p. 16.

혁신학교운동은 단일한 어떤 특정 모델이나 개혁 프로그램이 있는 것이 아니며 교육과정과 수업, 평가, 학교 문화, 리더십, 지역 네트워크 등 다양한 방면에서 광범위한 변화를 추구하는 총체적인 교육 혁신운동의 성격을 띱니다. 주요하게 나타나는 특징으로는 구성원들의 합의에 의한 학교철학과 비전의 창조, 철학을 담은 교육과정과 수업의 재구조화 시도, 교사들의 성장을 위한 학습공동체 구축, 개방적이고 참여적인 학교 운영 시스템의 도입^{김성천, 함께여는교육연구소, 『혁신학교 성과 분석 및 확산 방안 연구』, 2012}을 들 수 있습니다.

개별 혁신학교의 교육 활동은 내부 구성원들이 선호하고 주로 터하고 있는 교육철학이나 이론에 따라 다양하게 전개되는 양상을 보입니다. 어떤 학교에서는 수업 혁신을 중심으로 배움의 공동체와 프로젝트 학습이 주로 적용되기도 하고, 어떤 학교에서는 발도로프나 프레네 교육의 접목을 시도하기도 합니다.

혁신학교 주요 교육 활동

혁신학교	주요 교육 활동
전북 삼우초	아이의 눈으로 수업 보기(수업 대화 모형 개발) 대안 창출을 위한 농촌 학교 프로그램 기획(고산향 교육 포럼)
전남 토지초	아이들의 일상을 바꾸는 교육 배움 중심의 교육과정 운영(방과 후 문화)
강원 공현진초	발도로프 교육 환경 조성(발달 단계에 맞는 교실 벽 색깔) 현장 통합형 발도로프 교육 실시, 움직임 교육과 노작 교육
강원 운양초	즐거운 배움을 위한 프로젝트 학습과 마음을 여는 소통 모두를 위한 나눔 교육(지식신문 만들기, 사회적 기업)
경기 조현초	꿈자람 교육과정(디딤돌, 다지기, 발전, 통합, 문화예술, 생태, 창조, 어울마당, 動아리)과 조현 수업 만들기, 현장 체험형 통합 학습
광주 봉주초	작은 학교 운영, 깊이 있는 배움을 위한 계절학교 한 명도 포기하지 않는 씨앗 학습(국어-경필, 어휘력, 맞춤법, 문장 이해, 표현력)
서울 강명초	새로운 학교 운영을 위한 기초 작업 아동의 온전한 성장을 돕는 발달 중심 교육 자기 발견을 통해 스스로 성장할 수 있는 활동 중심 교육
경기 서정초	업무 전담 교사 최초 도입-업무 경감 및 학교 재구조화 핵심역량 기반 주제 중심 교육과정 운영 함께 만들어가는 배움의 공동체
서울 상원초	지역사회 참여 문화 바꾸기 '교장, 교감'이라는 호칭도 선생님으로 교수학습 방법과 평가와 통지 방법 혁신(학생생활이력철형 통지표)
경기 보평초	작은 학교 스몰 스쿨(배움, 나눔, 보람) 모두가 함께 참여하는 수업 혁신(반성 대화 실천이 있는 수업 성찰과 공유, 교실 개방과 공유를 통한 수업 개발, 협업적으로 만들어가는 교육과정)
전남 장성중	다양한 삶의 체험을 통한 실천 중심 인성교육 교과 통합 교외 체험 수업, 멘토링을 통한 자기주도적 학습 능력 신장 무지개 연수 프로그램 운영을 통한 교사의 전문성 신장
강원 북원여중	참여와 소통의 수업 만들기 다양한 체험학습을 통한 행복한 학교 만들기
전북 봉서중	민주적인 학교 시스템 구축 노력 교육과정과 수업 혁신, 학교 문화 혁신(부모-자녀 봉사 동아리)
경기 덕양중	참여와 소통으로 만드는 자발적 참여 학교 문화 학생을 책임지는 학교와 교사, 누구도 소외되지 않는 배움의 공동체 학습에 도움을 주는 지역 네트워크 구축
경기 호평중	수업 중심의 학교 재구조화, 지역 단체와 연계한 거버넌스 구축 배움의 공동체 수업 정착, 창의적 지성 발현을 위한 교육과정 재구성
경기 장곡중	성공적인 배움의 공동체 적용, 교육 환경 시스템 재구조화 신나는 학교 문화 창조(인권조례실천운동, 두발 자유화 공청회)
광주 수완중	특색 있는 교육과정 운영(학년별-생태, 인성, 진로) 전문적 학습공동체의 구축과 수업 혁신 개방적이고 참여적이며 협력적인 학교 문화 조성
서울 삼각산고	통합 교과 프로젝트 학습(철학이 있는 도시를 상상하라) 내 꿈과 진로를 찾는 체계적인 진로교육 프로그램

『혁신학교 성과 분석 및 확산 방안 연구』, 경기도교육청, 2012, 참조 재구성.

혁신학교운동에서 비고츠키 교육학을 접목시키려는 시도 역시 다양하게 진행되고 있습니다. 협력과 소통의 강조, 구성원들이 함께 만들어가는 교육과정 등에서 비고츠키 교육학으로부터 이론적 근거들을 채택하기도 하며 새로운 교수-학습 모형을 창출하는 데 토대를 삼기도 합니다. 앞서 말했듯이 '배움의 공동체'나 '프로젝트 학습' 모형도 비고츠키 교육학의 부분적 적용입니다. 전반적으로 협력 교육에 대한 담론과 실천에서 비고츠키 교육학의 직간접적 도움을 받고 있으며 적용들이 시도되고 있습니다.

그렇지만 협력 교육에 대한 명확하고 풍부한 이해는 아직 부족한 상황입니다. 비고츠키에 따르면 공동체는 인간 발달에 필수적인 토대이며, 협력은 교육을 통해 습득해야 할 고등정신기능입니다. 그러므로 학교를 인간 발달을 위한 공동체로 재구조화하는 것이 필수적입니다. 그런데 실제 혁신학교들을 들여다보면 협력이 모둠 학습이나 토론 학습 등 협동 학습 형태로 축소·왜곡되거나 다양한 문화예술 체험과 현장 체험, 프로젝트 학습 등이 수평적으로 분산되어 있고, 경험적 판단에 따라 하면 좋은 것들이 위계 없이 나열되어 있는 경우들도 적지 않습니다. 협력 교육에 대한 협소한 이해는 '발달'에 대한 체계적 이해의 부족과 연결되어 있습니다. 예컨대 많은 프로그램의 방만한 나열을 극복하려면 발달 단계와 상황에 맞는 핵심 활동을 분명히 할 수 있어야 합니다. 그래야 꼭 필요한 활동과 빼도 되는 활동을 올바로 구분할 수 있습니다.

아직까지 발달 개념에 대한 분명하고 체계적인 이해에 기초하여 교육과정과 교수-학습에 반영한 혁신학교는 눈에 잘 뜨이지 않지만 조금씩 실천적 진전들이 있습니다. K초의 경우 학교교육과정이 학생들의 성장과 발달을 중심에 두고 있음을 명시적으로 밝히고 있습니다.

학년별 발달 특성에 따른 국어과 중점 지도 내용 - K초

학년	들려주기	표현 (말하기, 연극)	글쓰기, 문법	읽기/읽어주기	전 학년 공통
1학년	■선생님의 옛 이야기 듣기	■연극의 종류 경험, 관람 태도 알기	■닿소리, 홀소리 익히기-소리의 특징, 형태와의 관계, 온몸으로 문자 익히기 ■낱말-짧은 글-문장 쓰기	■소리 내어 읽기 ■정확한 발음 익히기 ■받침소리에 유의하기(2학년)	〈듣·말을 위한 활동〉 ■시 낭송하기(요일 시, 학급 시) ■주말 이야기 나누기, 산책 후 이야기 나누기
2학년	■이야기당 4, 5차시 정도 분량 ■옛이야기, 신화	■인형극, 가면 극 (목소리로 연기) ■선생님의 이야기 듣고 생각 나누기	■받침 있는 낱말로 낱말의 범위 확대하여 문장 쓰기 ■겪은 일 쓰기 ■글자 바르게 쓰기 ■띄어쓰기	〈온 작품 읽기〉 ■선생님의 이야기 듣고 생각 나누기	〈읽기를 위한 활동〉 ■소리 내어 글 읽기 꾸준히 하기(호흡에 유의하기) ■온 작품 읽을 기회 늘리기
3학년	■경험한 이야기 들려주기	■장면별로 연기하기	■문단 개념(한 문단) ■중심 문장, 보조 문장의 의미 ■겪은 일 쓰기 ■독후감의 형식, 독후감 나누어 읽기	■어휘 확장 -국어사전 찾기 -낱말 뜻 익히기 -나만의 사전 만들기(4학년)	〈쓰기를 위한 활동〉 ■생각 나누기를 충분히 한 뒤에 글쓰기 ■친구들이 쓴 글을 듣거나 읽을 수 있는 기회 제공하기 ■가능하면 학교에서 쓰기
4학년	■신화, 인물 이야기	■책 소개하기 ■토의하기	■여러 개의 문단으로 나누어 글쓰기 -정확하게 문단을 구분하기보다는 전체 글을 내용에 따라 문단으로 나누어 쓸 수 있는 정도로 지도(색으로 구분하면 좋음)	〈온 작품 읽기〉 ■선생님의 이야기 듣고 생각 나누기 ■들은 이야기를 다시 글로 읽고 간단히 생각 적어보기	
5학년	■인물 이야기 ■친구들의 발표, 주장 등	■간단한 대본 써서 짧은 극 하기 ■조사, 발표하기 ■다양한 토론 경험(찬반 토론은 개념만 알 수 있을 정도)	■기사문 쓰기(육하원칙) ■주장하는 글쓰기(처음, 가운데, 끝) ■에세이 형식의 글	■다양한 장르의 글 읽기 ■친구들이 쓴 글 읽기	〈유의사항〉 ■경청하는 반 분위기 만들기 ■선생님이 이야기 들려주기 ■매체 사용 자제하기 ■실용적인 내용은 타 교과와 관련, 재구성하여 가르치기 ■바른 언어 습관
6학년	■세계 인물 이야기 ■문화, 인권에 관한 이야기	■대본 써서 연극 하기 ■조사, 발표하기 ■유세, 다모임 활동(토의, 토론)	■사회 교과와 연관한 설득하는 글쓰기 ■과학 교과와 관련한 정보 전달의 글쓰기 ■다모임과 관련한 참여 요구의 글쓰기 ■체험학습 관련 기행문 쓰기	〈온 작품 읽기〉 ■책 읽고 이야기 나누기 ■읽은 책에 대한 글 써서 쓴 글을 읽기	

최혜영, 「세로로 보는 교육과정」, 『전국참교육실천대회 초등교육과정분과 자료집』, 2014, p. 28.

발달의 관점에서 교육과정이 큰 흐름을 갖고 있으며 비교적 체계적입니다. 학년 교육과정 연구 교사 집단에서 학생들의 학년별 발달 특성을 고려하여 교과별 중점 지도 내용을 추출하기도 합니다.

비고츠키 교육학의 관점에서 본다면 올바른 교육 혁신은 무엇보다 '관계의 재구성'에서 출발합니다. 그런 점에서 보다 민주적이고 공동체적인 교육관계를 만들어나가려는 시도들은 큰 의미를 지닙니다. 다양한 노력들이 진행되고 있는데, 교사, 학생, 학부모가 함께 만드는 '공동체 생활협약', 교사-학생의 상호작용을 활성화하려는 '작은 학급제' 등이 대표적 사례입니다.

공동체 생활협약은 학교생활 문화의 혁신이자 공동체와 협력을 인간 발달의 기초로 보는 비고츠키 교육학과 맥이 닿아 있습니다. S고의 '작은 학급제' 운영도 대면 효과를 통해 교육적 효과를 높인 사례입니다. 한 학급 32명을 아예 두 반으로 편성하여 16명씩 나눈 소학급을 각각 한 명의 교사가 맡는 방식입니다. 수업은 원래대로 진행하고 조·종례 시간에는 나누어진 담임들과 만남이 이루어집니다. 이를 통해 교사와 학생 간의 대화가 빈번해졌을 뿐만 아니라 학교 전체 관계가 개선되고 학생들의 수업과 학교생활에도 의미 있는 변화가 생겨났습니다. 실제적인 인간관계가 고등정신기능의 바탕"발생적 측면에서 보면, 사회적 관계가, 즉 실제적인 인간관계가 모든 고등정신기능과 그 기능들의 관계들에 배경을 이룬다."이라고 보는 비고츠키 교육학의 기본 원리를 확인할 수 있습니다.

혁신학교운동은 여전히 진화 중입니다. 비고츠키 교육학은 혁신학교운동에 상당한 도움을 줄 수 있으며, 또한 혁신학교운동을 통해 비고츠키 교육학의 새로운 교육 패러다임을 실천하고 실현해나갈 수 있을 것입니다.

공동체 생활협약-2013년 G중 학생용

1. 수업 매너	수업 시간에 졸거나 잠자지 않겠다. (졸리면 선생님의 허락을 얻은 후 잠깐 쉰다.) 수업 시간에 군것질을 하거나 잡담을 하지 않고, 서로 참여 협력하며 경청하겠다. 자리를 바꾸거나 다른 과목 공부를 하는 등 수업을 방해하는 행위를 하지 않겠다. 종 치면 곧바로 자리에 앉아 수업 준비를 하겠다.
2. 두발	두발은 자율화하되, 염색은 자제(튀지 않는 색깔)하도록 하고, 파마(웨이브)는 금지한다.
3. 언어 예절	학우들 사이에서 서로 존중하며, 고운 말(다가가는 대화)을 사용한다. 선생님들께 예의 바른 용어를 사용하며, 감정적으로 말대꾸하지 않는다.
4. 복장 등	지정된 교복 또는 생활복을 단정하게 입는다. 등교 이후 추울 때는 상의 위에 패딩, 점퍼 등을 걸칠 수 있도록 하고, 여름에는 생활복, 간편복을 활용할 수 있도록 한다. 지나친 화장, 액세서리는 자제하도록 한다. (색 없는 선크림, 입술 보습제만 허용하고 색조 화장은 금지)
5. 수업 중 휴대폰 사용 금지	휴대폰은 수업에 방해되지 않는 범위에서 자유롭게 사용한다. (단, 휴대폰으로 인한 수업 방해가 학급별로 3회 이상 누적될 경우, 1개월간 학급별로 모아서 보관하고 종례 후에 돌려받도록 한다.)
6. 청결, 실내화	교실, 복도 등에 쓰레기, 침, 껌 등을 버리지 않고, 항상 깨끗한 환경을 만드는 데 솔선수범한다. 건강과 안전, 청결한 교실 환경을 위해 실내화를 신도록 한다.
7. 안전한 학교생활	복도나 계단에서 뛰지 않으며, 학우들에게 피해를 줄 수 있는 위험한 장난을 하지 않는다. 책상, 의자를 포함한 학교 물품을 함부로 다루거나 파손하지 않는다.
8. 평화로운 학교생활	집단 괴롭힘이나 따돌림, 협박 등 모든 폭력 행위를 방관하지 않겠다. ("폭력 stop!" 활동에 적극 참가하고, 문제가 발생하면 함께 토론하여 해결하도록 노력하겠다.) 서로 존중하고 배려함으로써 따뜻하고 우정이 넘치는 학교 문화를 만든다.

윤우현, 「우리 학교 공동체 생활협약 만들기」, 『2013 강원 학교 혁신 국제 심포지엄 자료집』, p. 92.

2. 공교육 새판 짜기: 참교육 실천 운동과 「공교육 개편안」

한국 교육이 지닌 구조적 문제를 극복하려면 부분적 개선이 아니라 '대학 평준화' 등 근본적인 개혁이 필요하다는 문제의식은 오래전부터 쌓여왔습니다. 이에 근본적 교육개혁을 추구하는 정책적 대안으로 교육시민사회단체는 「공교육 개편안」이라는 개혁 방안을 제출하게 됩니다. 교육시민사회단체의 종합적인 「공교육 개편안」은 2004년과 2012년 두 차례에 걸쳐 나왔는데, 비고츠키 교육학은 이 방안의 보완과 재구성에도 결합이 됩니다.

2004년의 전교조, 문화연대 등 9개 교육시민사회단체들이 함께 만든 『공교육 새판 짜기』를 보면 그 당시에도 비고츠키 교육학의 강조점과 같은 방향인 '공동체성'과 '올바른 인간 발달'이라는 지향이 표현되고 있습니다.

공교육은 민주적 공동체 사회 실현의 토대가 되어야 한다. 모두가 함께 행복하게 사는 사회를 지향해야 한다. (……) 교육과정이 보다 가치 중심으로 구성되어야 하며, 학교가 민주적인 체험의 장이 되어야 하며 주체성에 근거한 공동체 생활 원리를 구현해야 한다. 사이버 공간과 개별적 학습 방식보다는 '대면'과 '협동'의 학습 체제를 교육과정 조직의 기본 원리로 삼아야 한다.
(…… 중략 ……)
공교육은 모든 사회 구성원의 올바른 인간 발달과 풍부한 삶의 기초로 거듭나야 한다. 고통에서 벗어나기 위해서라도, 나아가 전면적 발달의 권리, 행복할 권리를 되찾기 위해서라도 꼭 보장돼야 할 사회적 기본권으로서 교육권의 자리매김에 나서야 한다.

교수·학습 과정은 '수준별, 개별화'를 최고인 양 강조하고 강요하는 탓에 학생끼리 의사소통을 활발히 해서 학습 효과와 사회성을 키우기보다는 학생 간 차이를 확인하는 차등적 발달 논리에 관심이 쏠려 있다. 교육의 목표를 협력적으로 달성하기보다는 경쟁과 배제, 개별화 논리를 앞세우는 것이다.

교육과정의 목표, 내용, 방식은 (……) 인간의 발달 단계 및 사회역사적 흐름을 고려하여 급별 교육 목표를 설정하여 이에 따라 내용을 선정하고 조직한다. (……) 교육의 과정을 왜곡시키지 않으며 발달과정에 복무하는 평가여야 한다.

[교수-학습 조직 원리는] 대면에 기초한 교육관계를 형성하고, 이질적 학습 집단 편성을 원칙으로 한다. 학생을 '능력별로 편성하는(tracking)' 잘못된 실천을 없애야 비로소 교실에서 민주적 과정을 실시할 교육 토대가 만들어진다. (……) 개인의 발전은 서로 도우며 배우는 과정에서 훨씬 더 잘 이루어진다.

『공교육 새판 짜기』, WTO교육개방저지와 교육공공성실현을 위한 범국민교육연대 연구위원회, 2004.

그러나 좀 더 들여다보면 이러한 내용들은 다분히 선언적이고 이념적인 서술에 그치고 있습니다. 즉, 협력은 좋은 가치이므로 추구해야 하고, 발달과정에 맞는 교육과정과 평가는 당연하다는 식이며 그에 대한 근거들은 명료하게 제시되지 못하였습니다. 교육 활동에서 협력이 왜 의미가 있는 것인지, 인간 발달이라는 관점에서 이질적 학습 집단 편성이 왜 필요한지에 관한 납득할 만한 설명이 아직 없습니다. 그리고 교육 담론에서 '협력'과 '협동'은 구분되는 개념[2]인데 구분하지 못한 채 '협동'이라는 용어로 표현하고 있기도 합니다.

2012년에는 23개 교육시민사회단체로 구성된 '교육혁명공동행동'에서 『대한민국 교육혁명』이라는 제목으로 제2차 「공교육 개편안」을 제출합니다. 2012년 제출된 방안에서는 2004년 방안에 나타났던 개념의 혼란과 이론적 토대의 결여가 비고츠키 교육학과의 결합 속에서 상당히 보완됩니다.

---

2. 교육학에서 '협력'은 과업과 책임을 함께하는 것이고 '협동'은 역할과 책임을 나누어 따로 진행하는 것으로 구분함. 강인구(2003: 186))는 Leroux 외(1996)를 인용하여 협력과 협동을 다음과 같이 나누어 설명함.

	전체 목표	과업	개인의 책임감
협동	공동 목표	개별적으로 분배	개인 책임 분배
협력	공동 목표	공동 과업	공동 책임

■ 발달과 협력 - 교육의 새로운 키워드

① 교육의 목적과 교육의 본질은 인간의 전면적 발달이다. 발달은 새로운 사고 기능, 실천적 기능의 형성과 발전이라는 질적 변화의 과정이다. 인간의 발달은 자발적 주의, 논리적·추상적 사고, 비판적 사유, 창조적 상상력, 심미적 정서, 도적적 감수성과 성찰 등 인간 의식을 형성, 고양하는 과정이다. 교육이 추구해야 할 가치로 점수, 경쟁력, 학력, 학벌을 상정하는 교육의 패러다임과는 완전히 구분된다. 발달을 이와 같은 질적 변화로 이해할 경우 교육에 대한 관점은 완전히 새롭게 된다.

(……)

결과가 아닌 가능성을 중시한다. 발달을 지향할 때 중요한 것은 당장의 결과보다는 앞으로의 가능성이다. 가능성이야말로 이후의 교육적 실천과 연관된다. 물론 현재 상황을 이해할 때 이후의 가능성도 파악할 수 있다.

(……)

이런 인간적 가치의 실현은 '홀로'는 불가능하다. 인간으로 발달해가는 과정은 인간의 유전자를 가지고 태어났다는 사실만으로 가능하지 않다. 생물학적 가능성으로부터 인간으로서의 문화적 발달의 가능성을 창출해내기 위해서는 의식적이면서 체계적인 협력의 과정이 동반되어야 한다.

(……)

또래 집단과의 상호작용 속에서 뒤처진 사람은 앞선 동료를 통해 효과적으로 도움을 받고 앞선 사람은 동료와의 관계 속에서 새로 획득한 개념이나 정신기능을 효과적으로 체화, 성숙시킬 수 있다. 따라서 둘 모두에 도움이 된다.

(……)

협력은 도덕적 차원에서만 바람직한 것이 아니라 올바른 발달을 위한 관건적 조건이자 과정이다. 인간의 발달과정에서 협력은 서로의 발달을 위한 조건일 뿐만 아니라 매우 중요한 교육적 목적이다. 이 때문에 특히 협력은 청소년기에 필요한 가장 중요한 기능이자 다른 기능의 발달을 주도하고 총화하는 역할을 한다. 따라서 인간의 발달을 교육의 목표로 지향하는 새로운 교육 체제는 경쟁 교육 시스템과 결별하고 협력의 원리에 따라 구성되어야 한다. 경쟁이 야기하는 적대적 관계 속에서 인간의 전면적 발달은 지극히 어려운 일이다.

교육 패러다임의 전환

	경쟁 중심 교육 패러다임	발달 지향 협력 중심 교육 패러다임
인간 발달	수월성 추구 교육은 자본의 요구에 종속되어 이에 필요한 정도로만 인간 능력 계발 추구(이러한 입장을 표현한 프레임은 과잉 교육, 과소 교육, 학력 인플레 등)	발달은 교육의 중심 문제 발달은 인간의 보편적 권리이며 전면적 성격을 지니며 교육은 이를 추구해야 함
주요 기제	경쟁	모방과 (체계적) 협력
교육과정 구성 원리	지식의 위계(학문 중심) 경험의 제공(경험 중심)	고등정신기능의 형성

평가관	양적 평가(측정관) 실제적 발달 수준 확인 비교 및 서열화(변별력 중시)	질적 평가 학습자의 발달에 대한 이해가 목적 발달 가능성 중시. 교수학습 과정의 일부

교육혁명공동행동 연구위원회, 『대한민국 교육혁명』, pp. 19~22.

『대한민국 교육혁명』 서문에서는 제2차 「공교육 개편안」이 1차에 비해 "협력에 기초한 인간의 전면적 발달"로 교육에 대한 관점과 입장을 분명히 제출하는 데 비고츠키 교육학의 도움을 받았다는 것을 밝히고 있습니다.

교육에 대한 관점과 입장을 분명히 하였습니다. 경쟁과 수월성 추구의 교육, 상위 서열의 학교 진학이 목표인 입시 위주의 교육, 자본과 산업의 요구에 종속된 교육으로부터 협력에 기초한 인간의 전면적 발달을 교육의 방향으로 정립하였습니다. 이것은 비고츠키 교육철학 등 교육사상에 대한 연구 활동의 성과와 핀란드 등 협력과 발달에 기초한 세계 여러 나라의 교육 실천에 대한 검토를 바탕으로 이루어졌습니다.

그러면서 좀 더 분명한 개념과 원리에 입각하여 '총체적 인간 발달을 위한 협력 교육 시스템'을 제안합니다. 주요 내용은 다음과 같습니다.

그중 주요한 몇 가지 의제들은 지난 대선에서 주요 정당들의 교육 공약으로 승화되었고, 이후 더욱 정책적 의미가 확대될 것으로 예상됩니다. 이처럼 비고츠키 교육학은 올바른 정책 대안을 수립해나가는 데 있어서도 철학적, 이론적 토대가 되고 있습니다.

▶ 모두가 함께 발달하는 협력 교육과정

- 발달 단계에 맞는 교육 목표와 발달 기준 설정(발달과정을 고려하여 교육 단계별
  로 중심 활동과 중심 발달 기능, 발달 목표 설정. 예컨대, 유아기는 놀이와 대상 중심
  적 활동을 중심 활동으로 하고, 자기 규제를 중심 발달 기능으로 하여 다양한 사물
  의 조작과 직접적 대상을 통한 낱말 습득, 모국어 듣기, 말하기를 통한 의사소통 기
  능의 기초 형성 및 유아학교에서의 사회생활과 놀이를 통해 기초적인 자기 조절 능
  력 형성을 발달 목표로 함)
- 발달적 관점에 입각하여 양과 난이도 구성
- 민주주의, 생태, 노동, 평화, 인권 등의 가치를 지향하는 내용 구성

▶ 상향적 평준화 학제

- 입시 폐지와 대학 평준화: 대입 자격 고사화, 선별적 진학제도에서 개방적 입학
  제도로 전환, 대학통합네트워크 등 대학 체제 개편
- 통합중등학교 체제(전후기 통합, 계열 분리 폐지)

▶ 발달 지향 민주 공동체 학교

- 교육적 상호작용 활성화에 적절한 소인수 학급(15~20명), 소규모 학교(학년당
  100명 이내, 전체 30학급 이내)
- 학교 자치 법제화: 학교자치위원회, 학생회, 학부모회, 교사회 법제화
- '인간 이해의 전문가'로 성장하기 위한 교사 간 협력 연구와 학습 지원

▶ 발달을 돕는 협력 평가 시스템

- 발달적 관점에 입각하여 평가의 내용과 기준을 정립(과거의 평가 중점이 발달 결
  과라면 발달적 평가는 발달과정을 중점으로 함)
- 일제식 지필고사 폐지, 학습자와의 상호작용을 핵심으로 하는 관찰과 대면 위
  주의 교사별 평가로 전환
- 학교생활기록부를 발달과정기록부로 전환

▶ 민주주의와 자율성 신장을 위한 교육 자치 시스템

- 국가교육위원회(교과부의 관료적 통제 체제를 해체하고 각계각층 국민의 요구를
  반영하고 공공성을 바탕으로 교육정책을 수립하기 위해 독립적인 국가기구로서 설
  치하여 국가 차원의 교육정책 심의 의결)
- 시군구 교육청을 학교지원센터로 전환
- 교장자격증제 폐지, 선출 보직제 전면 시행

▶ 새로운 차원의 교육 공공성 실현
– 유아교육의 공교육화
– 전면 무상교육: 유아에서 성인까지 무상교육 전면화
– 사학의 공공성 강화: 부실 사학의 국공립화
– 학교 비정규직의 정규직화

▶ 교육 인프라 체제 확립
– 교육을 풍성하게 하는 교육 문화 인프라 확충
– 지역사회–학교 간의 협력적 사회관계망 구축
– 성인 교육 기회의 사회적 보장: 전 생애 발달을 위한 전 사회적 프로젝트 진행
  체계적 학습을 통해 주체적 지성화를 도모하는 교육프로그램 개발, 제공

발달과 협력 중심의 교육과정

단계	중심 활동	중심 발달 기능	핵심 내용과 발달 목표
유아 초기	정서적 교류 신체적 활동	말 발달	정서적 놀이와 교류를 통한 기본적 의사소통 기능 형성으로 자기 자신과 외부 세계에 대한 통제력 획득 시작
유아	놀이와 대상 중심적 활동	자기 규제	다양한 사물의 조작과 직접적 대상을 통한 낱말 습득. 모국어 듣기, 말하기를 통한 의사소통 기초 형성 및 유아학교에서의 사회생활을 통해 기초적인 자기 조절 능력 향상
초등	학교에서의 학습 활동 (텍스트 이해와 쓰기, 산술체계 기초 습득, 연극 활동 등을 통한 기초 표현 및 노작)	자발적 주의 논리적 기억	모국어 문해 능력을 중심으로 기초 학습 기능의 숙달, 다양한 기초 노작 활동
중등	동료와의 협력 활동과 자치 활동	개념적 사고와 의지 구조화된 세계관	보편적 교양 중심. 개념적 사고 형성, 외국어 학습 시작, 주제 학습 및 심화된 노작 활동, 평생 학습에 대한 욕구 형성
고등 (대학)	협력적 노동 활동 창조적 문화 활동 주체적 사회 활동 참여	복합적 창조성 비판적 사고	학문적 교양 중심, 전문적 지식, 직업교육, 노동 활동, 비판적 사유 능력 형성
성인	협력적 노동 활동 창조적 문화 활동 주체적 사회 활동 참여	협력적 의사소통 관계적·과정적 사고 비판적 성찰 등	사회적 교양 중심(사회교육기관, 노동 현장 내 교육문화 프로그램 등), 노동 활동을 통한 학문적 지식의 구체적 수준으로의 상승과 숙달, 다양한 문화 활동을 통한 창조적 능력의 확장, 사회 활동 참여를 통한 정치의식의 고양(노동조합, 정당, 사회단체 등)

『대한민국 교육혁명』, pp. 67~68.

3. 진보 교육청과 교사연구집단의 교육과정 논의

앞서 '핵심역량' 개념과 관련하여 국가교육과정에 대한 논의에서는 그 취지와 방향이 제대로 이해, 적용되지 못하고 있다는 사실을 지적한 바 있습니다. 그런데 국가 차원이 아닌 지역 교육청의 교육과정 논의에서는 비교적 '핵심역량' 개념의 토대인 비고츠키 교육학의 '고등정신기능 발달' 개념과 관점에 기초한 논의들이 이루어지고 있습니다.

대표적으로 강원도 교육청의 「창의공감 교육과정」은 비고츠키 이론을 적용하여 구성한 교육과정입니다. 핵심역량의 두 축을 '창의지성'과 '공감지성'으로 하고, 기저의 기초 능력으로 집중 능력과 기억 능력을, 그리고 상상력과 의지, 개념 형성과 협력 능력을 각각 창의지성과 공감지성의 하위 능력으로 설정한 것입니다. 이상의 능력들은 창의공감 교육과정에서 길러야 할 핵심역량인데, 이것은 곧 비고츠키의 고등정신기능과 다름없습니다. 이를 통해 학습자가 발달 시기별로 획득해야 할 것은 단지 교과 지식이 아니라 고등사고 능력임을 명확히 함으로써 교육과정에 터하여 전개되는 다양한 교육 활동의 목표를 분명하

창의공감 역량 체계

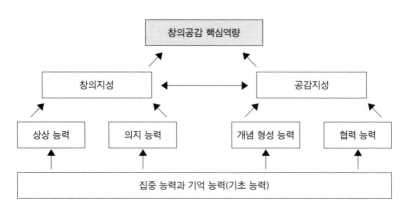

게 정립합니다. 그림은 「창의공감 교육과정」에서 제시하는 6가지 핵심 역량을 도식화하여 나타낸 것입니다. 이제 시작이지만 비고츠키 교육학을 통해 앞으로 교육과정 논의가 더욱 체계적이고 풍부하게 발전해 가리라 기대해봅니다.

이 외에도 비고츠키 교육학을 실천적으로 적용하려는 다양한 노력들이 진행되고 있습니다. 현장 교사들의 '발달 중심 교육과정' 논의나 『행복한 혁신학교 만들기』[2011] 등 혁신학교 운동에서 구체적인 실천들이 모색[3]되고 있습니다. 『초등교육을 재구성하라』[2013]에서는 '어린이의 성장과 발달'을 초등학교 교육의 명시적인 목표로 설정하고, 학년군에 따른 학생들의 발달과정상의 특성을 서술합니다. 그리고 비고츠키 이론을 준거로 하여 해당 학년에서 형성되는 능력_{기능}과 그것을 습득하기에 적합한 중점 활동들을 제시하고 있습니다. 학생들의 성장과 발달을 돕는 교육 내용은 크게 몸과 마음을 키우는 일_{움직임}과 놀이, 삶을 가꾸는 모국어 교육_{한글 교육}, 실천 중심의 지역 교육, 감각 체험 중심 교육과 생명을 살리는 표현 교육을 설정합니다. 그리고 교사와 학생이 함께 배우고 성장하는 협력 수업과 발달과정 중심 평가는 비고츠키 이론과 현장의 교육 실천이 접목되어 이룬 의미 있는 성과입니다.

바람직한 평가는 학생들의 발달을 돕는 것이어야 한다. (……) 1학년 1학기에 학생들이 글쓰기를 했을 때 무슨 뜻인지 알기 어려운 글을 썼다고 치자. 이때 '한글 해득하기'를 미도달로 평가하는 것이 아니라 소리 나는 대로 쓸 수 있는 정도인지, 받침을 이해하지 못하는 수준인지를 파악하여 앞으로 어떤 도움을 주어야 하는지를 고려해

---

3. 초등 교사들의 자발적인 연구 집단인 '초등교육과정연구모임'은 『행복한 혁신학교 만들기』, 『초등교육을 재구성하라』 등을 출간하며 현장의 교육과정 논의와 비고츠키의 발달론을 결합하는 성과를 보임.

서 평가해야 한다. 학생이 한글을 알아가는 과정에서 어느 정도 단계에 와 있으며, 어떤 연습과정과 도움이 필요한지를 알려주는 것이 발달과정 평가이다. 『초등교육을 재구성하라』, pp. 86~87

이상에서 살펴본 것들은 다양한 교육 실천들이 비고츠키 교육론의 과학성과 결합하면서 이루어진 내용적 도약의 사례들입니다. 발달과 협력의 교육 담론, 관계의 교육학이라고 할 수 있는 비고츠키 교육철학의 힘은 추상적·명제적 선언이 아니라 현실과의 끊임없는 교통을 통해 구체적인 실천을 끌어내는 데 있습니다.

교사의 입장에서 그의 발달론은 학생들의 발달과정과 상태를 이해하고 관찰하는 기준을 제공해줍니다. 인간과의 만남이라는 교육의 본령을 다시 한 번 다잡게 하고, 의사소통과 생각의 도구인 언어, 곧 수업 대화의 중요성을 재인식하게 합니다. 그의 이론은 개념 발달, 아이들의 일상 언어, 놀이 문화, 교사 문화 등 학교 현장의 교육 문화를 연구함에 있어서 분석의 도구가 되기도 합니다.

그리고 운동을 추동하는 과학적이고 총체적인 인지 혁명, 곧 의식화에 대한 이론이므로 교육운동가, 활동가들에게 유용할 것입니다. 관계 속에서 실천과 결합한 배움, 가야 할 길을 제대로 세우기. 그런데 실은 구체적인 수업 실천과 연구, 운동은 별개가 아닙니다. 각각의 갈래들이 주체 안에서 변증법적으로 통일되어 총체적으로 발현되기 때문입니다. 참교육운동 등 교육 현장에서 면면히 이어져온 교육 실천운동과 비고츠키 교육학의 접목은 앞으로 한국 교육을 근본적으로 변혁하는 데 있어 더욱 큰 힘을 발휘할 것이라 생각됩니다.

3절 발달과 협력으로 교육 문제 다시 보기

적용 사례에서 살펴본 것처럼 비고츠키 교육학은 새로운 교육 패러다임으로 선진적인 교육제도와 실천을 이끌고 있으며 한국에서도 교육개혁운동의 이론적 기반을 제공하고 있습니다. 비고츠키 교육학은 한국 교육 현실에서 실험적인 차원을 넘어 공교육 전반을 재구성하는 관점과 방향을 제시해줄 수 있습니다. 지금부터는 한국 교육의 재구성에 대한 논의를 전개해보고자 합니다. 먼저 비고츠키 교육학의 관점에서 한국 교육의 문제점을 다시 짚어보고 이후 교육과정의 문제, 전체 교육 시스템과 교육 실천 변화의 문제를 다루어봅니다.

1. 발달의 차원에서: 발달 결손/발달 왜곡의 교육

발달과 협력은 교육 문제를 다시 보게 합니다. 우리 교육의 문제를 논할 때 많은 사람들은 암기식, 주입식 교육, 사교육비, 교육 기회 등의 문제를 제기합니다. 이러한 문제 제기들이 틀린 것은 아니지만 교육의 근본 문제가 빠져 있습니다. 발달과 협력의 관점에서 본다면 우리 교육의 핵심 문제는 교육의 목적인 발달과 협력 그 자체를 제대로 도모하지 못하고 있다는 데 있습니다.

개념적 사고 형성 부재와 발달 결손, 발달 왜곡

비고츠키 교육학의 관점에서 볼 때 한국 교육의 핵심 문제는 발달 자체의 문제입니다. 교육을 통해 개념적 사고를 지닌 주체적 인간이 형성되기는커녕 오히려 발달 결손을 구조화하고 발달 왜곡을 양산합니다.

첫째, 개념적 사고 형성의 미비입니다. 개념적 사고는 청소년기 발달의 주요 과제입니다. 그러나 입시가 주도하는 한국 교육은 '의사 개념'과 '형식 개념'에 머물게 할 뿐 제대로 된 이해와 내면화 나아가 체계화된 개념적 사고 형성에 이르지 못하게 합니다.

한국 초중등교육의 교과서는 많은 정보와 개념들로 가득 차 있습니다. 입시 교육은 교과서보다 더 많은 정보와 개념 이해를 요구합니다. 입시 교육에 적응하기 위해 많은 양과 개념을 언어적 정의로 이해하는 데 그칩니다. 즉 형식 개념으로 이해하고 암기하며 반복적 문제풀이로 시험 적응력을 키웁니다. 세계 최고의 학습량은 대부분 이 같은 과정으로 채워집니다.

비고츠키에 따르면 개념의 언어적 암기와 이해는 개념 이해의 시작일 뿐 진정한 개념 형성은 구체적인 상황에서 실천적 사용을 통한 숙달과 주체적 체화내면화를 통해 이루어집니다. 이는 단순한 언어적 암기와 이해를 넘어서서 토론과 발표, 글쓰기, 실천적 적용 경험 등을 통해서 가능합니다. 언어적 정의로부터 시작된 개념에 대한 이해는 구체적 상황 및 경험과 만날 때 실제화되고 실천적 숙달을 통해 내면화됩니다. 이 같은 과정은 개념과 경험이 서로를 향해 나아가면서 서로를 고양시키는 역동적 과정입니다. 그러나 한국의 입시 교육은 개념과 구체적 상황이 만나는 것을 방해하며 실천적 숙달의 기회를 주지 않습니다. 그 이유는 시험 잘 보는 데 별 도움이 되지 않기 때문입니다. 입시 교육에서는 언어적 이해의 숙달(문제풀이의 반복을 통한)까지로 한정돼 버립니다. 그것만으로도 객관식 문제를 풀기에는 대부분 충분합니다. 이 때문에 어떤 개념의 언어적 이해 다음에 실천적 성숙과 내면화로 나아가는 것이 아니라 더 많은 다른 개념의 언어적 기억, 이해로 이동해버리며 난이도의 조절도 대부분 새로운 지식, 정보를 묻는 것으로 이루어지게 됩니다. 문제 잘 푸는 아이들도 실제 상황에서는 개념적으로 생각하지 못하는 상황들을 우리는 허다하게 목격합니다. 결국 입시 교육을 충실하게 따르는 청소년들도 발달의 시작 단계에 머물러 있는 수많은 개념의 양적 축적으로 진행될 뿐 개념의 성숙과 발달, 총체적 사고체계의 형성이라는 질적 고양으로 연결되지 못하는 것입니다.

둘째, 발달 결손의 구조화입니다. 입시 교육을 잘 따라가는 소수의 아이들도 개념적 사고 형성이 부족하지만 더 큰 문제는 다수의 아이들이 과도한 양과 난이도로 채워진 학습을 제대로 따라가지 못하고 중간에 뒤처진 다음 그 결손을 보충하지 못한 채 발달 지연(학습 부진) 상태로 남게 되는 것입니다. 이러한 발달 결손이 대규모로 그리고 구조적으로 양산되고 있습니다.

교육과정에서 발달과정을 무시하고 학습의 양과 난이도가 특히 많이 뛰면서 발달 지연(학습 부진)이 대규모로 나타나는 때가 바로 초4, 중학 입학 시기입니다. 이때 발생한 학습 부진을 대부분 극복하지 못하고 발달 결손으로 이어집니다. 이러한 현상은 사회적 차원에서는 무서운 초6, 중2 현상과 교실 붕괴 현상으로 연결됩니다. 또한 중간중간에 생겨나는 학습 부진아들도 대부분 발달 결손으로 누적됩니다. 왜냐하면 입시 진도 교육 체제의 성격상 진도에 허덕이느라 뒤처진 아이들을 기다려주고, 보완해줄 조건이 안 되기 때문입니다.

발달 결손은 발달 지연학습 부진의 누적이라는 점 외에도, 다양한 발달 영역의 결손이라는 문제가 있습니다. 주로 주지 교과 활동으로 채워지는 과정으로 인해 신체적, 정서적, 의지적 발달도 미비합니다. 신체적, 정서적, 의지적 영역 발달 미비는 그 자체로 그치지 않고 올바른 인지 발달의 장애로도 작용합니다.

셋째, 발달 왜곡의 양산입니다. 발달 결손이 장기화될 경우 발달 왜곡으로 연결될 수도 있습니다. 발달 단계에 적절한 발달적 성취를 이루지 못할 경우 올바른 사회적 관계 형성에 실패하고, 왜곡된 방식으로 욕구를 충족하는 잘못된 방법을 익힐 수 있기 때문입니다. 발달 왜곡의 대표적인 형태는 타인을 욕구 충족의 대상으로 삼는 것인데 왕따나 폭력으로 나타나게 됩니다. 그 정도는 아니라 하더라도 게임에만 탐닉하거나, 일본의 '히끼꼬모리'와 같은 관계 부적응도 발달 왜곡의 한 현상이라 볼 수 있습니다.

발달을 도모해야 할 교육 시스템이 오히려 발달적 문제를 구조적으로 양산한다는 사실은 우리 교육이 근본적 문제를 안고 있음을 의미합니다. 문제들이 발생할 때마다 인성교육 강화를 말하고, 학습 부진 대책을 내놓지만 그것은 대증적 요법일 뿐 그 발생 원인에 대한 처방은 될 수 없습니다. 이미 그간의 과정이 효과가 없음을 충분히 보여주고 있습니다. 진정한 인성교육은 발달과 괴리된 교육 시스템을 새롭게 재구성해야 가능합니다.

2. 협력의 차원에서 : 교육관계의 적대화

협력의 차원에서 우리 교육을 바라본다면 협력적이어야 할 교육관계가 역시 구조적으로 적대성을 지니도록 만든다는 문제가 있습니다. 점수와 등수를 다투는 아이들 간의 관계가 대립적인 성격을 내포하고 있는 것은 물론이고, 교사와 학생, 심지어 학부모와 자녀, 교사와 학부모 관계마저 왜곡시키고 대립적인 것으로 만듭니다.

교육관계의 적대성

첫째, 서로에게 고통 주는 교사와 학생

교사-학생 관계는 '발달의 도움'이라는 측면에서 그 어떤 관계보다 협력성이 가장 요청되는 관계입니다. 그러나 한국의 교육 현실에서 교사-학생 관계는 협력적이기보다 오히려 적대적이기까지 합니다. 한국 교육의 가장 왜곡된 문제이자 딜레마입니다. 교사와 학생 사이는 상호 존중은커녕 서로를 불신하고 폄하합니다. 교사들은 아이들을 '공부 안 하고, 못한다'며 비하하며 학생들은 '사교육보다 학교 수업이 못하다'며 폄하하는 상황들이 나타납니다. 교사들은 학생들의 발달의 근거와 가능성을 부정하는 것이고, 학생들은 교육적 권위를 부정하는 것입니다. 이러한 관계 왜곡은 서로에 대한 소외로 연결됩니다. 교사의 교수 행위는 많은 부분 학생들의 앎과 깨달음으로 연결되지 않으며 학생 역시 노력한 만큼의 성취로 나아가지 못하거나 아예 배움으로부터 이탈합니다. 교수/학습의 분리, 소외인 것입니다.

학습이라는 측면 외에 교사-학생을 소외시키고 적대화하는 또 하나의 중요한 요인은 거대 학교, 과밀 학급으로 인한 '비인격적 익명성, 관리-통제 관계'입니다. 발달적 협력이 제대로 이루어지려면 인격적 관계 형성과 구체적인 상호 이해가 필요합니다. 그럴 때 제대로 된 교육적 대응과 처방을 올바로 내릴 수 있으며 학습자 역시 인격적 관계를 통해 교육적 지도를 믿고 따를 수 있습니다. 그러나 우리의 교육 현실은 그와는 너무 멉니다.

과도한 학생 수는 우선 불가피하게 교사-학생 관계를 관리-통제 관계로 전화시킵니다. 선진 교육국처럼 학생 수가 적더라도 어느 정도의 관리는 필요하겠지만 거대 학교-과밀 학급 체제는 관리-통제를 학생과의 관계 속에서 교사가 수행해야 할 가장 주된 임무로 승격시켜버립니다. 그리고 아이들의 다양한 상황과 욕구 속에서 발생하게 되는 갈등과 대립이 증폭되어 나타납니다.

또한 과도한 학생 수는 인격적 관계 형성과 구체적 상호 이해는커녕 많은 아이들과 교사로 하여금 익명성의 바다에 놓이게 합니다. 거대 학교 체제에서 그 학교에 다니는 학생들을 다 알기는 불가능하며 자신이 가르치는 아이들도 다 알기 어렵습니다. 아이들도 교사들의 얼굴 정도만 아는 정도이며 수업을 가르치는 교사의 이름조차 모르는 경우도 허다합니다. 소수의 교사-학생만이 인격적 관계, 친밀성이 형성됩니다. 익명적 상황은 존중의 토대를 허물며 정상적 상호작용까지도 어렵게 합니다.

익명화는 한국 교육 핵심 문제 중의 하나입니다. 교수-학습에서의 교육적 상호작용을 저해할 뿐 아니라 학교교육의 전반적 악조건 중 하나가 됩니다. 많은 아이들이 성장과정에서부터 소위 '군중 속의 고독'을 느끼며 사회적 책임을 회피하는 익명적 행위를 익히게 됩니다. 학교라는 집단과 공동체 속에서 생활하면서도 사회성이 결여되는 모순된 성장과정의 주요 조건이 되고 있습니다.

둘째, 친구인가 적인가? 학생 간 관계

학생 간 관계는 마음과 꿈을 나누면서 발달을 함께 도모하는 동료 관계임에도 불구하고 학력과 사회적 지위, 내신의 배분을 둘러싼 제로섬 경쟁을 벌이는 경쟁관계를 형성하고 있습니다. 제로섬 경쟁은 기본 성격 자체가 적대적이라 할 수 있습니다. 이로 인해 아이들은 협력과 경쟁 사이에서 혼란을 느낍니다.

학생들은 발달 기능만이 아니라 성격과 취향, 사회경제적 조건 등 여러 측면에서 다양한 모습을 지닙니다. 다양성은 협력을 북돋는 조건이 되기도 하고, 이질감을 확대하는 조건이 될 수도 있습니다. 그러나 제로섬 경쟁의 비협력성, 적대성은 이질감을 확대하고 동료 간의 관계마저 악화시킵니다. 학생 간 발달 차이와 대립의 확대는 교사-학생 간 대립으로 전화되기도 합니다. 편애로 느끼는 상황이 발생하기도 하며 점수 경쟁에 대한 예민함이나 정서적 불만족과 스트레스 등이 교사에 대한 불만으로 전환되기도 합니다.

발달의 협력적 경험과 기쁨을 함께 채워가지 못하는 가운데 아이들은 취향이나 사회적 조건을 기초로 형성된 제한적 또래 집단을 통해 사회적 욕구를 해소하고자 합니다. 이 가운데 일부는 비사회적 의사소통과 욕구 충족 방식을 익히기도 하며, 일부는 개별적으로 고립된 채 지내기도 합니다.

학교 폭력과 왕따 등의 현상은 일부 학생 간 관계가 발달의 동료는 커녕 아예 비정상적 욕구 충족의 대상과 수단이 되어버린 상황을 의미합니다. 최근 빚어지는 학교 폭력 현상의 더욱 심각한 점은 길에서 만난 잘 모르는 아이를 대상으로 하는 것이 아니라 같이 생활하는 동료를 대상으로 지속적으로 행해진다는 점입니다. 동료 간 관계에서 협력이 상실될 경우 단지 그에 그치지 않고 서로를 파괴하는 관계로 전

화될 수 있음을 의미하는 것이며 한시라도 빨리 교육관계의 재구성이
필요함을 보여줍니다.

셋째, '웬수가 따로 없는' 학부모-학생

적지 않은 경우 교육 문제에 관한 한 부모-아이 관계는 교사와의
관계만큼 혹은 그 이상으로 적대적입니다. 왜냐하면 입시 경쟁에 대한
요구가 더 강렬하고 직접적이기 때문입니다. 더 많은 요구에 많은 잔
소리와 억압들이 가해집니다. 교사-학생 관계보다 훨씬 다기한 상황
속에서 일부는 극단적으로 관계가 훼손되고 파괴되기도 합니다. 공부
잘하고 말 잘 듣는 소수를 제외한다면 입시 교육은 부모-자식 관계를
'웬수'로 만드는 것입니다. 심지어 공부 잘하고 말 잘 듣는 경우에도
그러합니다.

넷째, 여타의 교육관계

대립적인 교사/학생 관계는 대립적인 교사/학부모 관계로 전이되기
도 합니다. 발달에 기초한 진정한 교육 노동의 전문성_{학습자 이해의 전문성}
이 형성되지 못하는 상황에서 입시 교육에 대한 요구도, 교양 교육과
발달에 대한 요구도, 소통과 존중의 요구도 채우지 못하면서 학교와
교사에 대한 불신과 폄하의 조건이 형성됩니다. 이런 가운데 시장주의
의 경쟁 이데올로기와 교육 소비자론의 만연은 교사-학부모 간 대립
의 확대를 야기하고 있습니다.

학생들이 배움의 동료라면 교사들 역시 교육의 동료가 되어야 합니
다. 그러나 한국 교육에서는 전혀 그렇지 않습니다. 그것은 입시 진도
교육 체제와 교육과정이 교사 간 협력을 필요로 하지 않기 때문입니
다. 교육 행위가 아동과 청소년의 발달에 초점이 두어진다면 어떤 아

동, 청소년에 대한 이해와 처방에서 교사 간 협력은 확장될 것입니다. 학생에 대한 서로의 관찰 내용과 이해를 교류하고 적절한 처방에 대한 논의가 필요하기 때문입니다. 그러나 입시 진도 교육 체제에서는 학생의 발달이 아니라 일방적 교수 행위에 초점이 두어지고 있습니다. 개별 행위에 초점이 두어질 경우 개별적 능력, 노력의 문제가 되고 나아가 경쟁 대상이 됩니다. 또한 행정 업무를 중심으로 하는 현행의 교사 조직 형태도 교수-학습의 협력을 어렵게 하는 조건이 되고 있습니다.

교육관계 왜곡의 구조적 요인

교육관계 왜곡은 마음가짐의 문제가 아닙니다. 객관적 관계 형성의 문제입니다. 제한된 점수와 등수, 학벌을 서로 획득하려고 경쟁해야 하고, 모두에게 골고루 나누어줄 수 없는 상황에서 필연적으로 발생하는 것입니다. 또한 거대 학교-과밀 학급의 교육 환경에서 오는 물리적 한계이기도 합니다. 따라서 '서로를 존중하자' 혹은 '열심히 노력하자'는 것도 필요하지만 그것만으로 해결될 수 없습니다.

그동안 많은 논의들이 교육의 중심 문제를 내용과 기능의 차원에서만 바라봐왔습니다. 정작 내용과 기능이 실현되는 실제적 과정, 즉 교육관계의 문제는 등한시하거나 부차적인 문제로 치부해온 것입니다. 또한 관계 문제를 바라보더라도 교사와 학생 간의 대립적 관계를 숙명적이고, 불가피한 것으로 간주하거나 모든 인간관계란 으레 그런 것으로 생각해온 경향이 있었습니다. 인간관계와 사회적 관계에 대한 왜곡된 시각이 교육관계에도 그대로 투영된 것입니다.

그러나 이제 인간 발달을 도모하는 교육이라는 실천은 협력적 관계 속에서만 비로소 제대로 실현될 수 있는 것임을 분명히 할 필요가 있습니다. '적대'에서 '협력'으로의 교육관계 재편을 통해 성장과정에서 협력의 태도와 실천 그리고 함께 발달하는 기쁨을 경험해야 할 것입니다. 교육관계에 대한 새롭고 근본적인 시각이 필요합니다. 협력적 관계를 통해 올바른 발달이 가능하다는 점에서 교육관계의 성격을 바꾸는 문제 역시 아무리 강조해도 지나치지 않습니다.

4절 여유로운 교육이 좋다! 교육과정 재구성

1. 비고츠키 교육학과 교육과정

비고츠키 교육학이 주로 교수-학습론으로 많이 알려졌으나 내용적으로는 교육과정 구성 문제와 더 큰 관련이 있습니다. 물론 교수-학습과도 연관이 있지만 비고츠키는 특정한 교수-학습 모델이나 방법을 제시한 적이 없으며 '일상적 개념과 과학적 개념의 결합' '근접발달영역의 창출' 등 주로 원리적 차원에서 제출했습니다. 비고츠키 교육학이 다루는 고등정신기능의 발달, 생각 발달에서 기호의 역할 등의 주제는 교육과정 구성과 직접적 연관을 지니며 다음과 같은 방향들을 제시해줍니다.

첫째, 총체적 발달과 다양한 영역 구성. 인간 발달이 기초 기능의 토대 위에 다양한 고등정신기능이 형성, 결합된다고 봄으로써 신체와 정서적 영역에서부터 체계적인 개념 형성을 함께 도모할 수 있는 교육과정이 구성되어야 함을 의미합니다.

둘째, 발달 단계와 발달의 중심 노선_{선도 활동}. 발달 단계에 따른 주요한 발달적 과제와 발달을 이끄는 선도 활동을 설정할 수 있습니다.

셋째, 튼튼한 기초가 중요. 단계에 맞는 발달 기능을 충분하고도 풍부하게 형성되는 것이 이후 발달의 토대가 됨을 밝히고 있습니다. 기초 기능을 토대로 고등기능이 형성되며 일상적 개념이 과학적 인식의 토대가 됨을 강조합니다. 따라서 '발달 최적기 위반', '안정기 파괴' 등 선행 학습이나 과잉 학습 폐해에 대한 새로운 인식을 부여합니다. 많은 경우에 어떤 정신기능들은 안 해서 못하는 게 아니라 못해서 싫어하게 되었다고 보는 것이 옳습니다. 비고츠키 교육학은 선행 학습보다 다양한 기능을 폭넓고 충분히 기를 것을 요청합니다. 그럼에도 왜곡된 선행 학습의 유행으로 영유아기 및 아동기 기초 기능 형성 미비가 큰 문제가 되고 있는 실정입니다.

넷째, 발달 역량에 대한 질적 접근. 고등정신기능은 질적 개념입니다. 즉, 발달을 양적으로 보지 않고 질적인 것으로 보아야 함을 의미합니다. 그렇게 볼 때 단기간에 승부 볼 문제가 아님을 깨달을 수 있으며 우리에게 중장기적 안목을 줍니다. 그런 점에서 평가 방식의 전환을 이야기합니다. 기존의 점수, 상대평가에서 질적, 절대평가로 바뀌어야 합니다. 발달을 수치화하고 서열화하는 것이 타당하지도 가능하지도 않기 때문입니다.

다섯째, 발달과 학습의 리듬. 발달에도 리듬이 있습니다. 충분한 휴식과 집중력 발휘가 결합되어야 효과적인 발달이 진행될 수 있습니다. 최근 뇌과학 연구를 통해 충분한 휴식이 학습의 효과를 높인다는 사실이 입증되고 있습니다. 리듬은 매일매일 혹은 일주일, 1년 단위의 학습과정만이 아니라 발달 단계의 장기적 차원에서도 설정됩니다. 발달 단계에 입각하고 기초를 중시하는 중장기적이고 여유로운 그러나 과학적인 교육과정이 요청됩니다.

2. 한국 교육과정의 문제점

비고츠키의 관점에서 볼 때 한국의 교육과정은 많은 문제점이 있습니다.

우선 과도한 양과 난이도의 문제입니다. 많은 교육 관계자들이 공통적으로 지적하는 문제입니다. 이로 인해 기본적으로 다양한 활동을 통한 풍부한 이해와 개념의 내면화로 나아갈 수 없으며, 많은 학습 부진 상황을 필연적으로 발생시킵니다.

또한 내용적으로 발달에 대한 체계적, 과학적 관점의 결여입니다. 발달 단계 및 상황에 대한 체계적이고 세심한 고려가 거의 없습니다. 발달의 다양한 영역이 결여되고 주지 교과 중심으로 운영된다는 문제 또한 큽니다. 예술문화체육 분야가 경시되고 있으며, 입시 교육의 현실 속에서 더욱 위축 운영되고 있습니다.

그리고 교육 활동과 평가의 전도 현상입니다. 홍익인간 교육 이념과 전인교육 목표는 그야말로 문서상일 뿐이며 평가가 실제를 규정하고 있습니다. 가르치는 것을 평가하는 것이 아니라 평가를 위해 교육 활동이 진행되는 것이 교육 현장의 실정입니다.

무엇보다 교육과정의 주체여야 할 교사로부터 교육과정 편성권과 평가권을 빼앗다 보니 올바른 전문성 신장이 이루어지지 않습니다. 입시와 학생 관리에 능한 교사가 유능한 교사가 되는 것이 현실입니다. 하지만 교사의 진정한 전문성은 '인간 이해의 전문성'입니다. 주어진 틀 속에서 시키는 일에 충실하기만을 요구하는 교육 체제 속에서 '진정한 의미의 전문가'가 되기 위한 개별 교사의 노력은 한계에 처하게 됩니다.

잘못된 교육과정과 평가는 발달 결손/발달 왜곡과 교육관계 적대화의 핵심 원인입니다. 발달 단계와 맞지 않는 과도한 양과 난이도의 학습 강요, 이로 인한 갈등, 정서적 상처, 실패자의 양산, 학습 부적응이 생활 부적응으로 전이되고 반복되는 갈등 현상이 교육 현장을 뒤덮고 있습니다. 악순환 속에서 남는 건 관계의 악화이며 적대화된 관계 속에서 교육이 제대로 이루어질 리가 없습니다.

3. 한국 교육의 교육과정 재구성

교육과정은 발달과 협력의 원리에 의해 새롭게 재구성되어야 합니다. 지금까지의 논의에 기초하여 초중등교육과정의 재구성 방향을 제시하면 다음과 같습니다.

첫째, 초중등 교육과정의 성격을 '보편적 교양 교육과정'으로 분명히 규정해야 합니다. 학교교육과정을 통해 교양 있는 민주시민으로서 개개인의 주체적 삶의 역량을 형성하는 과정으로서 '발달과 협력'에 기초하여 구성해야 합니다. 새로운 교육과정은 피상적 지식의 양적 누적이 아닌 협력적 교수-학습을 통한 주체적 지성화의 과정으로 설정하고 이에 맞게 내용을 구성하는 것이 되어야 합니다.

둘째, 국가수준교육과정은 '핵심 교육과정'의 위상을 가져야 합니다. 즉 각급 학교와 교실에 반드시 필요한 핵심 내용으로 구성하며 사회적 공감대에 근거하여 설정하여 장기적으로 유지될 수 있어야 한다는 것입니다. 국가수준교육과정의 구체적 내용은 전문 연구진의 연구 결과를 참조하여 권력에 독점되는 기관이 아니라 '사회적 교육과정위원회'에서 구성하는 것이 타당합니다.

셋째, 국가수준교육과정의 총론과 각론은 발달 단계와 과정에 맞게 구성해야 합니다. 발달 단계를 고려하여 급별, 학년별 핵심 교육 목표, 교육 내용, 양에 대한 상한, 하한 발달 목표를 제시하고 교과서 역시 '핵심 교육과정'을 중심으로 만듭니다. 저학년일수록 주의집중, 말하기, 쓰기 등의 '발달 기능'에 초점을 맞추어 목표를 제시합니다. 사회과학과 자연과학 교과의 경우 지식 교과의 성격이 강하므로 학년이 올라갈수록 교과 내용에 대한 학문적 체계와 위계를 고려하여 제시해야 합니다.

넷째, 학교와 교사의 교육과정 편성권을 강화해야 합니다. 학교 단위 교육과정은 초중등 핵심 교육과정의 가이드라인에 따라 학교 구성원의 논의와 합의에 의해 큰 틀을 구성하되 교사의 전문가로서의 위상을 존중해야 합니다. 학생 개개인의 발달에 대한 진단, 처방, 구체적인 교수학습 방법과 평가 방법은 교사가 결정합니다(협력적 교수학습의 원리와 발달 지향 질적 평가의 개념은 '핵심 교육과정'에서 제시).

다섯째, 입시를 비롯한 교육 평가 체제를 전면 재편해야 합니다. 비교 중심의 현재 규정적, 양적 평가 패러다임을 폐기석차 폐지, 학교 내 외의 일제고사 폐지하고 가능성 중심의 미래 지향적 질적 평가 패러다임을 실현함으로써 선발을 위한 도구가 아닌 교수학습 과정의 일부로서 교육과정, 교수학습 과정 및 학습자 개개인의 발달과정을 돕는 판단 자료로 기능하도록 합니다. 교사별 평가 체제를 구축하여 '가르친 자가 평가한다'는 원칙을 적용합니다. 학습자의 상태 등 다양한 학습의 상황을 이해하는 교사가 평가권을 가지는 것이 당연하기 때문입니다. 이를 위해선 평가 기준이 상대적 서열 기준이 아닌 발달 기준에 따라 제시되어야 합니다. 초등 단계까지는 학습자의 발달과정을 기술하는 서술형 평가 중심으로 하고 중등 단계부터는 서술형 평가와 아울러 절대

기준에 따른 평정척도 활용을 가능하도록 열어놓습니다.

여섯째, 교육과정 실현을 위한 제도적, 물적 토대를 마련합니다. 교육 여건에 대한 일차적 책임은 중앙정부에 있습니다. 지역적, 학교 간 격차가 생기지 않도록 '교육 여건을 상향 평준화'하고 이를 유지, 강화해야 합니다. 협력적 교수-학습을 위한 물적 토대로서 가장 중요한 것은 소인수 학급(20명), 수업 시수 감축, 교과 내용 감축이므로 국가 차원에서 계획을 수립하여 추진합니다. 아울러 교육과정의 다양화를 위한 문예체 등 관심 특기 활동, 자치 활동의 사회적 지원 체제 또한 구축이 필요합니다. 또한 교과 교사 외에 보건, 사서, 상담 및 교과 외 활동을 위한 문예체 노동자를 정규직으로 고용합니다.

5절 관계의 교육학, 어떻게 시작할 것인가?

비고츠키 교육학은 매우 실천적인 이론입니다. 총체적인 교육철학 및 이론 체제로서 하나의 특정한 교수-학습 모형을 제시하는 것은 아니지만 교육 문제 전반에 걸쳐 적용될 수 있습니다. 그러나 한국의 교육 현실은 비고츠키 교육학을 온전히 실현하기 어려운 조건입니다. 서열적 입시 경쟁은 발달과 협력에 적대적이며, 꽉 짜인 국가교육과정은 상황에 맞는 근접발달영역 창출을 어렵게 합니다. 그렇다면 제도가 바뀌기 전에 비고츠키 교육학은 현실에서 실천할 수 없는 그저 좋은 이론이고 이상일 뿐일까요?

그렇지는 않습니다. 한계는 있지만 비고츠키 교육학은 현재의 조건에서도 상황을 조금이나마 개선해갈 수 있는 방향타를 제시해줄 있다고 봅니다. 비고츠키 교육학의 실천적 안목과 시사점들에 대해 논의해보고자 합니다.

1. 관점의 재구성

"학업성취도에서 발달로", "경쟁에서 협력으로", "관계가 먼저다" 등 비고츠키 교육학은 명확한 교육관을 제출합니다. 간혹 관점의 문제를 비실천적 영역으로 이해하는 경우들이 많습니다. 그러나 관점의 재구성이야말로 실천의 동력이며 시작입니다. 그리고 구체적 실천을 통해 끊임없이 확장, 심화되고 재구성됩니다. 관점의 변화를 통해 우리는 아이들을 대하는 태도를 변화시킬 수 있으며, 교육 현상을 이해하는 방식을 진전시키고, 대화의 내용을 상승시키며, 행동 양식을 변화시킬 수 있습니다. 나아가 집단적 실천을 통해 상황 전체를 바꾸어갈 수 있는 힘을 확산시킬 것입니다.

2. 학습자 이해의 변화

비고츠키 교육학을 통해 아이들과 학생들을 바라보는 시각과 태도의 변화를 가져올 수 있습니다. 예컨대 우리는 대개 아이들의 '문제적' 상황을 대할 때 '태도'의 문제로 보기 쉽습니다. 글씨를 엉망으로 쓴 것을 보면 '성의가 없다'고 생각하며, 수업에 집중하지 못하는 것을 '공부하는 자세가 안 되어 있다'고 생각하곤 합니다. 그래서 훈계를 하지만 대부분 잘 고쳐지지 않고, '아니 얘가 내 말을 우습게 아나?' 하고 때로는 갈등만 격화됩니다. 비고츠키 교육학의 관점에서 볼 때 '문제적 상황'의 대부분은 '태도' 이전에 '발달 기능'의 문제입니다. 성의가 없어서 글씨가 엉망인 것이 아니라 손가락 힘의 조절 및 훈련 등 기능적으로 잘 못 쓰는 것이고 수업에 잘 집중하지 못하는 아이들도 대부분은 '자발적 주의집중' 기능이 제대로 형성되지 못했기 때문입니다. 즉 안 하는 것이 아니라 잘 못하는 것입니다. 불손한 듯한 언사와 행동도 많은 부분은 '의사소통 기능'과 '자기 규제'와 연관되어 있습니다. 태도의 문제가 아니라 발달 기능의 문제로 바라볼 경우 우리는 상황을 보다 객관적이고 너그럽게 바라볼 수 있습니다. 그래서 감정을 조절하고 이전에 비해 여유 있게 대할 수 있습니다. 이러한 접근은 관계의 악화를 막아주고 긍정적 상호작용을 가능하게 합니다. 감정적, 적대적 상호작용을 줄여주고 긍정적 상호작용을 확대함으로써 관계가 점차 개선될 수 있습니다. 상황을 바라보는 방식의 변화만으로도 새로운 시작일 될 수 있는 것입니다. 이러한 점은 비고츠키를 공부하는 사람들이 대부분 경험하는 실천적 적용이며 변화입니다.

좀 더 체계적인 학습자 이해로 나아가려면 '발달 기준을 중심으로 한 관찰과 이해'의 확대가 필요합니다. 예컨대 초등 단계 발달의 가장 기본적인 것으로 '주의집중 기능', '자기 규제력', '의사소통 기능' 등이 있는데 이는 학교 학습과 공동체 생활 그리고 협력 활동의 기초가 되는 것들입니다. 발달 단계에 따른 약간의 세부 기준을 갖고 지속적으로 관찰할 경우 아이들에 대한 교육적 이해가 체계화될 수 있을 것입니다. 교육적 이해가 진전될 경우 그에 따른 처방이 훨씬 명료하고 구체화될 수 있습니다. 학부모와의 관계에서도 체계적인 교육적 이해는 신뢰의 강화로 연결됩니다. 그리고 기능의 미성숙 상황에 대해 그를 감안한 대응을 해나감으로써 상호작용의 적합성을 높일 수 있습니다. 물론 이러한 이해의 심화는 단번에 될 수 없는 점진적 과정이며 또한 과도한 학생 수 등의 조건에서 쉽지 않은 과정입니다. 그렇지만 발달 기능을 염두에 두면서 조금씩 이해의 폭을 넓힐 수 있으며 이는 교육 실천의 근본적 변화를 야기할 것입니다.

3. 관계 개선과 상호작용의 확대

비고츠키 협력 교육은 마음만 먹는다고 '비협력적 상황'에서 어느 날 갑자기 '협력으로 전환'되는 것은 아닙니다. 협력의 폭과 수준을 점차 높여가는 문제로 보아야 합니다. 넓은 의미로 본다면 교사-학생 그리고 동료 간 관계는 이미 기본적인 협력이 내재되어 있습니다. 서로 간에 상호 인정하고 최소한의 협력을 주고받지 않는다면 관계 자체가 유지되기 어렵습니다. 문제는 어떻게 협력을 높여갈 것인가의 문제입니다. 이를 위해서는 관계에 대한 호의적 태도를 형성하고 접촉면을 넓히면서 긍정적 상호작용을 확대해야 합니다.

서울의 혁신학교 S고의 사례는 작지만 좋은 사례라 할 수 있습니다. 이 학교에서는 하나의 반을 둘로 나누고 각각 담임교사를 배치해보았는데, 여건상 수업은 묶어서 했지만 담임-학급 활동을 나누는 것만으로도 접촉면이 확대되고 상호 이해와 긍정적 태도가 강화되면서 교사-학생 관계의 전반적 개선을 가져왔습니다. 학급 차원의 관계만 개선된 것이 아니라 학교 전체의 관계가 개선되고 이는 수업과 학생생활에도 긍정적 영향을 가져왔습니다. 이 사례는 관계 개선과 상호작용 확대의 선순환적 진행을 보여줍니다. 처음에는 단지 접촉면의 확대로 출발했지만 이는 곧 관계 개선으로 나아갔고 학교 상황 전반을 변화시켰습니다.

개별 교사들은 아이들을 바라보는 시각의 변화나 상호작용을 확대하는 작은 시도들로부터 출발할 수도 있습니다. 대화식 교수법을 도입하고자 할 때 어느 날 갑자기 대화가 활성화되지는 않겠지만 자기 스타일과 아이들의 상황에 맞게 문답의 빈도를 점차 높여가면서 자연스럽게 대화와 상호작용이 활성화될 수 있을 것입니다.

4. 교육 현상의 재해석과 새로운 교육 담론의 확산

발달과 협력, 관계와 상호작용, 고등정신기능의 발달, 일상적 개념과 과학적 개념의 결합, 교수-학습의 통일 등 비고츠키 교육학의 제 개념과 원리는 기존의 교육 현상을 새롭게 해석하면서 올바른 방향 설정을 가능하게 합니다.

이는 교육 현상에 대한 개개인의 인식을 상승시킬 뿐 아니라 새로운 교육 담론 확산으로 연결됩니다. 예를 들면 '경쟁보다 협력으로!'라는 의제는 '협력은 인간적으로 좋은 것'이라는 근거에서 출발했으나 '협력은 발달에 효율적이며 필수적'이라는 비고츠키 교육학을 만나면서 그 설득력이 대폭 확장되었습니다. 교육과정과 평가 방식에 대한 문제 제기와 분석력도 크게 확대되었습니다. 한국 사회 공교육의 근본적 재편을 요청하는 「공교육 개편안」도 그 내용이 보완, 재구성되었습니다. 다양한 교육 담론 영역에서 비고츠키 교육학은 이미 실천적 힘을 발휘하고 있습니다.

비고츠키 교육학을 미시적 실천과 이론 영역으로 한정하는 것은 비고츠키 교육학의 핵심에서 벗어나는 것입니다. 비고츠키 교육학의 핵심적 요체 중의 하나는 이론과 실천의 통일이며 따라서 한국 교육에 대한 비판적 인식만큼 그것을 극복하려는 실천을 요청합니다. 비고츠키 교육학에서 '반성적 성찰'이란 수업 기술에 한정되는 것이 아니라 교육 전반, 실천적 삶을 포괄하는 것입니다. 비고츠키 교육학의 가장 실천적인 적용은 이 땅의 반교육적인 교육 현실을 극복하려는 노력으로 승화되어야 할 것입니다.

관계의 교육학, 비고츠키 저작 읽기

손지희_진보교육연구소 비고츠키교육학실천연구모임

* 이 글은 『교육비평』 34호(2014년 11월)에 실린 것으로 비고츠키 주요 저작들의 핵심 내용과 의의를 소개한 글입니다. 이후 비고츠키 저작들을 직접 공부하고자 하는 분들에게 도움이 될까 하여 수록합니다.

1. 교사와 비고츠키

프레이리는 "비고츠키를 공부하지 않고서는 가르칠 준비가 충분히 되었다고 할 수 없다"고 했습니다. 그만큼 비고츠키의 저작은 교육자들에게 필수적인 텍스트입니다. 하지만 비고츠키(1896~1934)는 우리들에게 아직은 낯선 인물입니다.

1990년대 말미에 '비고츠키'라는 낱말을 당시 유행하던 ICT 교육 관련 논문 제목에서 처음 접했습니다만 저에게는 별 의미 없는 누군가의 이름일 따름이었습니다. 게다가 비고츠키가 제목에 들어간 논문은 '웹 기반 학습'에 관한 것이었으니 대면적 관계 속에서의 교육을 대체할 대안인 양하는 교육 정보화 열풍을 걱정스럽게 바라보던 저에게 첫 만남의 이미지는 그리 좋은 것이 아니었습니다.

'비고츠키'를 잊은 채 한참이 흘렀습니다. 학교에서는 수업, 학급 운영, 잡무 등 하루하루의 교육 노동에 대해 생존적 차원의 궁리와 고민을 하다가 퇴근해서는 한국 교육을 어떻게 바꿀까, 어떻게 하면 바꿀 수 있을까를 모색하는 자리에 얼굴을 내밀었지만 양쪽 모두에서 풀리지 않는 매듭이 있었습니다. 그 매듭이 무엇이었는지는 비고츠키를 공부하면서 비로소 명확해졌습니다. 그것은 바로 교육의 근본 문제라 할 수 있는 '인간 발달'의 문제였습니다. 교사로 살고 교육운동에 어느 정도 몸담고 있었음에도 '인간 발달'을 중심 문제로 생각해본 적조차 없다는 깨달음은 충격이나 다름없었습니다. 한국 교육 전반이 '발달'의 문제를 이쪽이든 저쪽이든 그다지 중요한 문제로 취급하지 않는 풍토라거나 발달에 대해 왜곡된 관념이 팽배하기 때문에 발달 자체에 대해 그리 흔쾌하지 않은 감정을 가지고 살 수 밖에 없었다는 변명도 할 수 있을 것 같습니다.

우연인지 필연인지, 비고츠키를 다시 접하게 된 것은 2007년이었습니다. 교수-학습을 주제로 구성한 세미나 팀에서 구성주의 이야기가 나와서 제대로 알고 비판하자라는 취지에서 『구성주의 교육학』이라는 책을 가지고 세미나를 했습니다. 하지만 비고츠키에 대한 소개는 구성주의자인지 아닌지 혼란스러웠고 문화, 역사, 사회라는 말들로 서술이 되는 것을 보면서 뭔가 있어 보이긴 했습니다. 그때부터 우리들은 비고츠키에 대해 공부하기 시작했습니다. 하지만 마땅한 한국어 자료가 그리 많지 않았습니다. 박사학위 논문을 출판한 한순미의 『비고츠키와 교육』, 마이클 콜 등이 편역한 『사회 속의 정신-고등정신기능의 사회적 기원』 등을 공부하다가 비고츠키 아카이브라는 웹사이트에서 영문으로 번역된 『생각과 말』의 일부 장 등을 꾸역꾸역 보긴 했지만 이해하기가 무척 어려웠습니다. 다만 비고츠키를 구성주의자로 소개하는 것은 명백한 오류라는 점만은 분명했습니다. 방법론과 인식론에서 구성주의라고 할 구석이 없었습니다.

비고츠키가 동료들과 함께 남긴 학문적 업적이 매우 놀라운 것이며 과학적이면서도 현대적인 교육사상이라 할 만하다는 것을 구체적으로 확인하게 된 것은 비고츠키의 최후 저작인『생각과 말』이 한국어로 번역 출판된 2011년을 기점으로 해서입니다. 비고츠키 이론에 관심을 가지고 있던 선생님들과 함께 비고츠키교육학실천연구모임을 구성하여『생각과 말』이 출판되자마자 세미나를 시작했습니다. 협력 교육에 대한 관심, 핀란드 교육에 대한 시선 집중, 혁신학교의 확산 등 새로운 교육에 대한 갈망이 많이 표출된 최근 몇 년 동안 비고츠키는 새로운 교육 대안의 철학적 바탕으로 받아들여지고 있고 초기보다는 제법 많은 현장 교사들이 비고츠키 이론에 관심을 가지고 공부를 하고 있습니다.[1]

비고츠키가 서구이든 한국이든 현장 교사들의 전폭적 지지를 받을 수밖에 없는 이유는 그가 '인간 발달'의 원천으로서 '사회적 관계' 속에서의 '협력'을 제기했기 때문입니다. 또한 학교에서의 교수-학습의 과정에서 어린이, 청소년의 '의식이 고양된다'는 것을 심리학적 실험을 통해 보여주었기 때문에 교사가 하는 일이 무척이나 중요하다는 인식을 할 수 있도록 도와주기 때문입니다. 그 어느 교육학 이론보다도 학교교육의 역할을 '인간 발달'이라는 교육 본질에 근거해서 설명하기 때문이며 학교교육의 의미를 폄하당하기 일쑤인 한국의 교육 현실에서 비고츠키의 이론은 교사인 우리들의 입장에서는 환영하는 것이

---

1. 물론 장벽은 비고츠키 저작들이 참으로 어렵다는 것입니다. 혼자서 공부하기란 결코 만만치 않습니다. 가급적 학습팀을 구성해서 공부하시길 권합니다. 비고츠키 교육학실천연구모임은 '너무 어렵다'는 하소연을 많이 접한 끝에 2013년에『비고츠키 생각과 말 쉽게 읽기』(살림터)를 출판하였습니다. 이제는 한국어판 비고츠키 선집도 여섯 권이나 출판되는 등 자료 구하기 어려워서 공부를 하기 어려운 상황은 벗어났습니다. 비고츠키 선집 번역 작업을 하고 있는 '비고츠키연구회' 구성원들은 초중등 교사들입니다.

당연한 것이기도 했습니다.

2. 『도구와 기호』 - '인간다움'의 근원

문화역사적 인간 발달 이론

비고츠키는 러시아 혁명기에 활동한 심리학자로서 '문화역사적 인간 발달 이론'의 창시자로 알려져 있습니다. 그는 변증법적 유물론에 입각하여 인간의 의식, 혹은 인격을 정서, 지성, 의지의 총체로 보고 인간 의식의 문제를 깊게 규명하고자 했습니다. 그는 "사회역사적 맥락 안에서만 인간을 이해할 수 있을 뿐이라고 믿는 마르크스주의자"[2]였습니다.

비고츠키의 이론은 교육심리학과 발달심리학 영역에서는 대체로 '인지 발달 이론'으로 분류되며 종종 피아제의 생물학적 개인주의에 대비되는 이론으로 소개되곤 합니다. 1960년대와 1970년대 서구 사회, 특히 미국에서 비고츠키는 피아제의 대안으로 학자들의 관심을 끌기 시작했는데, 비고츠키가 인기를 끌게 된 배경에는 기존 교육사상에 대한 점증하는 불만이 있었습니다. 실제로 행동주의는 인간을 자극에 대해 반응하는 존재로 전제하며 외적 환경에 의해 좌우되는 수동적 인간관으로 인한 한계가 분명했고, 피아제의 경우 주어진 환경 속에서 유기체가 선천적으로 지닌 반사 기능을 통해 환경과 동화 내지 조

---

2. Crain, William(2005), Theories of Development: Concept and Applications, Firth Edition, Prentice Hall. 송길연·유봉현 옮김(2011), 「발달의 이론: 개념과 적용」 제5판, 시그마프레스.

절을 통해 인지를 구성해간다는 비사회적인 유기체적 인간관으로 인해 근본적인 한계를 지니고 있음이 서서히 인식되기 시작했습니다. 행동주의 및 개인주의적 심리학에 대한 반발 기류 이후 인지 발달 이론은 환경적 요인과 생물학적 요인의 절충을 꾀하는 방향으로 흘렀으며 현대 교육학에서는 '둘 다 영향이 있다'는 절충적인 형태의 발달에 대한 이해에 도달했습니다. 비고츠키는 "인지 발달 영역에서 발달적인 힘과 환경적인 힘 모두를 깊이 이해했던 주요 이론가"[3]로 평가됩니다. 이런 점에서 비고츠키의 이론을 문화역사적 이론이라고 칭하는 이유가 있는 것입니다. 비고츠키는 발달에서 사회적 영향을 강조하는 학자로 분류됩니다. 그는 인간 발달의 원천을 문화역사로 봅니다. 그러나 생물학적 기초에 바탕을 두면서 기호 등의 문화를 매개로 상호작용을 통해 발달이 이루어지는 것으로 봄으로써 발달을 두 요소의 '결합'으로 이해합니다. 이것은 '둘 다 영향을 미친다'고 절충하는 통상적 이해와는 다소 다릅니다. 비고츠키는 인간의 정신기능을 생물학적 요인과 문화역사적 요인의 '합금'으로 봅니다. 인간 발달과정에서 이 중 어느 하나라도 없으면 안 되는 것이며 인간의 유전자로 표현할 수 있는 발달의 생물학적 토대를 발달의 보편적 토대로 설정하되 결국 문화적 상호작용에 의해 개성을 지닌 주체가 되어가는 과정이 바로 인간 발달의 과정입니다.

이러한 비고츠키의 문화역사적 이론에서 핵심적인 위치를 차지하는 것은 바로 '기호'입니다. 비고츠키에 따르면 기호는 인간이 자신의 행동을 지배mastery하는 '심리적 도구'입니다. 그리고 인간은 역사 속에

---

3. Crain, 앞의 책.

서 이를 창조하였습니다. 비고츠키에 따르면 초기 인류는 매듭과 막대기를 기억의 보조수단으로 사용하였고 이는 자연적 기억에서 문화적 기억으로의 도약의 출발점을 형성합니다. 한편 행동을 결정하는 수단으로 인류는 제비뽑기를 도입하였습니다. 이는 자신의 행동을 자신의 의지에 따라 선택하는 행동 형성의 과도적 형태로 비고츠키는 '자유의지'를 발생적으로 추적해갑니다. 한편, 손가락셈은 산술의 초기 형태입니다. 이처럼 외적 수단을 기호로 도입하여 자신의 행동을 자신의 통제하에 두는 여타의 동물들과 구분되는 인간 고유의 특성은 역사적으로 발생한 것이며 그것은 공동의 노동생활에서 비롯된 본성적으로 '사회적인 기원'을 갖는 것들입니다. 이 중에서 의심할 바 없이 가장 중요한 단 하나의 기호 체계를 비고츠키는 인간의 '말'이라고 생각하였습니다. 말은 정서적 기능, 의사소통적 기능 등 여러 기능을 하지만 비고츠키가 보기에 가장 본질적으로 인간의 말은 우리의 주의와 사고를 즉각적인 상황-우리가 부딪히는 허다한 자극들-으로부터 자유롭게 해줍니다. 이를 비고츠키는 '시각장의 노예'에서 해방된다고 표현합니다. 낱말은 현재 상황을 뛰어넘어 사물과 사건들을 상징화할 수 있습니다. 그렇기 때문에 동물과 달리 낱말로 이루어진 인간의 말은 우리들로 하여금 과거를 회고하고 미래를 계획할 수 있게 해줍니다.

이러한 내용을 담은 책이 바로 비고츠키가 제자이자 동료인 루리야와 함께 쓴 『아동 발달에서의 도구와 기호』로서 한국어판 제목은 『도구와 기호: 어린이 발달』[2012]입니다. 이 책은 비고츠키의 모든 작품에 대한 최고의 입문서라고 평가받는 중요한 책이기도 합니다. 제목을 통해 압축적이지만 고스란히 표현한 대로 어린이가 자신들의 사고와 행위를 기호를 통해 표현하고, 이를 장난감과 도구를 이용한 실행적 활동으로 나타내는 과정이 아동기에 얼마나 결정적인 영향을 미치는지에 대한 명료하고 설득력 있는 논의가 전개됩니다.

비고츠키 이론을 서방 세계에 처음으로 알리고 비고츠키 붐의 전조를 예고한 책이 『생각과 말』[4]이었다면 M. Cole 등이 비고츠키의 저술을 모아 편역한 것으로 알려진 『Mind in Society』[5]는 비고츠키 붐에 일조한 책이라 볼 수 있는데, 『Mind in Society』가 모태로 삼은 비고츠키의 원전이 바로 『도구와 기호』입니다. 하지만 원본을 '각색'하다시피 한 탓에 주의가 필요합니다. 그런 점에서 『도구와 기호』 한국어판은 원전에 매우 충실한 형태로 완역하여 오해와 왜곡의 여지가 없으며 역자들이 심혈을 기울여 써내려간 해설 덕에 비고츠키 이론의 정수를 분명하고 풍부히 이해할 수 있습니다.

'인간다움'의 근원과 핵심 수단

비고츠키는 인간이 생물학적 존재에서 문화역사적 주체로 나아감에 있어서의 원천은 '사회적 관계'임을 확신하고 단언합니다. 그리고 이를 여러 가지 실험을 통해 확증하고자 했습니다.

비고츠키는 인간이 동물과 왜, 어떻게 다른지 보이고자 노력합니다. 인간은 동물로부터 확장된 존재라기보다는 고유의 발달 노선을 거칩니다. 그 발달 노선은 바로 문화역사적 노선입니다. 이 노선에서 핵심이 바로 '기호'인 것입니다. 이의 출발점으로 비고츠키는 행동주의와 생득주의의 오류를 지적합니다.

---

4. 『Thought and Language』(혹은 Thinking and Speech)로 1960년대에 처음으로 영문판으로 출간되었습니다.
5. 국내에는 비고츠키 『사회 속의 정신-고등정신기능의 사회적 기원』으로 1990년대 후반에 출판된 후 10년 뒤 『마인드 인 소사이어티』라는 제목으로 다시 출판되었습니다.

그러나 일부 행동주의자들이 그러했듯이 이러한 통합성(말, 도구 사용 그리고 자연적인 시각장 사이의 복잡한 기능적 연결)이 훈련과 습관의 결과이며 이것이 동물로부터 확장되었으며 우연에 의해 지적 본성을 획득하는 자연적인 발달의 노선에 직접적으로 병합된다고 주장하는 것은 완전히 잘못된 것이다. 또한 여러 아동심리학자들처럼 말의 이러한 역할이 어린이가 성취한 갑작스러운 발견의 결과라고 주장하는 것 역시 그에 못지않게 잘못된 것이다. 『도구와 기호』, p. 80

혹시 우리들은 비고츠키가 비판한 행동주의와 선천주의적 관점에 의심 없이 젖어 있었던 것은 아닐는지요. 훈련, 습관, 세월이 해결해준다는 속설 등. 비고츠키 이론에 있어서 '사회적 관계'와 그 속에서 역사적으로 발생한 문화적 도구와 기호는 인간 발달에서 중요한 '요소'의 위치를 넘어섭니다.

어린이 정신 발달의 전체 역사는 발달의 첫날부터 환경에 대한 적응이 사회적 수단을 통해 어린이를 둘러싸고 있는 사람들을 통해 획득된다는 것을 보여준다. 『도구와 기호』, p. 88

사회적 관계 즉 협력을 전제로 하는 기호와 도구 없이는 인간이 인간됨을 획득할 수 없다는, 즉 그것들은 인간 발달의 '원천'인 것입니다.

비고츠키에 있어서 '인간다움'의 의미
그렇다면 '인간의 가치'를 중시하는 비고츠키의 이론은 생태계에 대한 인간의 횡포를 정당화하는 이론일까요? 그렇지 않습니다. 비고츠키가 말하는 인간다운 인간은 '상황의 노예'가 아닌 자기 규제력을 획득함을 통해 보다 자유로워진 해방된 주체입니다.

> 말이 작용하기 시작하자 (……) 지각은 시각장의 노예가 되기를 멈추고 어린이는 낱말에 의해 변형된 인상들을 수용하고 전달한다. 『도구와 기호』, p. 56

"(멋대로가 아니라) 스스로를 규제함으로써 더욱 자유로워진다"라니요? 비고츠키의 설명을 따라가면 그 의미가 분명히 다가옵니다. 상황이 시키는 대로, 하고 싶은 대로 하는 것은 결코 인간적 자유, 주체적 자유가 아니라는 것입니다. 예컨대 컴퓨터 게임을 하고 싶은 대로 몇 시간이고 하는 것이 자유가 아닙니다. 컴퓨터 게임을 멈출 수 있는 능력을 획득함으로써 주체적인 인간이 되는 것입니다. 전자의 경우는 실은 컴퓨터 게임에 반사적으로 반응하며 통제당하는 것이며 주의를 빼앗기는 것입니다. 자극의 노예가 되어 충동적이고 즉자적인 반응을 하는 것을 자유라고 착각하지 말아야 하겠습니다.

> 말의 도움을 통해 만들어지는 이러한 2차적 자극들로 인해 어린이의 행동은 더욱 높은 수준으로 고양되어 어린이를 직접 끌어당기는 상황으로부터 상대적인 자유를 가지고 충동적인 시도들은 이에 따라 계획되고 조직된 행동으로 변환된다. 『도구와 기호』, p. 74

비고츠키의 자유는 '자유의지'입니다. 멋대로 하는 것 이상의 의미를 지닙니다. 인간은 유일하게 자기 자신의 존재를 인식하고 자기 자신의 행동을 스스로 통제할 수 있는 가능성을 지닌 주체입니다. 그 가능성은 인간 역사 발전과정에서 발생했습니다. 인간의 자유의지와 자신에 대한 의식은 저절로 얻어지는 게 아닙니다. 사회적 관계, 도구와 기호를 통한 길고긴 여정을 통해 형성됩니다. 그것이 바로 인간의 발달이며 이것이 바로 비고츠키가 말하는 '인간됨'의 의미라고 생각됩니다.

> 이제 어린이는 자기 자신을 미리 제어하고 자신의 행동을 미리 조직화하는 매개적 수단을 통해서 자신에게 제시된 상황에 적응할 수 있는 위치에 있다. (……) 이것은 사회적 활동이 주체 내적인 것으로 대체된 것이다. 이것은 어린이가 이미 거쳐 왔던 발달 경로의 결과로 주어진다. '시각장의 노예' 같은 존재인 유인원에게는 없는, 상황으로부터 행동의 자유, 즉 주변의 구체적인 대상들로부터의 독립성을 보증해준다. 게다가 어린이는 즉시적인 공간에서 행동하는 것을 그만둔다. 어린이는 미래의 활동을 조직화하기 위해서 행동을 계획하고 이전 경험을 요약하면서 장기간에 걸쳐 능동적인 조작으로 옮겨 간다. 『도구와 기호』, p. 108

『도구와 기호』를 단 몇 줄로 요약하라고 요청받는다면 이렇게 할 수 있을 것 같습니다.

> "인간다움은 주어지는 것이 아니라 '획득'되는 것이다. 인간(생물학적 존재)이 인간다움(문화역사적 주체)의 획득을 가능케 하는 원천은 사회적 관계이고 이것에 있어서 (불가피하고 가장 일차적이라는 의

미에서) 핵심 수단은 도구만이 아니라 '기호'이며 그 가운데에서도 '말'이다."

『도구와 기호』는 어린이 발달에서 도구와 기호의 기능에 논의가 집중되어 있습니다. '교육'에 대해서는 직접적으로 거론하지 않습니다. 비고츠키는 '문화역사적 발달 노선에서 최고 형태의 인간적 실천은 무엇인가?'라는 주제에 대해 생애 후반부로 갈수록 천착합니다. 『도구와 기호』에 맹아적 형태로 있던 비고츠키의 '인간 발달과 교육'의 이야기는 그의 최후 저작의 주요 주제이기도 합니다.

3. 『역사와 발달』
- "우리가 우리 자신이 되는 것은 다른 사람을 통해서이다"

고등정신기능 발달이라는 창을 통해 인격의 문제에 접근하고자 한 비고츠키 『역사와 발달 I』[6]은 2011년 『생각과 말-심리학적 탐구』, 2012년 『도구와 기호』에 이어 2013년에 번역 출판된 한국어판 비고츠키 선집 3권입니다. 『역사와 발달』은 비고츠키의 인간 발달 이론에 '문화역사적'이라는 수식어가 붙을 수밖에 없는 이유를 보여주는 저작입니다. 이 책을 통해 비고츠키는 '문화역사적 인간 발달 이론'의 뼈대를 완성합니다.

비고츠키 교육학을 주제로 한 이야기 자리에서 접하는 흔한 문제

---

6. 영문판 비고츠키 선집은 총 6권이며 한국어판 선집 3권에 해당하는 이번 책은 4권인 『고등정신기능 발달의 역사』의 전반부에 해당됩니다. 2014년에 『역사와 발달 II』도 출판되었습니다.

제기는 '고등정신기능'과 '발달'에 대해서입니다. 고등은 저등 혹은 하등을 전제로 한 것이기 때문에 불평등한 개념, 차별적 개념으로 다가올 수 있습니다. 그리고 한국 사회에서 '발달'은 듣기만 해도 피곤한 말이기도 합니다. 학습은 고통이고 개발, 계발 등의 말은 신물이 나는데 인간 발달을 전면에 내세우는 이론이 비고츠키 교육학이라니. '꼭 공부해야 해? 굳이 발달해야 하나?'라는 생각이 강한 까닭은 아마도 경쟁 시스템에서 우격다짐으로 지식을 꾹꾹 눌러 담김을 당하다 보니 그리고 그것이 곧 발달이라고 오해되고 있는, 양적 발달 관념이 지배적이기 때문일 것입니다. 역설적으로, 비고츠키는 우리들을 괴롭히고 있는 양적 발달 개념을 근본적으로 비판합니다. 프레이리의 은행 저금식 교육에 대한 비판과 일맥상통합니다. 사실 구체적인 내용과 비고츠키가 현대 특수교육의 사상적 기초와 원리를 제공한 학자나 다름없다는 사실을 알게 되면 이런 오해는 가십니다.

러시아어 선집과 영문판 선집의 제목은 '고등정신기능 발달의 역사'입니다. 맘에 걸리는 두 낱말이 다 들어 있는 셈입니다. 제목에 담긴 사연이 재미있습니다. 비고츠키 사후 미출간 원고 더미에서 이 책이 발견되었을 때 제목은 없었다고 합니다. 이 책은 "고등정신기능의 발달의 역사는……"이라는 말로 시작되기에 무제로 남아 있는 작품에 첫 낱말을 따서 제목을 붙이는 전통을 좇아 제목을 붙였다고 합니다. 한국어판은 비고츠키가 고등정신기능 발달의 역사는 아직 쓰이지 않았다고 생각했다는 것을 감안하여 고심 끝에 새롭게 '어린이' 자기행동숙달[8]의 역사와 발달'이라고 제목을 지었다고 역자들은 밝힙니다. 온전히 밝혀내지 못했을지라도 비고츠키가 이 책을 통해 집중적으로 다룬 주제는 고등정신기능과 그것의 발달입니다.

당대 심리학 지형은 아동 발달에서 자연적 노선과 문화적 노선을 제대로 구분하지 않고 생물학주의에 치우치거나 정신주의에 치우침으로써 고등정신기능 발달을 설명하는 데에 실패하고 있다는 것이 비고츠키 논의의 출발점입니다.

생물적 발달과 문화적 발달 형태는 단일한 연쇄 속에서 공존하는 것이 아니고, 각각의 발달 형태가 서로 평행한 위치에 놓이는 것도 아니며, 그 어떤 종류의 기계적 관련도 맺지 않는다. 반대로 이러한 고유하고 독특하며 서로 다른 발달 형태들은 가장 고등하고 복잡하면서도 통합된 전체로 합금된다. 이 합금의 구성과 발달의 근본적 법칙을 밝히는 것이 우리 연구의 기본 과제이다. 아동심리학은 고등정신기능의 문제 혹은 어린이의 문화적 발달의 문제를 인식하지 못해 왔다. 따라서 아동심리학에서 모든 심리학의 핵심적이고 중요한 문제인 인격과 그 발달의 문제가 닫힌 채로 남아 있다. (……) 오직 전통적 아동심리학의 방법론적 테두리 밖으로 걸음을 확고히 내디딤으로

---

7. 예전에 비고츠키 이론을 확장시킨 내용을 발표하고 토론하는 자리에서 비고츠키는 어린이를 연구했으니까 어린이에 대해서만 논의를 한정해야 한다는 주장이 제기되었던 기억이 납니다. 비고츠키의 관심은 '인간'이었습니다. 인간의 현재 행동을 이해하려면 원숭이의 행동을 알아야 한다라든가 행동은 행동의 역사를 통해서만이 밝히 수 있다(블론스키)는 말들을 새긴다면 비고츠키 이론을 어린이 발달이라는 범주에 국한시켜서는 안 되는 논리적 이유가 성립됩니다. 최근 뇌과학은 인간의 생각의 출현을 밝히기 위해 심지어 우주 탄생, 빅뱅까지 거슬러 올라갑니다. 무려 127억 년의 역사인 것입니다. 이보다 가까이 생명을 이해하려면 지구에서의 생명체의 출현과 진화를 살펴야 생각의 출현을 알 수 있다는 것이 뇌과학계의 주장입니다(박문호, 『뇌, 생각의 출현』). 스스로를 알고자 한다면 스스로 내부를 들여다보는 '내관'의 방법으로 충분치 않으며 인간을 이해하기 위해 인간 그 자체만을 연구해서는 진전이 없다는 진리로부터 비고츠키는 기원을 추적하고 과정 속에서의 변화와 역동을 보고자 하는 것입니다. 이는 마르크스가 인간 존재를 사회와 역사로부터 떨어뜨려서는 이해할 수 없다고 한 것과 통합니다.
8. 숙달은 master를 옮긴 것입니다. master는 동사로는 '숙달하다, 통달하다, 지배하다, 제어하다'이고 명사로는 '주인'이라는 뜻입니다. 문맥에 따라서는 지배, 통제로 바꾸어 읽는 게 더 자연스러울 때도 있습니다. '자기행동의 주인'이 된다는 의미 정도로 읽으면 되지 않을까 싶습니다. 자기가 하는 행동과 생각이 무엇인지를 알고 의식하면서 하는 상태입니다. 그래서 비고츠키는 초인지를 처음으로 제기한 학자로 평가되기도 합니다. 요즘 학습법에서 유행인 메타 인지인데, 자신의 이해 과정을 다시 들여다보는 식입니다. 반사나 직접적 반응 상태를 벗어난, 즉 본능과 습관을 벗어나 의식적, 의지적으로 행동하는 상태라고 보면 되겠습니다. 그래서 행동숙달은 의지와 연결됩니다.

써 우리는 아동의 인격이라고 명명될 만한 이유가 충분한 고등정신 통합체의 발달에 대한 연구로 향할 수 있다. 어린이의 문화 발달의 역사는 인격 발달의 역사로 우리를 인도한다.『역사와 발달 I』, pp. 119~120

인간 발달에 있어서 유전과 환경의 문제를 비고츠키는 80여 년 전에 '생물적 발달'과 '문화적 발달'의 합금 과정으로 설명하였습니다. 비고츠키가 동물과 구분되는 인간 발달 자체의 고유한 과정을 설명하는 핵심 낱말은 '고등정신기능'입니다.

고등정신기능이라는 말은 비고츠키가 처음 사용한 말은 아닙니다. 처음 이 용어를 쓴 학자는 실험심리학의 창시자인 분트라고 알려져 있으며 당시 심리학의 관심 주제였습니다. 제대로 규명되지 않고 있을 따름이었습니다. 사실 고등정신기능은 대단한 것 같지만 별게 아닙니다. 많은 성인이 일상적으로 구사하는 허다한 기능들이 고등정신기능입니다. 논리적 기억, 자발적 주의, 창조적 상상력, 개념적·추상적 사고, 심미적·예술적 취향 등의 고등 정서, 계획, 숙고, 예측 등. 이렇게 나열하니 엄청난 것으로 보이지만 무슨 일에 앞서 계획을 세우고 뭔가에 대해 숙고하고 일어날 일을 예측해보고 메모해서 기억하고 글쓰기를 하고 암산을 하고 말로 생각하고 개념 체계를 이해하는 등 이러한 행동의 내적 측면이 고등정신기능이라고 보면 됩니다.

물론 인간으로 태어났다고 해서 자동적으로 보장되는 기능들은 아닙니다. 그렇다면 얼마나 좋겠습니까마는 생물학적 토대는 고등정신기능의 획득으로 나아갈 가능성만을 열어줄 뿐입니다. 이런 고차적 기능들은 생물적 특성에 기인하는 저차적 기능[9]을 토대[10]로 하여 기호[11] 사용을 매개로 하는 문화적 발달과정과 엮이면서 획득됩니다. 비고츠키는 행동의 저차적 형태와 고차적 형태는 변증법적 지양의 관계에 있다고 설명합니다.

저차적 형태 없이는 어떠한 고등 행동 형태도 불가능하지만 또한 저차적 혹은 보조적 형태들이 주된 것의 본질을 모두 설명할 수 없다. 우리 연구의 과업은 이 주요 형태(고등 형태-필자 주)가 구성하고 있는 본질이 무엇인지 결정하는 것이다.『역사와 발달 I』, p. 365

요컨대 고등정신기능은 인간 무리에서 고등한 존재를 구별하고 솎아내기 위한 엘리트주의에 물든 개념이 아니라 인간의 고유성을 나타내는 개념입니다. 인간의 고유성이란 개별 인간에게는 '인격'이라 할 수 있습니다. 비고츠키는 고등정신기능의 총체가 인격personality이라고 보았습니다. 이를 제 나름대로 풀어쓴다면, 정서, 의지, 지성이 기계적으로 산술적으로 더해진 것이 아니라 상호 의존하고 영향을 미치면서 총체적으로 결합된 산물이 바로 인격인 셈입니다.

인간의 문화적 발달, 즉 고등정신기능 발달의 일반 법칙

비고츠키의 이론은 한국 교육이 나아가야 할 방향을 정확히 알려주는 나침반과도 같습니다. 그 이유는 인간의 전면적 발달이 무엇인지, 그리고 어떻게 이루어지는지 이 과정에서 학교교육이 어떠한 역할을 해야 하는지 '고등정신기능 발달의 일반 법칙'을 통해 제시하기 때

---

9. 자연적 기억, 비자발적 주의, 심상적이고 구체적인 생각, 공포 등의 저차적 감각, 충동성 등이 이에 해당됩니다.
10. 아주 단순하게 표현하면 일단 인간의 유전자를 가지고 태어나야 합니다.
11. 핵심적으로는 언어.

문입니다.[12] 비고츠키는 『역사와 발달』에서 인간 발달에 대한 잘못된 여러 관념과 이론들의 정체를 낱낱이 폭로하면서 인간이 어떻게 오늘날과 같은 존재가 되었는지, 즉 인간다움의 근원, 원천은 '사회적 관계'에 있다고 강조합니다.

우리는 문화적 발달의 일반적 발생 법칙을 다음과 같이 공식화할 수 있다. 어린이의 문화적 발달에서 모든 기능은 무대에 두 번, 두 국면에서, 즉 처음에는 사회적으로, 그런 다음 심리적으로 나타난다. 처음에는 사람들 사이에서 정신 간 범주로, 그런 다음 어린이 내에서 정신 내 범주로 나타난다. 이것은 자발적 주의, 논리적 기억, 개념 형성 그리고 의지 발달에 동일하게 적용된다. 우리는 표현된 입장을 하나의 법칙으로 간주할 권리가 있다. 그러나 물론 외부로부터 내부로의 전이는, 구조와 기능을 변화시킴으로써 과정 자체를 변화시킨다. 모든 고등 기능과 그 기능 간 관계의 배후에는 발생적으로 사회적 관계, 즉 사람들 사이의 실제 관계가 존재한다. 그러므로 인간 의지의 주요 원칙 중 하나는 사람들 간의 기능 분리의 원칙, 지금은 하나로 합쳐진 것을 두 부분으로 분할하고, 고등정신과정을 사람들 사이에서 일어나는 드라마로 실험적으로 재현하는 데 있다. 『역사와 발달 Ⅰ』, p. 490

피아제와는 반대로 우리는 발달이 사회화로 나아가는 것이 아니라 사회적 관계가 정신기능으로 변형되는 방향으로 나아가는 것이라

---

12. 인간의 '고등정신기능' 발달에서 학교교육이 수행하는 기능과 그 불가피성의 역설은 『생각과 말』 6장에서 펼쳐집니다.

고 믿는다.『역사와 발달 I』, p. 493

이 진술 속에는 비고츠키가 창시한 문화역사적 인간 발달 이론의 요체가 담겨 있습니다. 이와 같은 공식화는 마르크스의 입장을 심리학적으로 공식화한 것이라고 간주할 만합니다.

> 마르크스의 잘 알려진 입장을 바꾸어 말하면, 우리는 인간의 정신적 본성은 인격의 기능과 구조의 형태로 내면화되고 변형된 사회적 관계의 총체라고 말할 수 있다. (……) 우리는 이러한 입장이 문화적 발달의 역사가 우리에게 가져온 것을 가장 완벽하게 표현했다고 본다.『역사와 발달 I』, p. 492

"인간은 사회적 관계의 총체"라는 마르크스의 진술을 비고츠키는 사회적인 것이 개인적인 것으로 내면화되는 문화적 발달의 일반 법칙을 통해 생물학적 존재로 태어나는 인간이 사회적 관계 속에서 문화적 상호작용을 매개로 문화역사적 주체가 되어가는 과정을 설명한 이론이라고 볼 수 있겠습니다.

그렇다면 인간의 문화적 발달의 일반 법칙을 실현하는 인간의 핵심적인 문화적 기제를 과연 비고츠키는 무엇으로 보았을까요? 짐작하셨다시피 일반적인 형태로는 사회적 관계 속에서의 기호를 매개로 한 상호작용이 발달의 개인사를 이루며, 발달의 개인사에서 '체계적인 학습'은 고등정신기능 형성의 불가피한 기제라는 것이 비고츠키 최후의 저작『생각과 말』에 담긴 내용입니다.

4. 『생각과 말』 - "낱말 의미는 발달한다"

생각 발달의 원천

3세 어린이와 15세 청소년의 머릿속 생각 작용은 같은 것일까요? 다른 것일까요? 사용하는 낱말은 외적으로 다를 바가 없기에 비고츠키 당대의 심리학자들은 심지어 둘 사이에는 질적인 차이가 없다고 단정 지었습니다. 하지만 이는 외적인 유사성일 뿐 내적으로 다른 것임을 비고츠키는 낱말 의미의 발달과정을 탐구함으로써 입증하였습니다.

『생각과 말』에서 비고츠키가 확립한 사실은 "낱말 의미는 발달한다"는 것입니다. 여기에는 중요한 교육적 의미가 담겨 있습니다. 낱말은 처음부터 완성된 형태로 주어지지 않으며 어린이에게 있어 개념으로서 기능하지 않습니다. 일상에서 접하고 습득하는 무수히 많은 낱말들은 개념의 형태로 주체가 그 의미를 이해하고 사용하는 것이 아닙니다.

개념[13]적 사고는 인간의 고유한 심리기능 가운데에서도 비고츠키가 매우 중시한 고등정신기능입니다. 낱말 의미를 개념으로 형성하여 생각의 수단으로 사용하는 개념적 사고는 어린이가 어느 날 갑자기 발견하여 수행하는 인간의 신비를 보여주는 현상이 아닙니다. 기계적으로 주입되는 것도 아닙니다. 낱말 의미는 인생 역정 속에서 혼합체-복합체-진개념의 단계[14]로 발달해갑니다. 모든 낱말은 이미 일반화된 것이며 일반화는 사고 작용입니다. 그렇다면 사고 발달의 과정에서 관건

---

13. 네이버 사전에서 개념의 정의는 "특정한 사물, 사건이나 대상들의 공통적인 속성을 추상화하여 종합한 보편적 관념"입니다. 개념의 특성은 지각장을 넘어선다는 것 그리고 분석과 종합의 통일체라는 것입니다.

적인 요소, 원천은 무엇일까요? 비고츠키는 '사회적 접촉'이 원천이라고 보았습니다. 『생각과 말』 1장에서 "일반화와 사회적 접촉의 관계"를 논의하면서 일반화는 사회적 접촉을 전제로 하고 사회적 접촉의 가장 고등한 형태는 고차적인 일반화의 방식, 즉 개념적 사고를 통해 가능하다고 이야기합니다. 비고츠키에 따르면 고차적인 사회적 접촉을 위해 개념적 사고는 불가피한 것입니다. 사실이 그러합니다. 개념적 사고가 결여되면 모순에 둔감하고 세상을 주관적으로 지각하는 것에 머무르게 됩니다. 이러한 개개인이 의미 있는 소통을 하는 것은 사실상 불가능합니다. 어린아이 같은 사고구조를 가진 성인과의 의사소통, 유치원생과도 같은 중학생 등을 떠올려보면 이해가 쉽습니다. 사회적 관계와 접촉 속에서 인간은 새로운 사고 양식을 획득하고 개념적 사고를 통해 세계를 체계적으로 인식하는 주체가 되어갑니다.

청소년기의 재발견-'지적 혁명'의 시기

그렇다면 주체 형성의 과정에서 이토록 중요한 개념적 사고가 시작되는 것은 언제일까요? 낱말을 개념적으로 사용하는 것, 즉 개념적 사고가 형성되기 시작하는 시기는 바로 사춘기 청소년 시기입니다. 대략 12, 13세 무렵입니다. 당대의 여러 이론적, 실험적 연구들에 대한 검토와 동료들과의 실험적 연구를 기반으로 비고츠키는 개념적 사고는 학령기가 끝나고 청소년기가 시작되는 것이 맞물리는 과도적 연령기(12,

---

14. 비고츠키는 객관성, 체계성을 중심으로 생각구조를 일반화(무리 짓기) 방식에 의해 크게 3단계로 구분했는데 혼합체는 영아기의 생각구조의 특성을 나타낸 말로서 주관적이고 대상의 성질에 대한 인식이 미분화되어 섞여 있는 상황을 의미합니다. 주관적이고 무질서한 무리 짓기가 행해집니다. 유아기 이후 시각적이고 경험적인 연결에 의해 어느 정도 객관성에 기초한 사물 간의 연결이 이루어지나 그러한 객관적 속성의 개념화에는 이르지 못하는 단계를 복합체라고 칭했습니다.

13세)에 비로소 시작되어 청소년기 동안 형성된다는 점을 강조합니다.

　　연구 결과는 다음과 같이 공식화될 수 있다. 개념 형성으로 인도
하는 발달의 근본은 유년기의 가장 초기에 있다. 그러나 이러한 과
정은 오직 과도기적 시기(청소년기)에만 성숙된다. 개념적 사고 영역
으로의 마지막 이행이 나타나는 것은 어린이가 청소년기에 접어들
때이다. 그 전에는 진정한 개념적 사고와 외적으로 유사한 독특한 지
적 형성이 존재한다. 피상적 연구들은 외적 유사성에 오도된다. 그러
나 기능적 가능성에 있어서는 비견할 만하지만, 심리학적 본질, 구성
성분, 구조, 활동 양식은 대단히 다르다. 이는 배아와 성숙한 유기체
의 관계와 비슷하다. 영아기에 발견되는 성적 요인이 사춘기를 부인
할 수 없음과 같다.

　　(중략)

　　개념 형성 과정을 위한 근본적 바탕은, 그 기본적이고 핵심적인
실체의 일부로서, 개인이 말이나 기호의 기능적 사용을 통해 스스
로의 정신 과정을 숙달(지배, 통제-필자 주)했느냐에 있다. 이와 같이
보조적인 수단을 통하여 자기 자신의 행동의 과정을 숙달하는 것은
다른 요소들의 도움과 함께, 오직 청소년기에만 그 발달의 최종적인
단계에 도달할 수 있다.『생각과 말』, 5장 3절

　　비고츠키는 사람들의 눈에 정서적으로 격렬하게 요동치고 있는 듯
이 보이기만 하는 청소년들의 내부에서는 실제로 신체적, 정서적 변화
못지않게 엄청난 '지적 혁명'이 일어남을 역설합니다. 그것이 혁명이
라고 말한 이유는 마치 사회혁명의 과정과 마찬가지로 짧지만 격렬한

'위기'의 시기를 경유하면서 청소년들의 고등정신기능의 구조 자체가 총체적으로 재편되기 때문입니다. 청소년들은 낱말의 상징 기능을 습득하고 낱말을 개념으로 사용함으로써 범주적 지각, 논리적 기억, 능동적이고 의지적인 주의를 획득하게 됩니다. 이러한 청소년기의 지적 혁명을 이끄는 것은 바로 "청소년기에 일어나는 개념 발달"이라고 비고츠키는 '청소년기 생각 발달과 개념 형성'(영문판 선집 5권 2장)에서 강조하였습니다.

대부분의 시대, 대부분의 사회는 청소년기를 감정에 이리저리 휩쓸리는 질풍노도의 위험한 시기라고 보는 부정적 인식이 강합니다. 현상적으로는 일면 불가피한 관념입니다. 비고츠키는 위기 속에서 싹트는 청소년기의 내적 변화의 본질이 무엇인지 그 긍정적 성취가 무엇인지 보고자 했습니다. 비고츠키에 따르면 청소년기는 개념적 사고가 형성되어 자기 자신과 타인, 세계에 대해 보다 체계적으로 인식할 수 있게 되는 수단을 획득하는 시기로서, 주체로서 형성되는 과정에서 매우 중대한 시기입니다. 하지만 개념적 사고 형성은 절대로 자연발생적, 일상적 과정에만 의존해선 이루어지지 않는다는 것을 비고츠키는 누누이 강조합니다.

과학적 개념은 의식 고양의 문을 열어젖힌다

비고츠키는 개념적 사고가 질적으로 다른 발달의 단계를 거친다는 점을 실험을 통해 밝혔고 나아가 그 단계들 간의 이행은 '학교에서의 체계적 교수-학습을 통해서'임을 아울러 밝혔습니다. 『생각과 말』에서 세계를 인식하는 사유 방식, 즉 생각구조의 발달 단계를 실험을 통해 확정한 후 비고츠키는 질문합니다. "일반화 구조(사고구조-필자 주)들

간의 이행을 추동하는 동력은 어디에 있는가?" 그리고 대답합니다. 그
것은 학교에서의 교수-학습을 통해서라고. 전 학령기 복합체적 사고
에서 학령기 전 개념적 사고로 그리고 청소년기 진개념적 사고로의 이
행은 일상적 과정, 자연발생적 과정만으로는 불가능하며 학교에서 교
사와 학생 간의 체계적 협력과 지적 모방을 기제로 하여, 즉 학교에서
의 '과학적 개념의 교수-학습'을 통해 이루어진다는 것이 비고츠키와
동료들이 밝혀낸 바입니다.

또한 비고츠키는 발달과 교수-학습의 관계에 대해 발달의 곡선과
교수-학습의 곡선은 일치하지 않는다고 결론 내립니다. 비고츠키에
따르면 기본적인 학교 교과목에 대한 연구 분석 결과(쓰기, 문법, 외
국어, 셈하기 등), 교수-학습이 시작될 때 생각이 성숙되어 있지 않습
니다. 교수-학습을 위한 공통적 심리적 기반은 의식적 파악과 의지적
통제이며 이러한 심리적 기반의 발달은 교수-학습을 앞서지 않고 교
수-학습의 경로 속에서 발생합니다. 개념에 대한 의식적 파악은 일상
적 개념의 비체계성, 무의식적, 비의지적 측면과 반대로 과학적 개념이
'체계'를 가지기 때문입니다. 의식적 파악과 의지적 통제라는 공통된
기초를 토대로 하여 개별 심리기능들은 의존성을 가지면서 능동적이
고 자발적인 주의와 논리적 기억, 추상적 생각과 과학적 상상력과 같
은 고차적 심리기능들로 연결될 수 있습니다.

교수-학습과 발달과정의 시간적 순서를 비고츠키는 '아하 경험'으
로 설명합니다. 교수-학습의 결과는 거울에 비치듯 발달로 곧바로 나
타나는 것이 아니라 갑작스러운 변화로 나타납니다. 발달의 곡선은 때
로 교수-학습을 추월하는 순간을 가집니다. 이를테면 1학년 과정에서
다 틀렸던 문제를 2학년이 되면 이상하게도 다 맞히는 등, 오늘 못한

다고 해서 내일도 못한다는 예단은 금물입니다. 거꾸로 겉으로 이해한 듯한 학생들도 실제로는 뜻을 아는 정도의 형식적 개념 상태일 수 있습니다.

교수-학습이 발달을 이끈다

비고츠키의 교수-학습과 발달의 관계를 단순하게 표현하면, "교수-학습이 발달을 이끈다"는 것입니다.

> 학습은 오직 발달을 앞설 때에만 가치를 가진다. 그렇다면 학습은 성숙하고 있는 단계에서 발견되는, 즉 근접발달영역에서 발견되는 모든 일련의 기능들을 일깨우고 그에 생명을 불어넣는다. 여기에 발달에서 엄청나게 중요한 학습의 역할이 있다. (……) 학습이 발달에서 이미 성숙한 것만을 활용한다면, 학습이 그 자체로 발달의 원천이 될 수 없다면, 새로운 원칙의 근원이 될 수 없다면, 학습은 전혀 쓸모없을 것이다. 따라서 학습은 근접발달영역에서 규정된 기간 한에 나타날 때에 더욱 많은 결실을 맺을 수 있다. 『생각과 말』, p. 483

이렇게 보면 학교에서의 교수-학습은 인간 발달의 과정에서 참으로 소중한 활동입니다. 여기에는 단서 조항이 있습니다. 교수-학습이 "올바르게 조직되어야 한다"는 것입니다.

올바르게 조직된 교수-학습, 즉 발달을 이끄는 교수-학습이란 어떤 것인지 설명하기 위해 비고츠키가 제안한 개념이 바로 '근접발달영역'입니다. 가장 널리 알려진 의미는 현재적 발달 수준과 교사와의 체계적 협력을 통해 독립적으로 수행할 수 있는 발달 수준 사이의 거리입니다.

　교수-학습의 문제를 다루는 심리학 조사는 통상 아동의 정신 발
달 수준을 확정하는 것에 머문다. 그러나 어린이의 발달 상태를 오
직 이 방법만을 통해 결정하는 것은 충분치 않다. (……) 이 방법(혼
자서 해결할 수 있는 과제-필자 주)을 통한 자료로는 우리는 어린이에
게 이미 성숙한 것만을 확립할 수 있을 뿐이다. (……) 만약에 과수
원 주인이 다 자라서 열매가 달린 사과나무들만을 헤아린다면, 그는
그 과수원의 상태를 제대로 평가할 수 없다. 그는 자라고 있는 사과
나무들도 고려해야만 한다. 마찬가지로 심리학자는 이미 성숙한 기
능들뿐 아니라 성숙하고 있는 상태의 기능들도 고려해야 하며, 실제
의 수준뿐 아니라 근접 발달의 지역도 고려해야 한다. (……) 혼자서
해결할 수 있는 문제를 통해 결정되는 정신연령 혹은 현재 발달 수
준과 어린이가 혼자가 아닌 협력을 통해 얻는 발달 수준의 차이는
바로 근접발달 지역을 결정한다. 『생각과 말』, pp. 376~377

　학교 교수-학습과 발달의 관계를 설명하기 위한 개념이 바로 근접
발달영역입니다. 비고츠키는 일상적 개념과 과학적 개념의 관계를 논
의하면서 이 둘의 '만남'을 통해 창출되는 발달의 영역으로 설명하기
도 했습니다.
　첫째, '진단(내적 파악)'의 중요성을 강조하기 위한 개념입니다. 학습
자의 발달 가능성, 발달의 미래에 대한 진단의 의미입니다. 겉으로 보
이는 현재적 발달 수준의 이면에 잠재해 있는 '발달의 다음 영역'을
파악하는 것입니다.

둘째, 혼자서는 할 수 없지만 교육적 도움을 통해 도달할 수 있는 발달 영역이라는 의미가 있습니다. 따라서 발달에서 협력이 갖는 가치와 중요성을 강조하는 개념이 근접발달영역입니다. 비고츠키는 발달과 학습의 관계에서 이미 도달한 것을 가르치는 것은 무의미하며, 도움을 받아도 할 수 없는 것 역시 무의미하다는 점을 강조하면서 근접발달영역을 '발달적 의미를 갖는 교수-학습은 어떤 것인가'의 문제, 즉 교수-학습과 발달의 관계를 설명하는 주요 개념으로 제시한 것입니다.

요컨대 발달 단계 수준에서부터 미시적인 특정한 개념 학습에 이르기까지 도입될 수 있는 다차원적 개념입니다. 복합체적 사고와 개념적 사고, 입말 발달과 글말 발달, 모국어 발달과 외국어 발달, 교수-학습 과정에서 도움 주기나 발문, 교구 도입, 과학적 개념의 이해를 돕기 위해 예를 들거나 경험과 연결할 수 있게 도와주는 교사의 노력들이 그러합니다.

덧붙여, 비고츠키가 근접발달영역이라는 개념을 도입한 맥락에는 학교의 평균화 효과를 설명하기 위한 의도도 있었습니다. 현재의 용어로 바꾸면, 선행 학습을 많이 한 어린이들은 근접발달영역이 소진되어 정작 학교에 오면 근접발달영역이 넓게 창출되지 않는 반면 그렇지 않을 경우 근접발달영역이 넓게 창출된다는 것입니다.

5. '협력'의 가치를 일깨워주는 비고츠키 저작 읽기

도구와 기호, 역사와 발달을 거쳐 비고츠키가 도전한 주제는 인간

의식의 본질 규명, 즉 의식과 실재의 관계였습니다. 의식은 인간(주체)이 세계(대상)를 인식하는 심리적 구조로서, 그것이 심리학의 관심 사항이 되어야 하는 이유는 대상은 현상으로 나타나며 본질을 즉각 드러내지 않으며 '자연발생적 과정'으로는 인간은 대상의 본질을 인식하지 못하기 때문이라고 비고츠키는 생각합니다. 현상을 통해 본질에 접근하는 것은 자연발생적으로, 즉 저절로 가능하지 않으며 비자연발생적 과정, 즉 의식적 실천을 경유해야만 한다는 것이 그의 최후 저작 『생각과 말』 5장과 6장의 기저를 관통하는 주제입니다.

개인적 경험 세계의 한계, 맥락에의 종속을 뛰어넘어 추상적으로, 탈맥락적으로 사고할 수 있게 되는 인간의 능력은 바로 비자연발생적 과정, 주요하게는 아동기에 학교교육의 형식 교과의 교수-학습 과정을 통해 형성된다는 것이 비고츠키의 핵심 주장입니다. 문화역사적 주체가 되는 과정에서 비고츠키는 교육을 통해 이룰 수 있는 것이 무엇인지를 정확히 파악한 심리학자입니다.

저는 '비고츠키'를 통해서 "낱말 의미가 발달한다"는 것이 무슨 의미인지를 어렴풋이나마 깨닫습니다. 비고츠키는 처음 만난 순간에는 '혼합체'였습니다. 그때에 비하면 큰 변화가 있었던 것은 분명합니다. 낱말 의미의 발달과정에서 가장 큰 힘이 되었던 것은 동료 선생님들과의 '체계적인 학습'이었습니다. 이것이 바로 비고츠키가 말한 인간 발달에서 협력의 의미라고 이제는 생각합니다. 그리고 상당히 어려운 편이라 누군가의 도움과 협력이 없이는 힘듭니다.

비고츠키를 공부하는 목적이 '당장 어느 상황에서든 써먹을 수 있는 매뉴얼'이라면 좀 난감할지도 모릅니다. 왜냐하면 저작 어디에서도 비고츠키는 당장 써먹을 수 있는 실용적 기술을 직접 제시하지 않기 때문입니다.

비고츠키 저작은 교사가 '인간 이해의 전문가'가 되어야 함을 소리 없이 강하게 이야기합니다. 온정적 이해를 넘어서는 발달적 이해를 하는 교사. 그리고 비고츠키 저작 공부는 사고 훈련의 기회를 만들어줍니다. 익숙하게 받아들였던 여러 현상들에 대한 의식적 파악을 돕는 개념적 수단을 곳곳에서 제시합니다. 이를테면 지식교육보다 인성교육이 먼저야, 라는 이분법에 혹시 답답함을 느낀 적이 있다면 그 둘의 관계를 재정립할 수 있습니다. 제대로 된 지식교육이란 무엇인지, 초절정 지식교육 형태로 간주되는 입시 교육이 도리어 지성화를 방해한다는 사실을 설명하는 논리와 근거를 얻을 수 있습니다.

교실 수업에서 하는 허다한 활동의 발달적 의미를 파악해보게끔 합니다. 그렇기 때문에 교사를 창조적인 주체로 만듭니다. 발달의 문제를 생각하면 교육 활동에 대해 분석을 하고 궁리를 할 수밖에 없습니다. 필기라든가 읽기라든가 별것 아니라고 생각한 고리타분한 방식들이 '발달적 의미'를 가진다는 사실도 파악하게 됩니다.

이 시대 교사들은 관계 속에서 고통을 많이 느낍니다. 4차원 같은 도대체 의사소통이 불가능해 보이는 아이들, 심지어 대드는 아이들에 대해 그들의 상태를 진단할 수 있게 해주며 어느 정도 관계를 개선할 수도 있습니다. 이는 비고츠키 저작을 우리가 함께 학습하는 과정에서 관점의 변화도 함께 일어날 수 있기에 가능한 일이었습니다. 지배 이데올로그들이 주장하듯 경쟁에서 승리의 쾌감을 추구하는 것이 인간의 존재적 본질은 결코 아닐 것입니다. 협력적 관계 속에서 함께 발달해가는 가운데 기쁨을 느끼는 것이 인간 존재의 본질임을 과학적으로 밝히고자 애쓴 이가 바로 비고츠키라고 생각합니다.

현실은 그리 간단하지가 않습니다. 우리 교육을 의식 고양의 열쇠라고 하기엔 그 열쇠가 열 수 있는 문이 도대체 있기나 한 것일까라는 자조가 나올 정도입니다. 인간은 협력 속에서 발달하는 존재인데 '경쟁'으로 교육 체제가 굴러가고 있으니 당연한 것입니다. 이처럼 우리의 사회적, 교육적 환경은 어린이와 청소년의 생각 발달 나아가 성인의 생각 발달을 막는 역할을 합니다. 입시, 점수 경쟁으로 왜곡된 교육의 과정은 아동기, 청소년기의 지성 발달을 고통스러운 과정으로 각인시키며 이는 성인이 된 후 학습을 고통으로 여기는 기초가 되어버립니다. 많은 청소년들이 공부와 학습으로부터의 이탈을 정당화하고 사회적으로 반지성주의를 옹호하게 되는 사회적 조건을 경쟁 교육 체제가 조장하는 것입니다.

비고츠키 이론을 문화역사적 이론이라고 부르는 것은 필자의 생각에는 문화 그 자체가 역사적으로 변화하는 존재라는 의미가 담겨 있기 때문입니다. 공교육은 인간이 역사적 과정에서 형성한 문화입니다. 또한 그 문화는 역사 속에서 변화 발전해야 합니다. 지금의 경쟁 교육 시스템은 '문화역사적 주체'를 형성하는 장이 되기엔 문제가 많은 정도가 아닙니다. 발달을 왜곡합니다. 물론 없는 것보다는 나을지도 모릅니다.

비고츠키가 힘주어 말한 대로 관계 속에서 인간이 형성된다면 우리들은 관계를 변화시키려는 노력을 하지 않을 수 없을 것이며 교육 관계를 발달에 호혜적인 환경으로 만들기 위한 궁리를 해야 할 것입니다. 학급당 인원수 감축, 교육과정의 양과 난이도 감축, 일제고사 폐지, 교사별 평가 도입, 상대평가 폐지, 대학 평준화 같은 교육운동 진영의 오래된 주장들은 비고츠키의 '인간 발달의 관점'에서는 아주 당연합니다.

인간 발달의 관점에서 교육 문제를 바라보고 실천을 하게 된 것. 도덕적 가치를 넘어서는 협력의 교육적 가치를 깨닫게 된 것. 이것이 우리가 함께 공부하고 실천하면서 확인한 비고츠키 교육학의 '실용성'이었습니다.

비고츠키는 말합니다.

우리가 우리 자신이 되는 것은 다른 사람을 통해서이다.

_『역사와 발달』

삶의 행복을 꿈꾸는 교육은 어디에서 오는가?

● **교육혁명을 앞당기는 배움책 이야기** 혁신교육의 철학과 잉걸진 미래를 만나다!

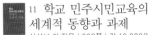

미래 100년을 향한 새로운 교육 **혁신교육을 실천하는 교사들의 필독서**

● **비고츠키 선집 시리즈** 발달과 협력의 교육학 어떻게 읽을 것인가?

 생각과 말
레프 세묘노비치 비고츠키 지음
배희철·김용호·D. 켈로그 옮김 | 690쪽 | 값 33,000원

 성장과 분화
L.S. 비고츠키 지음 | 비고츠키 연구회 옮김
308쪽 | 값 15,000원

 도구와 기호
비고츠키·루리야 지음 | 비고츠키 연구회 옮김
336쪽 | 값 16,000원

 연령과 위기
L.S. 비고츠키 지음 | 비고츠키 연구회 옮김
336쪽 | 값 17,000원

 어린이 자기행동숙달의 역사와 발달 I
L.S. 비고츠키 지음 | 비고츠키 연구회 옮김
564쪽 | 값 28,000원

 의식과 숙달
L.S 비고츠키 | 비고츠키 연구회 옮김
348쪽 | 값 17,000원

 어린이 자기행동숙달의 역사와 발달 II
L.S. 비고츠키 지음 | 비고츠키 연구회 옮김
552쪽 | 값 28,000원

 분열과 사랑
L.S. 비고츠키 지음 | 비고츠키 연구회 옮김
260쪽 | 값 16,000원

 어린이의 상상과 창조
L.S. 비고츠키 지음 | 비고츠키 연구회 옮김
280쪽 | 값 15,000원

 성애와 갈등
L.S. 비고츠키 지음 | 비고츠키 연구회 옮김
268쪽 | 값 17,000원

 비고츠키와 인지 발달의 비밀
A.R. 루리야 지음 | 배희철 옮김 | 280쪽 | 값 15,000원

 흥미와 개념
L.S. 비고츠키 지음 | 비고츠키 연구회 옮김
408쪽 | 값 21,000원

 정서학설 I
L.S. 비고츠키 지음 | 비고츠키 연구회 옮김
584쪽 | 값 35,000원

 관계의 교육학, 비고츠키
진보교육연구소 비고츠키교육학실천연구모임 지음
300쪽 | 값 15,000원

 수업과 수업 사이
비고츠키 연구회 지음 | 196쪽 | 값 12,000원

 비고츠키 생각과 말 쉽게 읽기
진보교육연구소 비고츠키교육학실천연구모임 지음
316쪽 | 값 15,000원

비고츠키의 발달교육이란 무엇인가?
비고츠키교육학실천연구모임 지음 | 412쪽 | 값 21,000원

 교사와 부모를 위한 비고츠키 교육학
카르포프 지음 | 실천교사번역팀 옮김
308쪽 | 값 15,000원

비고츠키 철학으로 본 핀란드 교육과정
배희철 지음 | 456쪽 | 값 23,000원

 혁신교육, 철학을 만나다
브렌트 데이비스·데니스 수마라 지음
현인철·서용선 옮김 | 304쪽 | 값 15,000원

 경쟁을 넘어 발달 교육으로
현광일 지음 | 288쪽 | 값 14,000원

 혁신교육 존 듀이에게 묻다
서용선 지음 | 292쪽 | 값 14,000원

 독일 교육, 왜 강한가?
박성희 지음 | 324쪽 | 값 15,000원

 다시 읽는 조선 교육사
이만규 지음 | 750쪽 | 값 33,000원

 핀란드 교육의 기적
한넬레 니에미 외 엮음 | 장수명 외 옮김
456쪽 | 값 23,000원

대한민국 교육혁명
교육혁명공동행동 연구위원회 지음
224쪽 | 값 12,000원

 한국 교육의 현실과 전망
심성보 지음 | 724쪽 | 값 35,000원

● 교과서 밖에서 만나는 역사 교실 상식이 통하는 살아 있는 역사를 만나다

전봉준과 동학농민혁명
조광환 지음 | 336쪽 | 값 15,000원

남도의 기억을 걷다
노성태 지음 | 344쪽 | 값 14,000원

응답하라 한국사 1·2
김은석 지음 | 356쪽·368쪽 | 각권 15,000원

즐거운 국사수업 32강
김남선 지음 | 280쪽 | 값 11,000원

즐거운 세계사 수업
김은석 지음 | 328쪽 | 값 13,000원

강화도의 기억을 걷다
최보길 지음 | 276쪽 | 값 14,000원

광주의 기억을 걷다
노성태 지음 | 348쪽 | 값 15,000원

선생님도 궁금해하는
한국사의 비밀 20가지
김은석 지음 | 312쪽 | 값 15,000원

걸림돌
키르스텐 세룹-빌펠트 지음 | 문봉애 옮김
248쪽 | 값 13,000원

역사수업을 부탁해
열 사람의 한 걸음 지음 | 388쪽 | 값 18,000원

진실과 거짓, 인물 한국사
하성환 지음 | 400쪽 | 값 18,000원

우리 역사에서 사라진
근현대 인물 한국사
하성환 지음 | 296쪽 | 값 18,000원

꼬물꼬물 거꾸로 역사수업
역모자들 지음 | 436쪽 | 값 23,000원

즐거운 동아시아사 수업
김은석 지음 | 240쪽 | 값 15,000원

노성태, 역사의 길을 걷다
노성태 지음 | 324쪽 | 값 17,000원

교과서 밖에서 배우는 역사 공부
정은교 지음 | 292쪽 | 값 14,000원

팔만대장경도 모르면 빨래판이다
전병철 지음 | 360쪽 | 값 16,000원

빨래판도 잘 보면 팔만대장경이다
전병철 지음 | 360쪽 | 값 16,000원

영화는 역사다
강성률 지음 | 288쪽 | 값 13,000원

친일 영화의 해부학
강성률 지음 | 264쪽 | 값 15,000원

한국 고대사의 비밀
김은석 지음 | 304쪽 | 값 13,000원

조선족 근현대 교육사
정미량 지음 | 320쪽 | 값 15,000원

다시 읽는 조선근대 교육의 사상과 운동
윤건차 지음 | 이명실·심성보 옮김 | 516쪽 | 값 25,000원

음악과 함께 떠나는 세계의 혁명 이야기
조광환 지음 | 292쪽 | 값 15,000원

논쟁으로 보는 일본 근대 교육의 역사
이명실 지음 | 324쪽 | 값 17,000원

다시, 독립의 기억을 걷다
노성태 지음 | 320쪽 | 값 16,000원

한국사 리뷰
김은석 지음 | 244쪽 | 값 15,000원

경남의 기억을 걷다
류형진 외 지음 | 564쪽 | 값 28,000원

어제와 오늘이 만나는 교실
학생과 교사의 역사수업 에세이
정진경 외 지음 | 328쪽 | 값 17,000원

우리 역사에서 왜곡되고 사라진
근현대 인물 한국사
하성환 지음 | 348쪽 | 값 18,000원

● 4·16, 질문이 있는 교실 마주이야기 통합수업으로 혁신교육과정을 재구성하다!

통하는 공부
김태호·김현우·이경석·심우근·허진만 지음
324쪽 | 값 15,000원

내일 수업 어떻게 하지?
아이함께 지음 | 300쪽 | 값 15,000원
2015 세종도서 교양부문

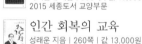
인간 회복의 교육
성래운 지음 | 260쪽 | 값 13,000원

교과서 너머 교육과정 마주하기
이윤미 외 지음 | 368쪽 | 값 17,000원

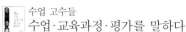
수업 고수들
수업·교육과정·평가를 말하다
박현숙 외 지음 | 368쪽 | 값 17,000원

도덕 수업, 책으로 묻고 윤리로 답하다
울산도덕교사모임 지음 | 320쪽 | 값 15,000원

체육 교사, 수업을 말하다
전용진 지음 | 304쪽 | 값 15,000원

교실을 위한 프레이리
아이러 쇼어 엮음 | 사람대사람 옮김
412쪽 | 값 18,000원

마을교육공동체란 무엇인가?
서용선 외 지음 | 360쪽 | 값 17,000원

교사, 학교를 바꾸다
정진화 지음 | 372쪽 | 값 17,000원

함께 배움
학생 주도 배움 중심 수업 이렇게 한다
니시카와 준 지음 | 백경석 옮김 | 280쪽 | 값 15,000원

공교육은 왜?
홍섭근 지음 | 352쪽 | 값 16,000원

자기혁신과 공동의 성장을 위한
교사들의 필리버스터
윤양수·원종희·장군·조경삼 지음 | 280쪽 | 값 14,000원

함께 배움 이렇게 시작한다
니시카와 준 지음 | 백경석 옮김 | 196쪽 | 값 12,000원

함께 배움 교사의 말하기
니시카와 준 지음 | 백경석 옮김 | 188쪽 | 값 12,000원

교육과정 통합, 어떻게 할 것인가?
성열관 외 지음 | 192쪽 | 값 13,000원

학교 혁신의 길, 아이들에게 묻다
남궁상운 외 지음 | 272쪽 | 값 15,000원

미래교육의 열쇠, 창의적 문화교육
심광현·노명우·강정석 지음 | 368쪽 | 값 16,000원

주제통합수업,
아이들을 수업의 주인공으로!
이윤미 외 지음 | 392쪽 | 값 17,000원

수업과 교육의 지평을 확장하는 **수업 비평**
윤양수 지음 | 316쪽 | 값 15,000원
2014 문화체육관광부 우수교양도서

교사, 선생이 되다
김태은 외 지음 | 260쪽 | 값 13,000원

교사의 전문성, 어떻게 만들어지나
국제교원노조연맹 보고서 | 김석규 옮김
392쪽 | 값 17,000원

수업의 정치
윤양수·원종희·장군 지음 | 280쪽 | 값 14,000원

학교협동조합,
현장체험학습과 마을교육공동체를 잇다
주수원 외 지음 | 296쪽 | 값 15,000원

거꾸로 교실,
잠자는 아이들을 깨우는 수업의 비밀
이민경 지음 | 280쪽 | 값 14,000원

교사는 무엇으로 사는가
정은균 지음 | 292쪽 | 값 15,000원

마음의 힘을 기르는 감성수업
조선미 외 지음 | 300쪽 | 값 15,000원

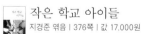
작은 학교 아이들
지경준 엮음 | 376쪽 | 값 17,000원

아이들의 배움은 어떻게 깊어지는가
이시이 준지 지음 | 방지현·이창희 옮김
200쪽 | 값 11,000원

대한민국 입시혁명
참교육연구소 입시연구팀 지음 | 220쪽 | 값 12,000원

교사를 세우는 교육과정
박승열 지음 | 312쪽 | 값 15,000원

전국 17명 교육감들과 나눈 교육 대담
최창의 대담·기록 | 272쪽 | 값 15,000원

들뢰즈와 가타리를 통해 유아교육 읽기
리세롯 마리엣 올슨 지음 | 이연선 외 옮김
328쪽 | 값 17,000원

학교 민주주의의 불한당들
정은균 지음 | 276쪽 | 값 14,000원

프레이리의 사상과 실천
사람대사람 지음 | 352쪽 | 값 18,000원
2018 세종도서 학술부문

혁신학교, 한국 교육의 미래를 열다
송순재 외 지음 | 608쪽 | 값 30,000원

페다고지를 위하여
프레네의 『페다고지 불변요소』 읽기
박찬영 지음 | 296쪽 | 값 15,000원

노자와 탈현대 문명
홍승표 지음 | 284쪽 | 값 15,000원

선생님, 민주시민교육이 뭐예요?
염경미 지음 | 244쪽 | 값 15,000원

어쩌다 혁신학교
유우석 외 지음 | 380쪽 | 값 17,000원

미래, 교육을 묻다
정광필 지음 | 232쪽 | 값 15,000원

대학, 협동조합으로 교육하라
박주희 외 지음 | 252쪽 | 값 15,000원

입시, 어떻게 바꿀 것인가?
노기원 지음 | 306쪽 | 값 15,000원

촛불시대, 혁신교육을 말하다
이용관 지음 | 240쪽 | 값 15,000원

라운드 스터디
이시이 데루마사 외 엮음 | 224쪽 | 값 15,000원

미래교육을 디자인하는 학교교육과정
박승열 외 지음 | 348쪽 | 값 18,000원

흥미진진한 아일랜드 전환학년 이야기
제리 제퍼스 지음 | 최상덕·김호원 옮김 | 508쪽 | 값 27,000원
2019 대한민국학술원우수학술도서

폭력 교실에 맞서는 용기
따돌림사회연구모임 학급운영팀 지음
272쪽 | 값 15,000원

그래도 혁신학교
박은혜 외 지음 | 248쪽 | 값 15,000원

학교는 어떤 공동체인가?
성열관 외 지음 | 228쪽 | 값 15,000원

교사 전쟁
다나 골드스타인 지음 | 유성상 외 옮김
468쪽 | 값 23,000원

시민, 학교에 가다
최형규 지음 | 260쪽 | 값 15,000원

교육과정, 수업, 평가의 일체화
리사 카터 지음 | 박승열 외 옮김 | 196쪽 | 값 13,000원

학교를 개선하는 교장
지속가능한 학교 혁신을 위한 실천 전략
마이클 풀란 지음 | 서동연·정효준 옮김 | 216쪽 | 값 13,000원

공자던, 논어는 이것이다
유문상 지음 | 392쪽 | 값 18,000원

교사와 부모를 위한
발달교육이란 무엇인가?
현광일 지음 | 380쪽 | 값 18,000원

교사, 이오덕에게 길을 묻다
이무완 지음 | 328쪽 | 값 15,000원

낙오자 없는 스웨덴 교육
레이프 스트란드베리 지음 | 변광수 옮김
208쪽 | 값 13,000원

끝나지 않은 마지막 수업
장석웅 지음 | 328쪽 | 값 20,000원

경기꿈의학교
진흥섭 외 지음 | 360쪽 | 값 17,000원

학교를 말한다
이성우 지음 | 292쪽 | 값 15,000원

행복도시 세종,
혁신교육으로 디자인하다
곽순일 외 지음 | 392쪽 | 값 18,000원

나는 거꾸로 교실 거꾸로 교사
류광모·임정훈 지음 | 212쪽 | 값 13,000원

교실 속으로 간 이해중심 교육과정
온정덕 외 지음 | 224쪽 | 값 13,000원

교실, 평화를 말하다
따돌림사회연구모임 초등우정팀 지음
268쪽 | 값 15,000원

학교자율운영 2.0
김용 지음 | 240쪽 | 값 15,000원

학교자치를 부탁해
유우석 외 지음 | 252쪽 | 값 15,000원

국제이해교육 페다고지
강순원 외 지음 | 256쪽 | 값 15,000원

선생님, 페미니즘이 뭐예요?
염경미 지음 | 280쪽 | 값 15,000원

평화의 교육과정 섬김의 리더십
이준원·이형빈 지음 | 292쪽 | 값 16,000원

학교를 살리는 회복적 생활교육
김민자 · 이순영 · 정선영 지음 | 256쪽 | 값 15,000원

수포자의 시대
김성수 · 이형빈 지음 | 252쪽 | 값 15,000원

교사를 위한 교육학 강의
이형빈 지음 | 336쪽 | 값 17,000원

혁신학교와 실천적 교육과정
신은희 지음 | 236쪽 | 값 15,000원

새로운학교 학생을 날게 하다
새로운학교네트워크 총서 02 | 408쪽 | 값 20,000원

삶의 시간을 잇는 문화예술교육
고영직 지음 | 292쪽 | 값 16,000원

세월호가 묻고 교육이 답하다
경기도교육연구원 지음 | 214쪽 | 값 13,000원

혐오, 교실에 들어오다
이혜정 외 지음 | 232쪽 | 값 15,000원

미래교육, 어떻게 만들어갈 것인가?
송기상 · 김성천 지음 | 300쪽 | 값 16,000원
2019 세종도서 교양부문

혁신교육지구와 마을교육공동체는
어떻게 만들어지는가?
김태정 지음 | 376쪽 | 값 18,000원

교육에 대한 오해
우문영 지음 | 224쪽 | 값 15,000원

선생님, 특성화고 자기소개서
어떻게 써요?
이지영 지음 | 322쪽 | 값 17,000원

혁신교육지구 현장을 가다
이용운 외 4인 지음 | 344쪽 | 값 18,000원

학생과 교사, 수업을 묻다
전용진 지음 | 344쪽 | 값 18,000원

배움의 독립선언, 평생학습
정민승 지음 | 240쪽 | 값 15,000원

혁신학교의 꽃, 교육과정 다시 그리기
안재일 지음 | 344쪽 | 값 18,000원

교육혁신의 시대
배움의 공간을 상상하다
함영기 외 지음 | 264쪽 | 값 17,000원

학습격차 해소를 위한 새로운 도전
보편적 학습설계 수업
조윤정 외 지음 | 225쪽 | 값 15,000원

서울의 마을교육
이용윤 외 지음 | 352쪽 | 값 18,000원

물질과의 새로운 만남
베로니카 파치니-케처바우 지음 | 240쪽 | 값 15,000원

평화와 인성을 키우는 자기우정
따돌림사회연구모임 우정팀 지음 | 240쪽 | 값 15,000원

미래교육을 열어가는
배움중심 원격수업
이윤서 외 지음 | 332쪽 | 값 17,000원

● 살림터 참교육 문예 시리즈 영혼이 있는 삶을 가르치는 온 선생님을 만나다!

꽃보다 귀한 우리 아이는
조재도 지음 | 244쪽 | 값 12,000원

선생님이 먼저 때렸는데요
강병철 지음 | 248쪽 | 값 12,000원

성깔 있는 나무들
최은숙 지음 | 244쪽 | 값 12,000원

서울 여자, 시골 선생님 되다
조경선 지음 | 252쪽 | 값 12,000원

아이들에게 세상을 배웠네
명혜정 지음 | 240쪽 | 값 12,000원

행복한 창의 교육
최창의 지음 | 328쪽 | 값 15,000원

밥상에서 세상으로
김흥숙 지음 | 280쪽 | 값 13,000원

북유럽 교육 기행
정애경 외 14인 지음 | 288쪽 | 값 14,000원

우물쭈물하다 끝난 교사 이야기
유기창 지음 | 380쪽 | 값 17,000원

시험 시간에 웃은 건 처음이에요
조규선 지음 | 252쪽 | 값 15,000원

오천년을 사는 여자
염경미 지음 | 272쪽 | 값 16,000원

다정한 교실에서 20,000시간
강정희 지음 | 296쪽 | 값 16,000원

● 더불어 사는 정의로운 세상을 여는 인문사회과학 사람의 존엄과 평등의 가치를 배운다

 밥상혁명
강양구·강이현 지음 | 298쪽 | 값 13,800원

 도덕 교과서 무엇이 문제인가?
김대용 지음 | 272쪽 | 값 14,000원

 자율주의와 진보교육
조엘 스프링 지음 | 심성보 옮김 | 320쪽 | 값 15,000원

 민주화 이후의 공동체 교육
심성보 지음 | 392쪽 | 값 15,000원
2009 문화체육관광부 우수학술도서

 갈등을 넘어 협력 사회로
이창언·오수길·유문종·신윤관 지음
280쪽 | 값 15,000원

 동양사상과 마음교육
정재걸 외 지음 | 356쪽 | 값 16,000원
2015 세종도서 학술부문

 교과서 밖에서 배우는 철학 공부
정은교 지음 | 280쪽 | 값 14,000원

 교과서 밖에서 배우는 사회 공부
정은교 지음 | 304쪽 | 값 15,000원

 교과서 밖에서 배우는 윤리 공부
정은교 지음 | 292쪽 | 값 15,000원

 한글 혁명
김슬옹 지음 | 388쪽 | 값 18,000원

 우리 안의 미래교육
정재걸 지음 | 484쪽 | 값 25,000원

 왜 그는 한국으로 돌아왔는가?
황선준 지음 | 364쪽 | 값 17,000원
2019 세종도서 교양부문

 공간, 문화, 정치의 생태학
현광일 지음 | 232쪽 | 값 15,000원

 인공지능 시대의 사회학적 상상력
홍승표 지음 | 260쪽 | 값 15,000원

 동양사상과 인간 그리고 사회
이현지 지음 | 418쪽 | 값 21,000원

 장자와 탈현대
정재걸 외 지음 | 424쪽 | 값 21,000원

 놀자선생의 놀이인문학
진용근 지음 | 380쪽 | 값 185,000원

 포스트 코로나 시대, 예술과 정치
현광일 지음 | 288쪽 | 값 16,000원

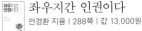

 좌우지간 인권이다
안경환 지음 | 288쪽 | 값 13,000원

 민주시민교육
심성보 지음 | 544쪽 | 값 25,000원

 민주시민을 위한 도덕교육
심성보 지음 | 500쪽 | 값 25,000원
2015 세종도서 학술부문

 교과서 밖에서 배우는 인문학 공부
정은교 지음 | 280쪽 | 값 13,000원

 오래된 미래교육
정재걸 지음 | 392쪽 | 값 18,000원

 대한민국 의료혁명
전국보건의료산업노동조합 엮음 | 548쪽 | 값 25,000원

 교과서 밖에서 배우는 고전 공부
정은교 지음 | 288쪽 | 값 14,000원

 전체 안의 전체 사고 속의 사고
김우창의 인문학을 읽다
현광일 지음 | 320쪽 | 값 15,000원

 카스트로, 종교를 말하다
피델 카스트로·프레이 베토 대담 | 조세종 옮김
420쪽 | 값 21,000원

 일제강점기 한국철학
이태우 지음 | 448쪽 | 값 25,000원

 한국 교육 제4의 길을 찾다
이길상 지음 | 400쪽 | 값 21,000원
2019 세종도서 학술부문

 마을교육공동체 생태적 의미와 실천
김용련 지음 | 256쪽 | 값 15,000원

 교육과정에서 왜 지식이 중요한가
심성보 지음 | 440쪽 | 값 23,000원

 식물에게서 교육을 배우다
이차영 지음 | 260쪽 | 값 15,000원

 왜 전태일인가
송필경 지음 | 236쪽 | 값 17,000원

 한국 세계시민교육이 나아갈 길을 묻다
유네스코태평양 국제이해교육원 지음 | 260쪽 | 값 18,000원

 **코로나 시대,
마을교육공동체 운동과 생태적 교육학**
심성보 지음 | 280쪽 | 값 17,000원

● 평화샘 프로젝트 매뉴얼 시리즈 학교폭력에 대한 근본적인 예방과 대책을 찾는다

 학교폭력 어떻게 만들어지는가
문재현 외 지음 | 300쪽 | 값 14,000원

 아이들을 살리는 동네
문재현·신동명·김수동 지음 | 204쪽 | 값 10,000원

 학교폭력, 멈춰!
문재현 외 지음 | 348쪽 | 값 15,000원

 평화! 행복한 학교의 시작
문재현 외 지음 | 252쪽 | 값 12,000원

 왕따, 이렇게 해결할 수 있다
문재현 외 지음 | 236쪽 | 값 12,000원

 마을에 배움의 길이 있다
문재현 지음 | 208쪽 | 값 10,000원

 젊은 부모를 위한 백만 년의 육아 슬기
문재현 지음 | 248쪽 | 값 13,000원

 별자리, 인류의 이야기 주머니
문재현·문한외 지음 | 444쪽 | 값 20,000원

 우리는 마을에 산다
유양우·신동명·김수동·문재현 지음
312쪽 | 값 15,000원

 동생아, 우리 뭐 하고 놀까?
분재현 외 시음 | 280쪽 | 값 15,000원

 누가, 학교폭력 해결을 가로막는가?
문재현 외 지음 | 312쪽 | 값 15,000원

 **코로나 19가 앞당긴 미래,
마을에서 찾는 배움길**
문재현 외 지음 | 308쪽 | 값 16,000원

● 남북이 하나 되는 두물머리 평화교육 분단 극복을 위한 치열한 배움과 실천을 만나다

 10년 후 통일
정동영·지승호 지음 | 328쪽 | 값 15,000원

 선생님, 통일이 뭐예요?
정경호 지음 | 252쪽 | 값 13,000원

 분단시대의 통일교육
성래운 지음 | 428쪽 | 값 18,000원

 김창환 교수의 DMZ 지리 이야기
김창환 지음 | 264쪽 | 값 15,000원

 한반도 평화교육 어떻게 할 것인가
이기범 외 지음 | 252쪽 | 값 15,000원

 포괄적 평화교육
베티 리어든 지음 | 강순원 옮김 | 252쪽 | 값 17,000원

● 창의적인 협력 수업을 지향하는 삶이 있는 국어 교실 우리말 글을 배우며 세상을 배운다

 **중학교 국어 수업
어떻게 할 것인가?**
김미경 지음 | 340쪽 | 값 15,000원

 토론의 숲에서 나를 만나다
명혜정 엮음 | 312쪽 | 값 15,000원

 토닥토닥 토론해요
명혜정·이명선·조선미 엮음 | 288쪽 | 값 15,000원

 인문학의 숲을 거니는 토론 수업
순천국어교사모임 엮음 | 308쪽 | 값 15,000원

 어린이와 시
오인태 지음 | 192쪽 | 값 12,000원

 수업, 슬로리딩과 함께
박경숙 외 지음 | 268쪽 | 값 15,000원

 언어던
정은균 지음 | 268쪽 | 값 15,000원
2019 세종도서 교양부문

 민촌 이기영 평전
이성렬 지음 | 508쪽 | 값 20,000원

감각의 갱신, 화장하는 인민
남북문학예술연구회 | 380쪽 | 값 19,000원

참된 삶과 교육에 관한
생각 줍기